사기

중국을 읽는 첫 번째 코드

e시대의 절대사상

사기

중국을 읽는 첫 번째 코드

|이인호|사마천|

살림

고전을 읽고, 고전을 이해한다는 것은 비로소 교양인이 되었다는 뜻일 것입니다. 또한 수십 세기를 거쳐 형성되어 온 인류의 지적유산을 제대로 이해하고, 그 바탕 위에서 새로운 자기만의 일을 개척할 때, 그 사람은 그 방면의 전문가가 될 수 있을 것입니다. 프랑스의 대입제도 바칼로레아에서 고전을 중요하게 취급하는 까닭도 그와 같은 이유 때문이겠지요.

그러나 예전에도, 현재에도 고전은 유령처럼 우리 주위를 떠돌기만 했습니다. 막상 고전이라는 텍스트를 펼치면 방대한 분량과 난해한 용어들로 인해 그 내용을 향유하지 못하고 항상 마음의 부담만 갖게 됩니다. 게다가 지금 우리는 고전을 읽기에 더 악화된 시대를 살고 있습니다. 변하지 않고 있는 교육제도와 새 미디어의 홍수가 우리를 그렇게 만들고 있는 것입니다.

고전을 읽어야 하지만, 읽기 힘든 것이 현실이라면, 고전에 친근하게 다가갈 수 있는 새로운 방법을 응당 고민해야 하지 않을까요? 살림출판사의 ｅ시대의 절대사상은 이러한 문제의식을 가지고 기획되었습니다. 고전에 대한 지나친 경외심을 버리고, '아무도 읽지 않는 게 고전'이라는 자조를 함께 버리면서 지금 이 시대에 맞는 현대적 감각의 고전을 만들고자 했습니다.

고전의 내용이 지나치게 주관적으로 해석되어 전달되는 위험을 피할 수 있도록 그 분야에 대해 가장 정통하면서도 오랜 연구 업적을 쌓은 학자들이 자신의 경험을 응축시켜 새로운 고전에의 길을 열고자 했습니다. 마치 한편의 잘 짜여진 다큐멘터리 프로그램을 보듯 고전이 탄생할 수 있었던 시대적 배경과 작가의 주변 환경, 그리고 고전에 담긴 지혜를 재미있게 습득할 수 있도록 내용을 구성했고 난해한 전문용어나 개념어들은 최대한 알기 쉽게 설명했습니다.

이전에 경험하지 못했던 새로운 감각의 고전 *e*시대의 절대사상은 지적 욕구로 가득 찬 대학생·대학원생들과 교사들, 학창시절 깊이 있고 폭넓은 교양을 착실하게 쌓고자 하는 청소년들, 그리고 이 시대의 리더를 꿈꾸는 모든 사람들에게 생생하게 살아 숨쉬는 인류 최고의 지혜를 전달할 것이라고 확신합니다.

기획위원

서강대학교 철학과교수 강영안

이화여자대학교 중문과교수 정재서

들어가는 글

항우, 힘이 센 자를 일컬어 항우 장사라고 합니다. 공자, 도덕군자 이야기만 나오면 공자를 떠올리지 않습니까? 손자병법, 군사 전략을 논하면 꼭 손자병법이 등장합니다. 자객과 협객, 무협소설이나 무협영화의 단골 손님이지요. 관중과 포숙아의 관포지교, 친구의 우정을 말할 때 항상 거론되는 인물입니다. 백이와 숙제, 고고한 무균질 인격체의 대명사입니다. 소진과 장의, 정치나 외교뿐 아니라 경제계에서도 합종연횡을 자주 이야기합니다. 편작, 명의를 이야기할 때 빠질 수 없는 인물이지요.

항우, 공자, 손자, 자객과 협객, 관중과 포숙아, 백이와 숙제, 소진과 장의, 편작 ……. 방금 거론한 인물들은 우리의 눈과 귀에 무척 익숙합니다. 우리가 위 인물이나 관련 용어에 대해 갖고 있는 인상이나 지식이 『사기』로부터 비롯되었음을 아는 분은 얼마나 될까요?

『사기』는 한나라 때 사마천이 지은 역사책으로, 중국인의 공통시조 황제(黃帝)로부터 사마천이 살았던 당시 한무제에 이르는 약 3천 년을 기록한 통사입니다. 모두 130편 다섯 부분으로 구성되어 있는데, 제왕을 기록한 12본기(本紀), 연대기에 해당하는 10표(表), 각종 제도의 연혁을 기록한 8서(書), 제후를 기록한 30세가(世家), 비범한 인물을 기록한 70열전(列傳)이 그것입니다.

『사기』 이전의 역사책은 단편적인 사건의 기록이나 간략한 연대기적 서술에 불과했습니다. 그런 상황에서 사마천은 수많은 문헌과 기행을 통해 자신의 역사관을 투영시킨 인물 중심의 기전체(紀傳體)를 창조했으며, 이는 후세의 정통으로 굳어져 대대로 계승되었습니다. 중국의 정사는 모두 『사기』의 기술 형태를 따른 것이며, 우리나라의 대표적인 역사책 『삼국사기』나 『고려사』도 『사기』의 영향을 받았지요.

『사기』의 가치는 방대한 역사기록이나 최초의 정사라는 사실에만 그치지 않습니다. 진시황의 분서갱유로 거의 공백 상태가 되어버린 중국 고대사를 복원하는 데 중요한 계단 역할을 하고 있으며, 제자백가의 윤곽을 밝히는 데도 필수 도서로 취급되고 있습니다. 한편 객관적인 서술이 생명인 역사서에서 진실을 왜곡하지 않으면서도 진한 감정을 투영시킨 문학적 서술은 수많은 독자를 감동시켰으며, 그 감동은 여전히 계속되고 있습니다.

또한 사마천은 절대권력 앞에서 양심을 굽히지 않은 죄로 궁형에 처해졌던 비극적 인물이었으며, 그런 비극을 『사기』 저술로 승화시킨 불굴의 정신으로 인해 그 이후 암울한 시대의 많은 인물들에게 정신적 지주가 되었습니다. 현실의 부정부패를 과감히 비판하고 정의와 의리를 찬송하는 내용은 사마천 이후의 역사서에서 찾아보기 힘듭니다. 이외에도 사마천은 자신의 불행한 운명을 상기하며 인류의 보편적 과제인 인간의 운명에 대해서도 깊이 있게 탐구했습니다. 따라서 우리는 『사기』를 읽으면서 인생의 의미, 처세의 태도, 인간관계 등에 대해서도 사색하게 되는 것입니다.

단 한 권의 책이 문학, 사학, 철학을 포괄하는 것도 어렵지만, 그 속에서 강자의 부당한 핍박에 대해 강도 높게 비판하고 그와 동시에 약자에 대한 인류애적 동정심을 진하게 표현했다는 점은 경이롭습니다. 사마천의 『사기』가 2천여 년 전의 중국 역사책이지만, 인류 전체의 고전으로 평가받는 이유도 이 때문입니다.

『사기』의 가치와 재미가 이러하면서도 일반인이나 초·중·고교 학생들에게 그리 친숙하지 못한 이유는 무엇일까요? 가장 큰 이유 중의 하나는 원문 해독능력이 탄탄한 학자가 대중적인 한글로 풀어주지 않았기 때문입니다. 그렇다면 학술적인 독해를 기반으로 하되 대중적인 필치로써 사마천의 일생과 『사기』의 내용을 간명하고도 심도있게 풀어주는 책이 필요하지 않겠습니까? 이 책은 이러한 시대적 소명으로 세상에 나온 것입니다.

이 책은 총 3부로 구성되어 있습니다. 제1부는 필자가 『사기』와 인연을 맺게 된 계기부터 시작하여 현대 한국인에게 왜 『사기』가 아직도 중요한지 설명했으며, 이어서 사마천의 일생을 주선율로 삼고 관련된 『사기』 내용을 적시에 삽입하여 사마천의 일생과 『사기』의 특징을 유기적으로 파악할 수 있게 하였습니다. 이야기제로 풀었으므로 독자는 마치 강의를 듣듯 편하게 읽어가면 『사기』가 어떤 책이고 사마천이 어떤 인물인지 자연스럽게 이해하게 됩니다. 제2부는 『사기』의 내용을 각 체제별로 몇 편씩 발췌하였습니다. 제3부에서는 『사기』 관련서를 소개했고, 아울러 '연보'를 작성하여 사마천의 인생 행로를 시대적 대사건의 범주 속에서 파악할 수 있게 했습니다. 지금까지 한글로 소개된 '사마천 연보' 중에 가장 상세하고 친절한 연보입니다.

이 책이 『사기』의 세계와 사마천의 마음을 이해하는 데 도움이 된다면 필자로서는 더 이상 바랄 바가 없습니다. 내용 중에 오류가 없을 수 없으므로 독자 여러분의 질정을 바랍니다. 단 한 자의 지적도 천금으로 알고 감사히 받겠습니다.

2004년 12월
한양대학교 국제문화대학 중국학부 교수
이인호

1부

시대 · 작가 · 사상

史記

첫 구절이 막히니까 그 다음 구절을 연결시킬 수가 없었습니다. 그 당시 어렴풋이 느끼기로도 한자를 안다고 번역이 되는 것은 아님을 알았지요. 멋있게 고서를 펼치긴 했지만 한참을 뚫어지게 바라만 보다가 답답해서 도서관을 나와 버렸습니다. 『사기』와의 인연은 이렇게 막히면서 시작되었습니다.

1장

사기와의 인연

『사기』를 만나다

막히면서 시작한 『사기』 공부

어느 분야 무엇을 전공으로 삼았다고 하면 대개 내력이 있습니다. 물론 저도 예외가 아닙니다. 돌이켜보면 대학 2학년인가 3학년 때니까 줄잡아 25년 전이 되겠습니다.

당시 청학동에서 '사서삼경'이라도 띠고 중문과에 입학한 것도 아니어서 중국의 옛글을 원문으로 강독하는 시간만 되면 스트레스를 받았습니다. 한자를 해독하면서 담긴 뜻을 풀어내니까 재미는 있었지만 혼자 하려면 도대체 해석이 되질 않았던 것이지요.

그리하여 이동향 선생님을 찾아뵙습니다. 그분이야 예나 지금이나 신중한 분이시라, 제 이야기를 들으시더니 담담하게 이렇게 말씀하시더군요. "음…… 꾸준히 해야 해." 꾸준히 해야 한다는 점을 누가 모른단 말입니까. 그래도 무슨 요령이란 것이 있지 않겠습니까. 그리하여 내친 김에 과감하게 여쭈어 보았습니다. "좋은 책을 한 권 소개해 주세요." 그랬더니 선생님은 『사기』를 소개하시며 말씀하시기를, "재미있는 책이야. 열전(列傳)부터 읽어라. 공연히 「오제본기」부터 읽지말고"하시는 것이었습니다.

그래서 도서관에서 펼친 책이 사마천의 『사기』「백이열전」이었습니다. 그런데 첫 구절부터 막히는 것입니다. 첫구절이 무엇이었길래? 첫 구절은 이렇습니다.

"夫學者載籍極博, 猶考信於六藝." (부학자재적극박, 유고신어육예)

한 글자 한 글자는 옥편을 찾으면 알겠는데 이어서 번역하려니 안 되더군요. 특히 '재적'(載籍) 두 자를 어떻게 해석해야 할지 난감했습니다. 중국어 옛글이라고 주어, 동사, 목적어가 없을 리 없다 하고는 주어 동사 목적어…… 이런 식으로 따져보았습니다. 제 나름대로 이렇게 저렇게 맞춰서 따져보니까 첫구절의 주어는 학자(學者)가 틀림없는 것 같기도 한데, 그 다음의 동사가 또 아리송하더군요. 부사로도 보이고 형용사로도 보이고 어지러웠습니다. 아무튼 대략 두드려 맞춰서 첫구절의 전체 의미를 다음과 같이 번역해 보았습니다.

"학자들이 엄청나게 책에 실었다."

이게 말이 되나요? 한국말로 말이 안되면 틀린 것 아니겠어요? 첫구절이 막히니까 그 다음 구절을 연결시킬 수가 없었습니다. 그 당시 어렴풋이 느끼기로도 한자를 안다고 번역이 되는 것은 아님을 알았지요. 멋있게 고서를 펼치긴 했지만 한참을 뚫어지게 바라만 보다가 답답해서 도서관을 나와버렸습니다. 『사기』와의 인연은 이렇게 막히면서 시작되었습니다.

『사기』라는 책이 얼마나 재미있고 훌륭한지, 사마천이란 인물이 얼마나 대단하고 훌륭한지 그 당시에는 솔직히 몰랐습니다. 중국의 옛글을 원문으로 읽는 해독능력을 배양하기 위하여 처음 접했고 접하자마자 첫 구절부터 해독이 안 되어 절망감에 빠졌을 뿐입니다.

비록 절망감에 빠졌지만 그렇다고 포기하지는 않았습니다. 막히는 곳마다 현대 중국어 번역본을 참고하면서 읽어갔습니다. 굼벵이도 구르는 재주가 있고, 이무기도 오래 되면 용이 될 수 있듯, 끝까지 붙잡고 늘어지니까 원문이 한 줄 두 줄 해독되기 시작했습니다. 해독되니까 신이 났고, 신이 나니까 더욱 붙잡고 늘어졌습니다.

대학 졸업논문을 『사기』로 했는데

졸업논문은 물론 『사기』에 대하여 썼지요. 「사기의 문학적 연구」라는 엄청난 제목이었습니다. 시쳇말로 무식하면 용감하다고, 그렇게 제목을 달고 논문을 썼습니다. 학부 논문이야 예나 지금이나 형식적인 면이 많았으니까 뻔하지 않습니까. 그 당시로서는 『사기』의 문학적 연구 분야에서 고전으로 꼽히는 이장지(李長之)의 『사마천의 인격과 풍격』(대만 개명서국)이란 책을 구했습니다. 이장지의 책을 기본 골격으로 하고, 그 당시 일본어에 조금 눈을 떠서 다께다(武田泰淳)의 『사마천—사기의 세계』, 그리고 미국 컬럼비아 대학의 버튼 왓슨(Burton Watson)이 지은 『사마천—중국의 위대한 역사가』(Simachien-Great Historian of China)를 인용하며 짜깁기 했습니다.

당시 논문 지도교수는 이미 고인이 되신 이한조 선생님이었는데, 제가 쓴 논문을 보시고는 이러시더군요. "흠…… 기초도 없는 것이……." 무슨 말씀인가 하면, 『사기』 원문 해독능력도 시원찮은 놈이 책 몇 권 갖다 놓고 짜깁기해서 길게도 썼다는 뜻입니다. 맞는 말씀입니다. 당시 제 실력이란 게 원문 해독능력도 시원찮았기에 양으로 떼운다는 심정으로 그저 보이는대로 마구 끌어다가 많이 썼습니다.

사실 태어나 논문이란 걸 처음 쓰면서 느낀 점이 많았습니다. 그 느낌은 25년이 지난 지금도 별로 변한 게 없습니다. 새로운 사실을 연구 발견하여 세계 학계를 뒤집어놓는 것이 물론 최선이겠지만, 그건 정말 총명한 학자가 죽을 각오로 노력해서 이룰 수 있는 것이고 저같이 그만그만한 사람은 언감생심, 논문이란 그저 공부하는 과정의 하나다, 이런 생각 말입니다. 그러므로 논문을 쓰면서 공부하는 것이고, 공부하면서 논문을 쓰는 것이죠. 그 당시 비록 형식적인 학부 졸업논문이었지만 그래도 논문이랍시고 쓰면서 공부가 참 많이 되었습니다. 쉽게 이야기하여 논문을 쓰면서 비로소 『사기』에 대하여 개안했다고 감히 말씀드릴 수 있습니다.

어느 분야에 대해 정통하려면 그 분야에 대하여 책을 써라, 이런 속설이 있는데 맞는 말이라고 봅니다. 알고 나서 책을 쓰는 게 정상이지만, 그러나 알기 위해 책을 써도 좋다는 것이지요. 책을 쓰는 일이 어디 쉬운 일입니까? 그런 책을 쓰기 위해 엄청 공부를 해야지요. 그러므로 책을 쓰거나 논문을 쓰는 것은 곧 공부를 하는 것과 다름이 없습니다.

1981년 2월에 대학을 졸업했습니다. 저는 사마천처럼 불알이 떨어진 것은 아니지만 청신경이 떨어져 군대에 가고 싶어도 못가고 면제를 받았습니다. 제대로 활동도 못하고 평생 조용히 앉아서 책이나 봐야 할 팔자라고 생각했으며, 그리하여 계속 공부하기로 결심하고 대만 유학길에 올랐습니다.

대만 유학생활 10년-석사 과정

　1981년 8월 대만으로 떠났습니다. 지금은 대학 재학 중에도 휴학하고 외국 어학연수 가는 것이 보통이지만 그 당시는 외국에 나가려면 절차가 좀 복잡했지요. 달러를 가지고 나가는 것이 쉽지 않았던 시절이었습니다. 대만 장개석 공항에 도착하여 문을 열고 밖으로 나오니까 숨이 턱 막히더군요. 한증막이라고 생각하면 됩니다. 가로수로 야자 나무가 즐비했고 종종 바나나 나무에 바나나도 달려 있었습니다. 후텁지근한 날씨는 충격이었지만 외국에 온 기분은 났습니다.

　대만대학교 중문과 석사과정에 입학하였습니다. 그러나 정식 학생은 아니고 청강생이었습니다. 아직 뜸이 덜 들었으니 일단 1년 청강하면서 실력을 키워라, 이런 뜻입니다. 1년 청강하면서 이런저런 과목을 들어봤습니다. 학부 과목 중에 『사기』 과목도 들어봤지요. 그 당시 학부에서 『사기』를 강의하던 양영무 선생이 훗날 저의 석사논문 지도교수가 되었습니다.

　대만에서 석사과정을 이수하면서 전공을 과연 『사기』로 계속 밀어붙이느냐 고민을 많이 했습니다. 이유는 간단했습니다. 학부 논문을 쓸 당시에는 다양한 학술 자료를 국내에서 구하기는 힘들었을 때니까 대략 이 정도 수준이겠거니 했습니다. 그런데 막상 대만에 와서 쟁쟁한 연구자료를 보게

"이릉지화(李陵之禍), 부형참혹(腐刑慘酷), 발분성서(發憤成書), 양사실록(良史實錄)".

이릉 사건으로 화를 입어 참혹한 궁형을 당했으나 자포자기하지 않고 분발하여 『사기』를 완성했다. 『사기』는 훌륭한 역사책이라고 하는데 왜 그럴까? 진실을 기록한 실록(實錄)이기 때문이다. 궁형을 당하기 이전의 초상화인 듯하다. 수염이 있기 때문이다.

되니까 제가 알고 있던 것은 정말 한심한 수준이었습니다. 『사기』가 좋은 책인 줄은 알았지만 그간의 연구 성과가 얼마나 축적되었는지 알고는 기겁했습니다. 그리하여 아예 전공을 바꿔 갑골문이나 금석문 이런 쪽으로 해볼까도 고려했습니다. 그런데 정작 해당 강좌를 들어보니까 그것도 장난이 아니더군요. 중국 최고의 사전 『설문해자』는 기본으로 외우고 있어야 하고 '사서삼경'은 물론이고 '제자백가'도 꿰차고 있어야 제대로 연구할 수 있겠더군요. 안 되겠다, 그래도 왕년에 좀 접해본 사마천의 『사기』, 『사기』의 문학적 연구나 좀더 심화시켜야겠다, 이렇게 마음을 굳혔습니다.

그런데 문학적 연구를 하려면 사상에 대해서도 좀 알아야 할 듯싶어서 공부한다는 마음으로 사마천의 사상을 주제로 논문방향을 정했습니다. 이름하여 「사마천의 유도법 사상 연구」, 사마천과 관련된 유가·도가·법가 사상을 살펴본 논문입니다. 사상을 한다고 했으므로 덕분에 유가·도가·법가 관련 책도 이것저것 읽었던 것이 수확이라면 수확입니다. 그리고 무엇보다 정식으로 『사기』의 원문을 군데군데 읽어보았습니다. 명색이 석사 논문을 쓰면서 『사기』 원문을 처음부터 끝까지 독파하지 못했다는 것이 창피스럽지만, 당시 제 수준으로는 완독이 불가능했거든요.

이렇게 석사논문이 완성되었습니다. 잘 쓴 논문은 못되지만 대만 간 지 4년만에 사마천의 사상을 주제로 석사학위를 받게 되었습니다. 그리고는 박사과정 진학을 준비하게 됩니다.

대만 유학생활 10년-박사 과정

석사 과정을 마치고 박사과정을 준비했습니다. 준비했다기보다는 진학해야만 했습니다. 그때가 1986년이었는데 물론 석사 하고도 국내에서 대학교 전임교수 자리를 얻는 경우가 없었던 것은 아니지만 그건 누구에게나 돌아가는 행운은 아니었지요. 그래서 박사과정에나 들어가서 학벌로나 때워야겠다고 생각했습니다.

공부를 안 한 탓이지만 대만대학교 박사과정 입학시험에서 떨어졌습니다. 그 당시 대만에서는 박사과정 입학시험 날

짜가 학교마다 달랐지요. 그래서 옆동네 대만사범대학 박사과정에 응시하게 되었습니다. 시험이란 것이 물론 실력이 가장 중요하다고는 하나 운이란 것도 결코 무시할 수는 없겠다 싶습니다. 공부했던 곳에서 문제가 많이 나왔습니다. 그리하여 합격했습니다.

석사는 대만대학교에서 하고 박사는 대만사범대학교에서 하게 되었습니다. 2년 박사과정을 마치고 그때부터 무려 4년을 대만에서 박사논문 쓴다고 헤맸습니다. 이미 수료를 했으므로 학교에 나갈 필요는 없었습니다. 도서관으로 책을 빌리러 나갈 때, 그리고 가끔 헌책방 순례할 때 빼고는 집에서 논문만 붙잡고 있었습니다. 그렇다고 논문이 잘 써지느냐 하면 그건 아니었습니다. 이렇게 논문 진도가 지지부진한 이유는 여러 가지 있었지만 가장 큰 이유가 논문 방향을 정하는 데 있었습니다. 모르면 용감하지만 약간이라도 알면 신중해집니다. 사마천의 『사기』에 대해 석사논문을 쓰면서 『사기』에 관한 연구가 그간 얼마나 깊고 넓게 축적되었는지 알게 되었습니다. 특히 일본 국회도서관을 통해 일본 측 연구결과를 하나 둘씩 검토해보니까 그쪽 동네 성과도 결코 만만치 않았습니다.

그리하여 생각한 것이 『사기』의 원문부터 다시 읽어야겠다는 것이었습니다. 언급했다시피 석사논문을 쓰면서도 『사기』의 원문을 처음부터 끝까지 정독하지 못했습니다. 이런 탓에 이 책 이 논문을 보면 이 말이 옳고, 저 책 저 논문을 보면 저 말이 옳아 갈피를 못 잡는가보다 싶었습니다. 『사기』 원문을 정독하며 요긴했던 책이 왕숙민의 『사기각증』이었지요. 일본학자 농천자언의 『사기회주고증』을 대하다가 『사기각증』을 접하니까 과연 실력이란 것이 무엇인지 알겠더군요. 그리하여 좌측에는 『사기평림』(史記評林)을 펼쳐놓고 우측에는 『사기각증』을 펼쳐놓고 주석을 보면서 『사기』 원문을 정독하기 시작했습니다. 한 번 봐서는 안되겠더군요. 그리하여 한 번 쭉 정독하고 처음부터 다시 또 읽었습니다. 이런 식으로 대략 한 다섯 번 정도 정독하니까 흐릿하던 사마천의 이미지와 『사기』의 속살이 조금씩 선명해지기 시작했습니다.

그 후 『사기』 관련 중요 연구서를 읽어가며 계속 자료를 수집했습니다. 애당초 저는 『사기』의 문학적 연구에 관심이 있었으므로 『사기』의 문학적 연구로 방향을 굳혔습니다. 논문 제목은 「사기의 문학적 가치와 문장의 새로운 연구」입니다. 이선 교수의 지도로 1991년 박사논문을 제출하여 통과되었습니다.

박사학위 논문을 쓰면서 느낀 점은 그릇이 커야 물을 많이 담을 수 있다는 사실이었습니다. 만약 그릇이 작다면 동네 우물가를 맴돌 것이 아니라 바다로 나가 큰 물을 구경이라도 실컷 해봐야 합니다. 본인의 그릇이 작아서 양껏 퍼올 수는 없겠지만 망망대해와 같은 연구결과를 접하고 비록 기가 죽을지언정 끝까지 붙잡고 늘어지면 여하튼 공부가 많이 된다는 것이죠. 그러므로 혹시 이 글을 읽는 대학생이나 대학원생이 있다면 석사 박사 논문을 쓰면서 이름도 모르는 작가나 하찮은 테마를 논문 주제로 잡지 말고, 고전시를 하겠다면 『시경』·『초사』·이태백·두보·백거이 등을, 고전 산문을 하겠다면 『좌전』·『사기』·당송팔대가 등 엄청난 연구 결과가 축적된 대상을 일부러라도 찾으시기 바랍니다. 당장 대단한 연구 결과를 뽑아내지는 못해도 대가들의 연구를 보면 자극도 되고 흉내 내다 보면 공부도 많이 됩니다. 어차피 중국 고전문학 분야에서 우리 같은 외국인은 석사논문이나 박사논문을 통해 일단 공부하는 것이지 초장부터 뭔가를 크게 때려 세계 학계를 뒤집기는 힘들기 때문입니다. 그렇다고 제 말을 오해하면 안 됩니다. 얼마든지 세계 학계를 뒤집을 수 있습니다. 기초부터 잘 다져놓으면 훗날 대성하는 것은 체력과 시간의 문제일 따름입니다.

　중국의 옛글을 독파하기 위하여 연습용으로 접했던 사마천의 『사기』, 그러나 『사기』는 이제 저의 업이 되었습니다.

나는 왜 『사기』에 빠져들었나?

중국의 옛글을 독파하기 위하여 연습용으로 접했던 사마천의 『사기』, 그러나 사마천의 일생과 『사기』의 내용을 하나둘씩 알게 되면서 사마천과 『사기』에 빠져들지 않을 수 없었습니다. 사마천과 『사기』 속에는 과연 특별한 그 무엇이 있길래 이렇게 사람을 끌어들였을까요?

사마천이 궁형을 당했다는 소리는 예전부터 수없이 들어왔으며 또한 궁형이란 남성의 생식기를 제거하는 형벌로 알고 있었습니다. 사마천이 왜 궁형을 당했는지 자세히 모르던 시절에도 그런 형벌을 받고도 살아남아 『사기』를 완성했다는 사실 자체에 적잖이 감동했었습니다. 그런데 나중에 알게 된 바로는 사마천은 친구를 위하여 몇 마디 했다가 군주의 노여움을 샀고 그리하여 사형에 처해지게 되었으나 궁형을 자청하면 죽음을 면할 수 있었으므로 스스로 궁형을 자청했다는 내용에 더욱 놀라지 않을 수 없었습니다. 친구에 대한 우정, 자신에 대한 기대, 그리고 젊은 시절에 품었던 원대한 포부를 끝까지 견지했던 의지력, 이런 것들이 사마천의 인격적 매력으로 작용하면서 사마천을 존경하지 않을 수 없었습니다. 『사기』 내용을 전부 읽기도 전에 사마천의 이러한 인격과 품성이 저를 감화시켰고 또한 저를 격려하고 분발시켰던 것입니다.

그러던 중 정작 『사기』 내용을 하나 둘씩 해독하게 되자, 『사기』의 내용은 단순히 사마천의 개인적 의지력 차원에 그치는 것이 아니라 인간의 역사와 문화를 정리하고 계승하는 중대하고도 원대한 위업의 차원이었음을 알게 되었습니다. 게다가 『사기』를 읽으면서 인간의 도리, 처세의 태도는 물론이고 세상을 보는 안목을 넓히고 학문을 하는 방법까지도 터득하게 되었습니다. 이런 사마천과 『사기』에 빠져드는 것은 너무도 당연한 일이 아니겠습니까? 이제 『사기』는 저에게 삶의 일부가 아니라 전부라고 해도 과언이 아닙니다.

2장

왜 여전히 『사기』인가

중국과 중국인을 이해하고자 하는 분

무릇 한자를 읽을 수 있는 중국인 치고 『사기』를 읽지 않은 사람은 없습니다. 『사기』를 원문으로 봤든 현대 중국어로 번역 혹은 편역한 것을 봤든, 『사기』 전체를 봤든 그 일부분을 봤든, 여하튼 중국인으로서 사마천과 『사기』를 모르는 사람은 없습니다. 설령 문맹이라 하더라도 『사기』에 등장하는 허다한 인물의 성명과 일생 사적을 각종 민간 전설이나 문화 예술 및 TV 드라마를 통하여 숱하게 접합니다. 이런 현상은 현대에만 그런 것이 아니라 『사기』가 세상에 나와 널리 퍼진 이후로 줄곧 그러하였습니다. 가장 중국적인 그 무엇이 『사기』 속에 담겨 있지 않다면 과연 현대 중국인들이 굳이 옛 책을 읽을 리가 있겠습니까? 그들의 꿈과 희망이 가탁되지 않

사마천 사당

사마천 사당은 섬서성 한성시(韓城市) 지천진(芝川鎭)에 있다. 황토 평야에 솟아오른 그리 높지 않은 산중턱에 조성되었는데 『수경주』(水經注)에 따르면 서기 310년 한양 태수 은제(殷濟)가 가장 먼저 잣나무를 심고 비석을 세워 묘소를 단장했다고 한다. 그 후로 증축을 거듭하여 오늘에 이르렀다. 올라가는 길은 바위나 벽돌을 깔아 만들었는데 사마천의 기구한 운명처럼 울퉁불퉁하다. 99개 돌계단을 올라서면 사당이 나타난다. 사당에 올라 아래를 굽어보면 동쪽으로 황하가 흐르며 주위에 일망무제의 평원이 펼쳐진다.

았다면 과연 현대 중국인들이 옛 책에 끌릴 리가 있겠습니까? 그저 교훈적인 이야기일 뿐이라면 과연 그 현실적인 중국인들이 굳이 옛 책을 펼쳐보겠습니까?

우리는 한국인이므로 이제 우리 입장에서 그 의미와 가치를 몇 가지로 나누어 말씀드리겠습니다.

첫째, 현실적인 중국인의 코드를 읽을 수 있습니다.

이익을 추구하는 인간의 본성에 대하여 사마천은 『사기』「화식열전」에서 아래와 같이 파격적으로 설파했습니다.

잘 살려고 하는 것은 배우지 않아도 깨우치게 되는 인간의 타고난 본성이다. 병사들이 앞 다투어 성(城)을 공격하고 적진으로 뛰어들어 적을 무찌르고 적장의 목을 베고 군기(軍旗)를 낚아채면서 날아드는 화살과 불더미를 용감히 뚫는 이유는 푸짐한 상금을 받기 위해서다. 동네 건달들이 행인을 습격하여 암매장을 서슴지 않고 백성을 협박하여 갖은 악행을 저지르고 남의 묘지를 파헤치고 위조지폐를 찍어내고 불법으로 남의 재산을 가로채고 의리랍시고 친구를 위해 복수하고 으슥한 곳에서 남의 재물을 빼앗고 법을 무시하면서 부나방처럼 죽음도 불사하는 것은 실은 알고 보면 모두 재물을 얻기 위해서다. 조(趙)나라와 정(鄭)나라 여인들이 분 바르고 치장하고 가야금을 뜯으며 소맷자락 휘날리며 맵시 있는 신을 신고 윙크하며 꼬드기며 천리를 멀다 않고 달려가 늙은이 젊은이를 가리지 않는 이유도 따지고 보면 한결같이 돈을 벌기 위해서다. 여유 있는 도련님들이 모자와 칼에 잔뜩 장신구를 붙이고 으리으리한 마차를 굴리는 것도 알고 보면 역시 잘 사는 것을 과시하기 위해서다. 있는 자들이 사냥이나 낚시를 떠나며 새벽과 한밤중을 가리지 않고 서리와 눈보라를 무릅쓰고 산비탈을 치달리며 맹수의 위협 따위를 개의치 않는 이유도 역시 없는 자들이 엄두도 못내는 진귀한 맛을 얻기 위해서다.

내기 도박을 하거나 투계(鬪鷄), 투견(鬪犬)을 하면서 한 치의 물러섬 없이 승리를 추구하는 것도 돈을 잃을까 걱정하기 때문이다. 의사나 기타 기술자들이 전력을 다해 복무하는 것도 보수를 톡톡히 받기 위해서다. 관리들이 법조문을 농락하고 문서와 도장을 위조하면서 목 잘릴 위험을 망각하는 것도 사실 뇌물에 현혹되었기 때문이다. 농사짓고 장사하고 상품을 만들고 목축을 하는 것도 당연히 돈을 벌기 위해서다. 그러므로 재물이란 것은 능력만 있으면 하염없이 긁어모으려는 게 인간의 본성이지 돈을 벌 수 있는데도 손 털고 남에게 순순히 양보하는 예는 결코 없다.

사마천은 이어서 말했습니다. "백이와 숙제처럼 고매한 인격을 견지하다가 가난해졌다면 혹시 모르겠다. 그렇지도 못한 사람이 부모와 처자식을 굶주리게 하고 때 맞춰 조상께 제사지낼 형편도 못 되는 주제에 입으로만 도덕을 외친다면 정말 부끄러운 일이다." 백이와 숙제는 폭력을 폭력으로 제압하는 추악한 세상을 혐오하여 수양산에 잠적한 뒤 굶어죽었던 무균질 인격체의 대표적 인물입니다.

사마천 이전 혹은 사마천 이후 상당 기간 동안 중국의 지배층이나 지식인들은 겉으로 고고한 척하면서 일반 백성들에게는 예의염치를 강조하였습니다. 『논어』에서도 "군자는 의로운 일을 밝히나 소인은 이익을 밝힌다" 했고, 『예기』 「악기」에서도 "군자는 자신의 이상을 성취하려 하나, 소인은 자기 욕심만 채우려 한다" 했습니다. 마치 일반 백성들만 태어나면서부터 돈에 환장한 양 나무라면서 지배층이나 지식인들은 이슬만 먹고 사는 듯 고상을 떨었던 것이지요.

그러나 사마천은 「평준서」에서 기원전 120년 함곡관 동편 광대한 지역에 수해가 극심하여 지방 정부의 양식창고를 털어도 빈민을 구제하지 못하자 부자들에게 양식을 빌렸던 일을 언급하면서 가난한 후작들은 고개를 조아리며 갑부들에게 돈을 꾸곤 했다고 기록했습니다. 그러므로 사마천은 경제력이 인간의 지위를 결정한다며 이렇게 말했습니다.

일반 백성들 사이에서도 열 배 잘사는 사람을 대하면 비굴해지고, 백배 잘사는 사람을 만나면 경외심이 들고, 천 배면 밑으로 들어가 일을 하고, 만 배면 종이 되는 것은 자연의 이치가 아니겠는가.

그러면서 '소봉'(素封)의 개념을 제시했습니다. '소봉'은 무엇일까요? 천자는 종실 자제나 공신들에게 작위를 내리며 일정 면적의 토지를 분할해 주기도 합니다. 이것을 일컬어 봉(封)했다고 하며 하사받은 땅은 봉지(封地)로서 그곳에 거주하는 백성들로부터 세금을 거둬 자신의 수입으로 삼았습니다. 설령 봉읍이 없다 하더라도 관리에 임용되면 봉록(俸

祿 : 월급)을 받습니다. 따라서 고관대작들은 힘들게 농사나 목축 혹은 상업에 종사하지 않더라도 편하게 앉아서 누리는 즐거움이 많습니다. 옛 중국에서 지위와 권력은 곧 부귀를 상징하는 것이었으니까요. 그러나 설령 고관대작이 아니더라도 고관대작처럼 살아가는 계층이 있다는 것을 사마천은 발견했습니다. 바로 부자들입니다. 왜 부자를 '소봉' 이라고 했을까요? 소(素)는 무늬 없는 옷감이므로 '소봉' 이란 고관대작의 직함이 없을 따름이지 고관대작처럼 누릴 것은 다 누리는 신분이란 뜻입니다. 사마천은 20만 전을 기준으로 아래와 같이 설명했습니다.

봉지(封地)를 받은 후작은 매년 세금으로 가구당 평균 200전을 거두므로 1천 가구를 거느리면 일년 수입은 20만 전이 된다. 천자를 배알하고 다른 후작들과 교류하고 제사를 지내거나 선물을 주고받는 비용은 모두 이 20만 전에서 지출할 수 있다. 농업, 수공업, 목축업, 상업 등에 종사하는 일반 백성이라 할지라도 1만 전을 저축했다고 하면 월이율 2%를 적용하여 매년 약 2천 전의 수입이 있다. 1백만 전이 있다면 매년 약 20만 전의 수입이 된다. 세금을 내고 병역을 대리인으로 사서 쓰는 비용 등은 20만 전에서 지출할 수 있다. 그러므로 이들 부자들은 원하는 대로 먹고 입고 쓸 수 있다. 50필의 말을 키우거나, 소 1백 육칠십

두를 키우거나, 양 250 마리를 키우거나, 돼지 250마리를 키우거나, 연생산량 1천 석의 양어장을 갖고 있거나, 1천 그루의 목재 감을 소유하거나, 대추나무 1천 그루, 밤나무 1천 그루, 귤나무 1천 그루, 호두나무 1천 그루, 옻나무 1천 이랑, 뽕나무 및 삼베 1천 이랑, 대나무 1천 이랑뿐 아니라 근교의 옥답 1천 이랑, 그리고 치자나무 및 꼭두서니 1천 이랑만 있어도 그 일년 수입은 1천 가구의 후작과 같다.

그러므로 이들 부자들은 시장을 기웃거릴 필요도 없고 행상을 나설 필요도 없고 그저 앉아서 수입을 올리므로 고상하게 즐기면서 풍족하게 살아간다고 했습니다. 이들 부자는 고관대작은 아니지만 고관대작처럼 살아가므로 '소봉'이라 한 것입니다.

그러므로 사마천은 정당한 수단으로 치부하는 것을 금기시하지 않았습니다. 오히려 돈은 아무나 벌 수 있는 것이 아니라고 생각했지요. "알거지는 몸뚱이로 뛰어야 한다. 자본이 조금 있다면 머리를 굴려야 한다. 자본이 풍족하다면 무슨 사업을 해도 타이밍이 핵심이다." 또한 농업·수공업·상업·목축업 등은 백성들의 의식주를 해결해 주므로 직업의 귀천이 없이 모두 중요하며 정부가 하라마라 지도하지 않아도 알아서들 잘 경영하므로 굳이 나서서 간섭할 필요가 없다

송나라때 만든 사마천 조소
사당의 정중앙에는 제사를 올리는 헌전(獻殿)과 사마천의 조소를 안치한 침궁(寢宮)이 있다. 침궁에 모셔진 조소는 송나라 때 제작한 토기 인형으로 형형한 눈빛에 멋진 수염을 늘어뜨린 모습이다. 상단의 현판에는 '목연청풍'(穆然淸風) 넉 자가 쓰여 있다. 뜻은 "맑고 온화한 기품이어라." 치열하고 끈질겼던 사마천의 스타일과는 맞지 않는 글귀이다.

고 했습니다. 그와 함께 농업보다는 수공업, 수공업보다는 상업이 돈을 벌 수 있는 지름길이라고 강조했지요. 사마천은 마침내 이렇게 결론을 내립니다. "열심히 일하고 절약하는 것이 먹고사는 바른 길이다. 그러나 부자가 되려면 반드시 머리를 굴려야 한다.…… 부자가 되는 길은 다양하며 물건의 임자는 정해진 것이 아니다. 재물은 유능한 자에게 몰리며 무능한 자는 쥐어줘도 놓아버린다."

위 이야기는 현실적인 중국인의 가슴에 너무도 와 닿지 않겠습니까? 인간의 본성을 포함하여 현실적인 중국인의 심성을 사마천은 『사기』에서 너무도 솔직하고 노골적으로 밝혔지 않습니까? 이렇듯 중국의 다른 고전에서는 좀처럼 보기 힘든 중국인의 속살을 가장 많이 보여주고 있는 책이 바로 『사기』입니다. 따라서 중국과 중국인을 알고자 한다면 『사기』를 한 번 정도는 읽어보는 것이 좋습니다.

둘째, 사마천의 『사기』는 중국 문화를 풍부하고 다양하게 간직하고 있습니다.

『사기』에 등장하는 인물은 제왕을 제외하면 모두 어느 한 분야에서 특출한 사람들입니다. 설령 코미디언에 해당하는 「골계열전」의 인물이라 하더라도 절묘한 언사를 적시에 구사하여 난해한 정치문제를 단박에 해결했던 '해결사'였지요. 그 당시가 신분 사회였던 점과 당시의 사회적 분위기를 감안한다면, 하찮은 이들도 이럴진대 그 외의 굵직굵직한 인물은 여러 말을 더할 필요가 없습니다. 단지 '열전'만 가지고 이야기를 해봐도 중국 역사에서 거론하지 않을 수 없는 정치인, 경제인, 문화인을 비롯하여 장군, 참모, 외교관, 사상가, 심지어 자객과 협객까지도 망라하고 있습니다. 중국 전통의 충효를 실천했던 인물뿐 아니라 지조와 절개를 보여주는 인물도 허다하게 등장하며, 온갖 고초와 난관을 극복하고 마침내 설욕을 하거나 이상을 성취했던 인물도 다채롭게 기록되어 있습니다. 따라서 각양각색의 인물 군상을 접하며 그들이 수놓은 형형색색의 중국 문화를 실감나게 접할 수 있습니다.

셋째, 사마천의 『사기』는 중국인의 통일 관념에 결정적인 영향을 끼쳤습니다.

중국이 고구려사를 자국 역사로 편입하려는 시도에 한국인들은 너나없이 분개하고 있습니다. 그러나 이 문제는 학술적인 이슈가 아니라 극히 정치적인 문제입니다. 중국은 56개 소수민족이 공존하고 있는데, 티베트 같은 경우는 현재 독립 및 자치권 쟁취 운동을 꾸준히 벌이고 있습니다. 그러므로 한국이 통일되고 그 영향으로 동북3성의 조선족이 한국 쪽으로 경도되면 이는 다른 소수민족들의 동요로 이어질 가능성이 충분하며, 중국 자체가 와해될 수도 있는 중대한 사안입니다. 그러므로 중국 정부는 고구려사를 자국의 역사로 편입시켜 동북3성에 밀집되어 있는 조선족의 과거도 결국 한족 역사의 일부라는 점을 명백히 하고, 이어서 그들을 중화민족에 동화시키려는 것입니다. 이러한 일련의 시도는 '내부 결속용'으로서 극히 정치적인 문제인 것입니다.

중국은 가뭄이나 홍수 등과 같은 자연재해에 효과적으로 대처하기 위하여 이미 기원전에 통일된 대제국을 건설하였습니다. 중국인들은 너나 할 것 없이 통일된 대제국을 정상적인 상태로 보고 소규모 국가의 난립 현상을 비정상으로 생각하고 있습니다. 이것은 유럽의 경우와 비교해보면 대단히 대조적인 생각이자 관념이라 아니할 수 없는 것이지요. 현재 유럽의 30여 개 국가는 유럽 연합(EU)으로 통합되어 유로 화폐까지 나오는 상황이지만, 이것은 그들이 장기적인 역사적 흐름 속에서 통일국가를 지향하고 있기 때문이 아니라 실은 경제적·정치적 복선이 깔려 있는 것입니다. 말하자면 현재 초강대국으로 군림하고 있는 미국과 경제적으로 여전히 막강한 일본, 그리고 급부상하는 중국에 대항하기 위해서 정치·경제적 블록을 형성한 것이지 결코 그들에게 유럽은 통일 국가를 지향해야 한다는 관념이 근저에 있기 때문은 아닌 것입니다.

그렇다면 중국인들의 통일 관념은 어떻게 형성된 것일까요? 명백한 이민족까지도 통일된 대제국의 일원으로 끌어들이려는 발상의 근원은 바로 사마천의 『사기』「오제본기」로부터 나왔습니다. 『사기』에 등장하는 모든 이민족들의 조상은 결국 황제(黃帝)로 귀결된다고 사마천은 기록했습니다. 사마천 본인도 후세의 통치자들이 자신의 「오제본기」를 그렇게까지 이용할 줄 몰랐겠지만, 결과적으로 사마천이 기록한 황제(黃帝)는 중국 대륙 전체의 공통 시조로서 후세의 정치가들이 도모하는 중앙집권과 국가 분열 방지책에 이론적 근거를 제공해준 셈입니다.

따라서 고구려사 문제를 정치적으로 풀겠다면 다양한 경로와 수단이 있겠지만, 학술적으로 접근하겠다면 일단 『사기』「오제본기」의 허구성이나 문제점을 지적하는 것도 하나의 방법입니다. 그러므로 우리 역사를 지키기 위해서도 『사기』는 참고해야 할 책입니다. 하물며 『사기』의 열전 속에는 「조선열전」까지 있답니다. 한반도를 기록한 중국 정사의 최초 기록입니다.

인생이 힘들고 외로워 위로가 필요한 분

기원전 99년, 이릉 사건으로 사마천은 47세의 나이에 수감되었습니다. 『사기』를 완성하라는 아버지의 유언을 저버릴 수도 없고, 자신의 포부 또한 포기할 수 없다면 어떻게 해야 하겠습니까? 당시의 법규에 따라 궁형을 자청하여 일단 목숨을 유지하는 수밖에 없었습니다.

사마천은 궁형을 당하고 이렇게 탄식했습니다. "내가 잘못한 탓이지, 내가 잘못한 탓이지. 육신은 훼손되고 이젠 무용지물이 되었구나." 그러고는 골방에 들어가 생각에 잠겼습니다.

『시경』, 『서경』의 애매한 내용은 현실에서 이루지 못한 이상을 글 속에 담았기 때문이리라. 옛날 서백 문왕이 유리에 갇혔을 때 『주역』을 풀이했고, 공자가 진나라와 제나라 사이에서 무진 고생을 했으므로 『춘추』를 쓰게 되었다. 굴원은 추방되어 「이소」를 지었고, 좌구명은 실명하여 『국어』를 지었으며, 손빈은 무릎이 잘리는 형벌을 받은 뒤 『손자병법』을 지었다. 여불위는 남쪽 황무지 촉 지방으로 귀양 갔어도 그가 편찬한 『여람』은 세상에 전해졌고, 한비자는 이사의 모함으로 진나라에서 죽었지만 「세난」, 「고분」 등은 아직도 인구에 회자된다. 『시경』 3백 편은 뜻있는 분들이 분발하여 쓴 글이리라. 문왕, 공자, 굴원, 좌구명, 손빈, 여불위, 한비자 등 선현들은 모두 가슴 속에 쌓인 것들이 많았고, 또한 자신의 이상을 실현할 길이 없었기에 지난날을 술회하며 미래를 기약했을 것이다.

절체절명의 위기에 처했을 때 고인들의 행적을 상기하며 미래를 기약했던 그 처절한 심정을 이해할 수 있겠습니까?

사마천에게는 또 다른 절친한 친구 임안(任安)이 있었습니다. 기원전 91년 한무제 말년의 일입니다. 간신의 이간질로 한무제와 황태자 사이에 오해가 일어 군대까지 동원하며 혈전을 벌였던 극히 불행한 사건이 터졌습니다. 결국 황태자 진영이 패하여 황태자가 자살하는 것으로 사태는 일단 진정되었지요. 내전 당시에 어느 편을 들어야 할지 난감했던 임안은 주저하며 관망할 수밖에 없었지만 그러나 양다리를 걸친 노회한 관리로 지목되어 처형을 당하게 되었습니다. 임안은 그 당시 한무제의 비서실장이었던 사마천에게 구원의 편지를 보내게 됩니다.

임안의 구원 편지를 읽어본 사마천은 너무도 괴로웠을 겁니다. 사마천은 그 당시 한무제의 심리 상태를 잘 알고 있었습니다. 아들의 죽음을 촉발시킨 사소한 죄목이라도 모두 처단해야만 아들에 대한 미안함과 자신에 대한 미움을 그나마 풀 수 있었던 것이지요. 이런 한무제에게 사마천이 어떻게 임안의 억울함을 하소연할 수 있단 말입니까. 불과 8년 전에 친구 이릉을 위하여, 그리고 한무제의 기분을 풀어드리려고 몇 마디 했다가 궁형을 당했던 기억이 떠올라 온몸이 부르르

사마천봉분
사당 뒤편에 있는 사마천의 봉분. 푸른 색이 감도는 화강암으로 쌓아올렸으며 중간 허리에는 팔괘(八卦)의 도안을 조각하여 둘러 놓았다. 전설에 따르면 칭기즈 칸의 손자 쿠빌라이가 칙명을 내려 건조했다고 한다. 봉분의 모양이 몽고 빠오와 비슷한 것도 이 때문이다. 봉분 위에는 수령 1천 년이 넘는 잣나무가 자라고 있다. 잣나무는 마치 사마천의 일생처럼 모진 풍상을 견디며 손바닥으로 하늘을 받치듯 사방으로 줄기를 펼치고 있다.

떨렸을 것입니다. 그런데 그로부터 8년 뒤에 이번에는 절친한 친구 임안이 구원을 요청하는 편지를 보내왔던 것입니다. 한무제의 심리 상태를 고려하건대 친구 임안은 죽을 수밖에 없는 상황입니다. 사마천은 임안에게 답장을 보내면서 자신이 나서고 싶지만 나설 수 없는 고충을 충분히 밝히지 않으면 안 되었습니다. 이때 사마천의 마음은 정말로 괴롭고 복잡했을 것입니다. 그간 말을 하지는 않았지만 이릉 사건 이후 차곡차곡 쌓였던 참혹한 심정과 울분이 임안에게 보내는 편지를 통하여 일거에 분출되었습니다. 그 내용이 바로 현재 우리가 보는 「보임안서」입니다.

편지에서 사마천은 궁형을 당한 이후의 생활을 이렇게 고백했습니다. "간장은 하루에도 아홉 번이나 꼬이고, 집에 있을 때는 멍하여 뭔가 잃어버린 듯, 길을 나서도 어디로 가야 할지 망망했으며, 궁형을 상기할 때마다 식은땀이 흘러 옷을 흥건하게 적시지 않은 적이 없었다."

임안에게 보내는 답장에서 사마천은 다음과 같은 이야기를 쭉 풀어놓았습니다. "나 자신은 궁형을 당하여 사람도 아니며 이런 인간이 나서서 뭐라고 해봐야 오히려 비웃음만 살 것이다. 하물며 나는 8년 전에 친구 이릉을 위하여 분연히 나섰는데 절친한 친구인 당신 임안을 위하여 단 한 마디 말도 못하는 심정은 오죽하겠느냐. 이제 곧 당신은 처형될 텐데

내 처지와 입장을 소상히 아뢰지 않으면 당신은 죽어서도 영영 한이 남을 것이기에 내가 궁형을 당한 이후로 그 힘든 세월들을 어떻게 묵묵히 버텨왔는지 그 과정과 심경을 밝히겠다. 나 자신은 얼마든지 친구를 위하여 죽을 수 있지만 그러나 『사기』가 아직 미완성이므로 나는 지금 『사기』를 위하여 구차하게 연명하는 신세, 내 목숨을 내 맘대로 할 수가 없다. 요컨대 내가 당한 것 그리고 자네가 당한 것 등 모든 시시비비는 우리 생전에 옳고 그름이 모두 밝혀지기는 무망하므로 우리 모두가 죽고 세월이 흐른 뒤 후세 사람들의 판단에 맡기세.” 이런 내용입니다.

사마천은 절대 권력 앞에서 몇 마디 삐끗한 죄로 궁형에 처해졌던 비극적 인물이었으며, 그런 비극을 『사기』 저술로 승화시킨 불굴의 정신은 그 이후 암울한 시대에 많은 인물들에게 정신적 지주가 되었습니다. 지금 외롭고 힘드십니까? 아무렴 사마천만큼 외롭고 힘드시겠어요. 사마천을 이해하고 『사기』의 인물 중에서도 사마천이 특별히 자신의 감정과 이상을 가탁했던 공자, 오자서, 범저, 인상여, 형가, 굴원, 항우, 한신, 계포 등의 기록을 읽어보십시오. 당신이 현재 겪는 우울함과 외로움은 당신만의 우울함과 외로움이 아니며, 당신보다 몇 십백 배 괴롭고 힘들었던 사람들이 세상을 어떻게 살아갔는지 살펴보시기 바랍니다.

　사마천은 인상여를 평하며 이렇게 말했습니다. "죽는 것이 어려우랴? 죽음에 처했을 때가 어려운 법이다." 오자서를 평하며 이렇게 말했습니다. "오자서가 만일 아버지를 따라 함께 죽었다면 땅강아지나 개미의 목숨과 무슨 차이가 있었으랴. 사소한 의리를 저버리고 큰 복수를 하여 이름을 후세에 남겼으니 너무도 감동적이다. 오자서가 길거리에서 구걸할 때 그 원수를 한시라도 잊은 적이 있었을까. 그러므로 참고 참고 또 참아 만난을 이겨내고 과업을 이루었으니 열혈남아가 아니고 그 무엇이랴." 계포를 평하며 이렇게 말했습니다. "항우 휘하에서도 계포는 용맹으로써 이름을 날렸으니 장사이다. 그런데도 구차하게 노예가 되다니 무슨 망신인가. 그러나 계포는 자신의 실력을 믿었기에 그렇게 모욕을 당하면서도 태연했다. 언젠가는 실력을 발휘할 날이 있을 것을 믿었기 때문이다. 결국 한 제국의 명장이 되었다. 생각이 있는 자는 함부로 죽음을 이야기하지 않는다. 하찮은 인간들이 감상에 젖어 자살하곤 하는데 그것은 용기가 아니라 막다른 골목에 몰려 뭘 더 해보려고 해도 실력이 없기 때문이다." 유심히 읽어보면 사마천 자신의 이야기입니다.

글을 잘 쓰고 싶은데 글발이 달리는 분

한국인으로서 한글을 제대로 못써서 스트레스 받습니까? 그렇다면 『사기』를 한 번 읽어보십시오. 사마천은 사건을 조리 있게 기록하거나 인물을 생동적으로 묘사하는 것은 물론이고 감성적인 문체 역시 타의 추종을 불허합니다. 좋은 글을 읽으면서 왜 좋은지 자꾸 생각하면 글쓰기의 원리를 자연스럽게 터득하게 됩니다.

일단 「백이열전」만 읽어봐도 '원망'을 기본 축으로 삼고 층층이 맞물린 문단 구성을 통하여 자신의 감정을 진하게 깔면서 종횡무진 필력을 휘두르는 사마천을 만날 수 있습니다. 이런 사마천이기에 인물을 묘사하면 해당 인물이 지면에 약동합니다. 그러므로 명나라 때 문학가 모곤(茅坤)은 아래와 같이 평가하였습니다.

> 사람들이 『사기』 「유협열전」을 읽으면 곧 죽음을 가볍게 여기려고 하고, 「굴원가생열전」을 읽으면 곧 눈물이 쏟아지려 하고, 「장자열전」, 「노중련열전」을 읽으면 곧 세상을 등지고 은둔하려 하고, 「이장군열전」을 읽으면 당장이라도 전투에 나서려 하고, 「만석군열전」을 읽으면 허리가 절로 숙여지려 하고, 「위공자열전」 및 「평원군열전」을 읽으면 곧 식객을 양성하려고 한다.

사마천의 필력이 어느 정도인지 대략 짐작되시죠? 『사기』의 인물처럼 행동하고 싶도록 사건을 절묘하게 기록하고 인물이 생동하도록 묘사했다는 뜻입니다.

원문 해독능력이 없다면 물론 좋은 번역본을 구입하셔야죠. 무턱대고 구입하지 말고 펼쳐놓고 몇 줄 읽어보십시오. 서너 쪽을 읽어도 감흥이 없다면 주저없이 내려놓으세요. 원문을 죽이는 번역문은 차라리 안 본 것만 못합니다.

중국의 학문을 연구하고자 하는 분

『사기』 이전의 역사기록은 단편적인 사실의 기록이나 간략한 연대기적 서술에 불과했습니다. 그런 상황에서 사마천은 수많은 문헌과 기행을 통해 자신의 역사관을 투영한, 인물 중심의 새로운 역사기술 형태인 기전체를 창조했으며, 이는 후세의 정통으로 굳어져 대대로 계승되었습니다. 그런데 『사기』의 가치는 방대한 역사기록이나 최초의 정사라는 사실에만 그치는 것이 아닙니다. 진시황의 분서갱유로 거의 공백상태가 되어버린 중국 고대사를 복원하는 데 중요한 계단 역할을 하고 있으며, 선진(先秦) 학술의 윤곽을 밝히는 데도 필수 도서로 간주됩니다. 또한 객관적인 서술이 생명인 역사서에서 진실을 왜곡하지 않으면서도 진한 감정을 투영시킨 문학적 서술은 전기문학이나 소설로 읽어도 전혀 손색이 없습니다.

그렇다면 사학과 문학 그리고 사상을 연구하는 데만 『사기』가 필요할까요? 그렇지 않습니다. 『사기』에는 중국 전통의 정치, 경제, 군사, 법률, 천문, 지리, 의학 등의 내용까지 담겨 있습니다. 말하자면 『사기』란 책은 사마천 이전의 모든 학술을 집대성했다고 봐도 무방하며, 후세 학술은 『사기』로부터 또 다시 분화하게 됩니다. 약간 과장되게 말한다면 사마천 이후의 그 어떤 학술도 『사기』를 비껴갈 수 없습니다. 그러므로 『사기』를 읽으면 중국 학술의 거대한 산맥을 조감할 수 있게 됩니다.

특히 중국의 학술을 제대로 연구하려면 그 분야가 사학이나 문학이면 두말할 필요가 없고 정치든 경제든 언어학이든 심지어 대중문화든 현대 중국어─백화문만으로는 깊고 넓게 연구하기 힘듭니다. 반드시 고전 중국어─문헌의 해독능력을 배양해야만 고금을 누비며 원전을 자유자재로 요리할 수 있습니다. 그런데 『사기』의 문장은 선진 시대의 문장보다는 평이한 편이므로 읽어가기가 비교적 수월합니다. 따라서 『사기』의 원문을 공부하면서 고전 중국어를 습득해 놓으면 선진 시대의 학술을 공략하는 데 도움이 될 뿐더러 『사기』 이후의 원전을 독파하는 일도 한결 수월해집니다. 『논어』에서 발하기를, "작업이 수월하려면 연장이 좋아야 한다" 했습니다. 『사기』는 맥가이버 칼과 같은 좋은 연장입니다.

이제 단락을 마감하며 한 마디만 덧붙이고자 합니다. 『사기』를 읽으면 실패한 인생이 유난히 많이 눈에 띕니다. 역사는 성공한 사람들의 이야기라는데 『사기』에는 왜 이렇게 실패한 인생이 많을까요? 사마천은 세속적인 성공과 실패에 착안하여 인물을 선별한 것이 아닙니다. 설령 실패했다 하더라도 실패한 인생으로부터 역사적 의미를 발굴하여 그들이 현실에서 당한 고난과 고통을 후세의 명예로 위로하고자 했습니다. 물론 사마천 자신이 현실의 낙오자이자 실패한 인생이기도 했습니다. 그런 탓인지 실력 있고 진실하고 의로운 사람들이 강자의 부당한 핍박을 받을 때마다 사마천은 때론 완곡하게 때론 직설적으로 강자를 강도 높게 비판하면서 그와 동시에 약자에 대한 인류애적 동정심을 표현하곤 했습니다. 이런 마음과 태도는 사마천 이후의 역사서에서는 발견하기 힘듭니다. 사마천의 『사기』가 비록 2천여 년 전의 중국책이지만 인류 전체의 고전으로 평가 받는 이유도 바로 이런 사마천의 마음 씀씀이 때문이 아니겠는지요.

3장

사마천과 『사기』

자존심 강한 한무제와 순진했던 사마천

사마천은 기원전 145년 지금의 섬서성(陝西省) 한성현(韓城縣)에서 태어났으며, 그의 일생은 한무제의 생존 연대와 대략 일치하는 것으로 짐작됩니다. 그런데 한무제 재위 기간은 한 제국이 전성기에서 쇠퇴기로 넘어가는 시기입니다. 그러므로 한무제의 성격과 사업이 사마천의 운명과 『사기』 창작에 결정적인 영향을 끼치지 않을 수 없었습니다. 그럼 지금부터 한무제의 성격과 사업을 중심축으로 하여 사마천과 『사기』를 소개하겠습니다.

비범한 재주와 원대한 포부를 겸비했던 한무제

한무제(漢武帝)는 한 제국의 개국 황제 유방의 증손자입니다. 한무제는 어떤 사람이었고 무슨 일을 어떻게 했을까요?

비범한 재주와 원대한 포부를 겸비했던 한무제가 그의 할아버지 한문제와 아버지 한경제가 보여 주었던 공손함과 근검절약으로 정치를 했더라면 고대의 위대한 성군이 되고도 남았을 텐데.

위 말은 반고(班固)가 『한서』「무제기」를 작성하고 총평했던 내용입니다. 반고는 한 제국을 열렬하게 지지하고 옹호했던 역사가라는 점을 감안한다면 한무제를 지극히 완곡하게 비판한 말입니다. 한무제는 기원전 156년 태어나 기원전 141년에 황제에 올랐으므로 그가 황제가 된 나이는 16세에

한고조 유방
시정잡배 저질 한량으로서 중국 최초로 황제에 오른 자가 유방이다. 한고조 유방은 복잡한 인격의 소유자로 『사기』에 묘사되어 있다. 교활했고 통이 컸고 임기응변에 강했고 끈기 또한 있었으며 자신의 잘못을 즉각 인정하고 개선하는 허심탄회한 미덕까지 있었다. 그러나 무엇보다 크게 멀리 보는 안목이 있었다.

불과했습니다. 이때 사마천은 5살 어린이였지요. 한무제는 그때부터 무려 54년 동안 권좌에 있었는데, 한무제 이후 2천 년 중국 역사에서 이처럼 장기 집권한 황제는 없었습니다. 한무제의 장수만세 기록은 18세기 청나라 건륭(乾隆) 황제에 의해 비로소 깨집니다.

한무제는 담력이 있었습니다. 시간만 나면 평상복으로 갈아입고 백성들의 생활 터전을 시찰하곤 했는데 그 와중에 생명을 잃을 뻔한 적도 있었습니다. 한무제의 부인 위자부(衛子夫)는 기생 출신이었고, 총애했던 이부인은 창녀였습니다. 그렇다면 한무제란 인간은 치마만 두른 여자는 다 받아들이는 시정잡배 색골이었을까요? 그렇지 않습니다. 한무제 주위에는 그 당시 최고의 철학자 동중서(董仲舒)도 있었고 최고의 문학가 사마상여(司馬相如)도 있었습니다. 특히 이부인이 죽자 직접 애도시를 지었는데 내용이 애절하고 문학성도 뛰어나 문학사에 실릴 정도입니다. 이렇게 본다면 한무제란 인간은 감성적으로도 매우 세련된 사람이라고 할 수 있습니다.

한무제가 대범했다는 것은 신하를 대하는 태도에서 잘 나타납니다. 그는 대장군 위청(衛靑)을 침실에서 접견하는가 하면 평소 잔치 자리에서나 입는 평상복 차림으로 문무백관의 알현을 받기도 했습니다. 또한 서남쪽 이민족을 정벌하기 위하여 섬서성 장안 부근에 엄청난 크기의 인공호수를 만들

한무제
역사는 모순을 겪으며 발전한다고 했던가? 이율배반의 한무제로부터 역사의 모순을 발견할 수 있다. 한편으로 보면 격동의 시대에 태어나 비범한 재주와 원대한 포부로 대제국을 건설했던 한무제. 그러나 다른 한편으로 보면 강성했던 한제국을 몰락시키고 친아들과 전쟁까지 벌여 수도 장안을 피바다로 만든 패가망신의 장본인이었다. 모순의 시대에 살았던 사마천은 어쩔 수 없이 모순된 인생을 살아야만 했다.

어 해군을 조련시키기도 했습니다. 한무제가 직접 군대를 통솔하고 전선에서 작전한 것은 아니지만 중요한 전략을 세울 때는 항상 주도적인 역할을 하였고, 또한 자신의 계획대로 밀고 나갔습니다. 특히 여덟 차례에 이르는 대규모 흉노 정벌은 국가의 재원과 인력을 총동원하여 북방 기마민족의 위협을 철저하게 해결하려는 의지의 표현이었습니다. 한무제는 이렇게 야심만만했고 대범했고 포부가 컸습니다. 반고가 한무제를 평하며 '비범한 재주와 원대한 포부'를 겸비했다고 한 말이 결코 거짓이 아니었습니다.

코드에 맞는 사람만 골라 썼던 한무제

한번은 한무제가 조정 회의에서 '덕치' 운운하자 강직하기로 소문난 급암(汲黯)은 이렇게 면박을 주었습니다.

"폐하께서는 속으로 욕심이 많으면서 겉으로만 덕치를 주장하시니 그래서야 일이 제대로 되겠습니까!"

한무제는 얼굴이 일그러지며 입을 다물었고 화난 표정으로 조정 회의를 끝냈다고 기록되어 있습니다. 그 당시 쓴소리를 가장 많이 했던 급암이 문무백관이 입석한 가운데 최고 권력자 한무제 면전에 직격탄을 날린 것입니다. '원대한 포부'는 욕심이 많은 것으로 볼 수도 있겠지요. 급암의 말이 사실이라 하더라도 이렇게 한무제를 무안하게 만들었다면 관운이 형통할 리는 없을 겁니다. 사사건건 딴지를 거는 급암을 한무제는 좌천시켜 버립니다. 한무제 당시 인재가 참으로 많았습니다. 그 중 급암은 강직하기로 당대 최고였습니다. 급암 이외에 어떤 인재가 얼마나 있었을까요? 『한서』의 기록을 보겠습니다.

유생으로는 공손홍, 동중서, 예관이 있었다. 인품으로는 석건, 석경이 있었다. 강직으로는 급암, 복식이 있었다. 겸손으로는 한안국, 정당시가 있었다. 법률로는 조우와 장탕이 있었다. 문장으로는 사마천, 사마상여가 있었다. 유머로는 동방삭, 매고가 있었다. 국정자문으로는 엄조, 주매신이 있었다. 천문역법으로는 당도와 낙하굉이 있었다. 음악으로는 이연년이 있었다. 경제로는 상홍양이 있었다. 외교관으로는 장건, 소무가 있었다. 장군으로는 위청, 곽거병이 있었다. 참모로는 곽광, 김일제가 있었다. 그 외 다방면에 인재가 많아서 이루 다 기록할 수 없다.

그렇다면 한무제는 국가 발전과 민생 복지를 위하여 이러한 인재들을 적극 발탁하여 적재적소에 배치했을까요? 아닙니다. 한무제는 코드에 맞는 인재만 골라 썼습니다. 당시 가장 득세했던 인물은 공손홍(公孫弘)과 장탕(張湯)이었습니다. 공손홍의 업무 스타일은 어떠했을까요?

회의가 열리면 공손홍은 항상 여러 방안을 내놓고 한무제가 스스로 선택하도록 하였으며 결코 면전에서 무안을 주거나 끝까지 자기주장을 하는 일이 없었다. 그러므로 한무제는 공손홍의 사람됨이 돈후하다고 여겼고 또한 논리도 정연하고 법률에도 해박한데다 덕정으로 위장했으므로 무척 총애하였다.

말하자면 요즘의 국무총리직에 등용된 공손홍은 결코 한무제의 자존심을 건드리는 법이 없었고 모든 공로를 한무제에게 돌렸다는 뜻입니다. 특히 주목할 점은 모든 행위를 덕정으로 위장한 점이 한무제의 마음에 쏙 들었다는 것입니다. 급암이 한무제를 면박했던 내용을 다시 상기해보면 공손홍과 급암의 업무 스타일은 정반대라고 할 수 있습니다. 그렇다면 법무부 장관이었던 장탕의 업무 스타일은 어떠했을까요?

> 한무제가 중형에 처했으면 하는 안건은 가혹한 법관에게 맡겼다. 한무제가 가볍게 처리했으면 하는 안건은 후덕한 법관에게 맡겼다.

장탕 역시 한무제의 뜻에 순응하는 스타일입니다. 흉노가 휴전을 제의했을 때 한무제는 대신들을 소집하여 대책을 논의했습니다. 이 자리에서 국정고문 적산(狄山)은 이렇게 주장했습니다. "대규모 흉노 정벌로 국고가 바닥나고 국경의 백성들은 살길이 막막해졌습니다." 이때 장탕은 한무제의 의중을 읽고 대뜸 적산을 비판했습니다. "우둔한 유생의 헛소리지요." 적산이 발끈하여 쏘아붙였습니다. "저는 물론 우둔합니다. 그러나 똘똘한 장탕은 간사한 신하지요." 한무제는 누구 편을 들었을까요? 장탕 편을 들어주며 적산을 압박했습니다. "적산, 그대에게 변경의 태수를 맡긴다면 흉노의 침입을 막을 수 있겠는가?" 적산은 식은땀을 흘리며 고개를 숙였으나 결국 변경의 태수로 발령 났고 그로부터 얼마 뒤에 흉노의 습격을 받아 목이 떨어졌습니다. 한무제의 심중을 헤아리지 못한 죄로 적산은 비명에 간 것입니다.

한편 평민 출신의 부자였던 복식(卜式)은 아무런 대가 없이 개인 재산을 수차례 국가에 헌납하였습니다. 군사비 조달에 허덕이던 때라 한무제는 공개적으로 복식을 칭찬했고 작위를 하사하기까지 했습니다. 그런데 막상 복식이 권력 핵심부에 진출하여 상인 출신 상홍양이 추진하는 중과세 정책을 비판하자 한무제는 곧 복식을 따돌리기 시작했습니다. 이렇듯 한무제는 자신의 뜻에 맞는 인재만 골라 썼습니다. 그러므로 자신의 권위와 행정에 조금이라도 장애가 될 만한 인물은 겉으로 용납하는 척하면서도 속으로는 기피하여 권력 핵심부에서 퇴출시키곤 했습니다. 앞서 언급한 급암이 그러했고, 복식 또한 그러했습니다. 심지어 순환론의 역사철학인 종시오덕설(終始五德說)로써 한 제국의 정통성을 적극 지원해 주었던 동중서(董仲舒)도 하늘과 인간의 상호 대응적인 정치철학인 천인감응설(天人感應說)을 제시하며 은근히 한무제의 독주에 제동을 걸려 하자 역시 외지로 방출되었습니다.

한무제의 의욕에 못 미치는 신하들

한무제가 각 지역을 순시할 때 해당 지역의 태수(太守)가 제대로 황제를 접대하지 못하거나 혹은 경내 설비에 문제가 있을 경우 그곳의 수장들은 자신에게 내릴 형벌을 미리 짐작하고 친족에게 연루될 것을 두려워하여 서둘러 자살하는 예가 즐비했습니다. 특히 한무제 말년에는 승상(丞相 : 국무총리)과 어사대부(御史大夫 : 비서실장 겸 감찰원장) 사이의 알력으로 밀리는 쪽에서 스스로 목숨을 끊는 예도 비일비재하였습니다. 그리하여 그 많던 인재도 하나 둘 사라지자, 한무제는 마침내 '유능한 재상과 장군 그리고 외교관'을 널리 모집한다는 조서를 반포하기에 이르렀습니다. 이때가 기원전 106년으로 사마천의 나이 40세 되던 해입니다. 이런 상황에서 참으로 우스운 사건까지 벌어졌습니다. 승상에 임명된 공손하(公孫賀)가 눈물을 떨어뜨리며 임용을 사양했던 일입니다. 서로 승상이 되겠다고 아귀다툼을 하는 것이 인지상정인데 도대체 왜 이런 일이 벌어졌을까요?

당시 국내외적으로 일이 많아서 여차하면 불호령이 떨어졌으므로 공손홍 이후 승상에 임명되었던 이채, 엄청적, 조주 세 사람은 줄줄이 처형을 당했다. 석경은 조심스럽게 겨우 천수를 누렸지만 그래도 수차례 질책을 받아 좌천되었다. 처음에 공손하가 승상에 임명되었을 때의 일이다. 공손하는 승상직을 극구 사양하느라 머리를 땅에 찧으며 눈물 콧물로 범벅이 되었다. (중략) 한무제가 명했다. "승상을 일으켜 세우라." 공손하는 일어나려 하지 않았다. 한무제가 직접 일으켜 세웠다. 공손하는 어쩔 수 없이 승상직을 받아들였다. 임명식을 마치고 나오자 사람들이 왜 그랬냐고 물었다. 공손하가 대답했다. "폐하께서는 의욕이 넘치시는데 신하가 제대로 일처리를 못하면 그 질책을 어떻게 다 감당하란 말이오. 저는 이제 죽었소이다."

죽어도 국무총리를 안 하겠다는 사람을 직접 일으켜 세우면서까지 임용시키고 마는 한무제의 자존심은 어떠합니까. 또한 승상직을 서로 피할 정도였다면 한무제 밑에서 일하는 것이 얼마나 힘든지 미루어 짐작할 수 있지 않겠습니까?

흉노 제압은 한무제의 숙원이었다

이렇게 본다면 한무제는 의욕이 넘치는 야심가였고 자존심 또한 무척 강한 인물이었음을 알 수 있습니다. 이런 인물이 중국을 줄곧 괴롭히던 북방 기마민족 흉노(匈奴)를 가만 둘 리가 없습니다. 할아버지 한문제와 아버지 한경제가 축적한 경제력 및 중앙집권을 바탕으로 친인척 측근 장수를 총동원하여 대대적인 정벌에 나서지 않는다면 오히려 이상할 것입니다. 그러나 대외적인 군사행동은 그 득실을 헤아리기가 쉽지 않지요. 무려 여덟 차례에 이르는 대흉노 전쟁은 국가의 모든 재원과 인력을 동원했던 엄청난 국책사업이었습니다. 그러나 그토록 막대한 자금과 인력을 투입했지만 흉노를 멸망시키지는 못했습니다.

　　기원전 119년, 대장군 위청(衛靑)과 표기장군 곽거병(霍去病)의 흉노 정벌이 가장 성공적으로 평가되는데 그 당시 흉노족의 목 16만 두를 베었습니다. 그러나 14만 필의 전마(戰馬)가 국경선을 넘었으나 정작 개선한 숫자는 고작 3만에 불과했으므로 비록 전과를 올렸다고는 해도 실은 참중한 대가를 치른 셈입니다. 그러므로 한무제 말년에 이르자 계속되는 전쟁에 염증을 느끼거나 생명의 위협을 느낀 부자들은 돈을 내고 합법적으로 병역에서 빠져나오는 일이 많아져 하급 군관의 자리마저도 못 채울 지경이 되었습니다. 이런 국면이 한무제의 자존심으로 용납될 수 있는 일이겠습니까?

　　한무제의 외가 쪽 장군 위청은 기원전 106년에 죽었고, 곽거병도 기원전 117년에 죽었습니다. 기원전 99년 대장군 이광리(李廣利)는 대군을 이끌고 흉노 정벌에 나섭니다. 이광리의 능력은 위청이나 곽거병과는 비교할 수 없었습니다. 이광리는 한무제의 애첩 이부인의 오빠였습니다. 사랑하는 이부인의 오빠를 출세시키고 싶어도 한 제국 개국 황제 유방의 유훈이 있던 터라 군공을 쌓아야 후작에 봉할 수 있으므로 자질을 무시하고 대장군에 임명하여 흉노 정벌에 투입한 것입니다. 이때 이릉(李陵)이 자청하여 흉노 정벌에 따라 나섰는데, 사막에서 길을 잃었고 흉노 대군에게 첩첩으로 포위되어 혈전을 거듭하다가 마침내 투항하고 말았습니다. 『한서』 「이릉전」에는 이 부분에서 한무제의 심경을 다음과 같이 기록했습니다. "황제께서는 이릉이 끝까지 싸우기를 바랐다." 말하자면 전사했으면 전사했지 투항만은 결코 원치 않았던 것입니다. 일종의 자존심이라고 보면 됩니다.

처음 이릉이 선전분투할 때는 온통 환호성이었지만 일단 패하여 투항해 버리자 조정의 대신들은 한무제의 비위를 맞추느라고 너도나도 이릉을 나쁘게 이야기하였습니다. 이릉이 투항한 이후 심지어 흉노족 장병들을 훈련시킨다는 첩보까지 전해지자 한무제는 분을 참지 못하고 이릉의 노모를 비롯하여 그 일족을 몰살시켜 버립니다. 그러나 나중에 오보임을 확인하자 한무제는 이릉을 용서했을 뿐 아니라 포위되었을 때 구조하지 못한 일을 내내 아쉬워하기도 했습니다. 그러므로 조정 대신들이 이릉을 험담할 때 사마천이 굳이 나서서 변호하지 않았더라도 이릉의 운명은 변할 것이 없었습니다.

순진했던 사마천, 타이밍을 못 맞추다

그런데도 사마천은 이릉을 위하여 나섰습니다. 이때 사마천은 48세였고 태사령(太史令)에 재직했습니다. 태사령은 월급 6백 석에 불과한 말직이었지만 그 당시 중요한 국가적 행사, 이를테면 천문 관측, 역법 개정 및 각종 국가 차원의 제사를 주관했고, 아울러 황제의 의문점을 풀어 주는 고문 역할도

하였습니다. 그러므로 그 누구보다도 한무제를 오랫동안 가까이 모셨기 때문에 한무제의 성격을 잘 알았을 텐데도 굳이 나서서 이릉을 변호한 이유는 무엇일까요? 사마천 자신은 이렇게 술회했습니다. "폐하께서 너무 심란해 하셔서 기분을 풀어드리고 싶었다."

어떻게 한무제의 기분을 풀어 주었을까요?

> 이릉이 보병 5천 명을 이끌고 흉노의 안마당까지 밀고 들어가 수만 명을 죽이자 흉노는 총동원령을 내려 첩첩 포위하였습니다. 그런데도 이릉은 버틸 만큼 버텼지요. 결국 중과부적으로 투항하게 되었지만 그 용맹은 이미 적의 간담을 서늘하게 만들었습니다. 게다가 항복한 것도 자기 한 목숨 살아남기 위해서가 아니라 언젠가 기회를 다시 엿봐 조국과 폐하께 보답하려는 뜻이었습니다.

요컨대 한무제께서 자존심이 상할 필요는 없다는 이야기였습니다. 그러나 처형 이광리를 대장군으로 출정시켜 승전보를 접하고 싶었던 한무제로서는 이광리의 참담한 전황에 기분이 상한데다 처음에는 분전하던 이릉마저 흉노에게 참패당해 투항해 버리자 화를 풀 길이 없었습니다. 주위 대신들은 한결같이 이릉을 매도하며 한무제의 기분을 맞춰 주었으므로 한무제 본인도 겉으로 화를 내지는 못하고 속으로만 분을 삭이고 있었을 것입니다. 그런 상황에서 사마천이 나서서 이릉을 변호한 꼴이 되어 버렸습니다. 물론 사마천의 말이 틀린 것은 아니지만 타이밍이 너무 좋지 않았습니다. 말하자면 배신자 이릉을 칭찬하면서 천자가 임명한 대장군 이광리의 출정을 못마땅하게 여긴 셈이 되었던 것입니다. 그 당시 파병과 장수 임명은 모두 한무제가 결정한 것이므로 결과적으로 한무제를 질타한 꼴이 되었습니다. 사형감입니다.

그 당시 사형은 두 가지 방법으로 감형될 수 있었습니다. 50만 전을 국가에 헌납하거나 궁형을 자청하는 것입니다. 월급 6백 석의 사마천으로서는 50만 전을 낼 수 없었으므로 어쩔 수 없이 궁형을 자청했습니다. 그 당시 화폐단위로 계산해보면 6백 석은 약 3천 5백전이므로 1년 월급을 모두 합쳐봐야 4만 5천 전에 불과합니다. 먹지도 않고 쓰지도 않고 모두 저축해도 10년을 넘게 모아야 50만 전이 됩니다. 따라서 부자들에게 50만 전은 약소할지라도 사마천에게는 엄청난 액수였지요.

궁형을 아시나요?

여기서 잠시 궁형(宮刑)에 대하여 설명합니다. 남성의 생식기를 일컫는 말이 많죠. 순수 우리말로는 자지가 되겠고,

고상하게 말해서 음경 혹은 남근, 돌려서 말하면 거시기, 그거, 물건 등이 되겠습니다. 중국어로 말하면 용양(龍陽), 옥경(玉莖), 세(勢), 양도(陽道), 음물(淫物), 북조(北鳥) 등 매우 다양합니다. 비속어로 말하자면 계자(鷄子), 계파(鷄巴), 소제제(小弟弟) 등이 있습니다. 점잖은 글에서 왜 이렇게 장황하게 언급하느냐 하면, 남성 생식기를 궁(宮)이라고 하는 예는 안 보이기 때문입니다. 오히려 여성 생식기를 '자궁'이라고 하죠. 그렇다면, 남성 생식기를 절단하는 형벌을 일컬어 궁형이라고 한 이유는 무엇일까요? 궁(宮)은 커다란 건물을 그려놓은 모습인데 왜 남성 생식기와 연관지었을까요? 답을 먼저 제시합니다. 형을 집행하든 형을 집행한 후에 요양을 하든 모두 건물 안에서 했기 때문입니다.

궁(宮)은 건물의 모습을 그려놓은 것입니다. 부수 宀 (집 면) 아래에 □□ 네모 2개가 상하로 포개져 있습니다. 宀은 물론 지붕의 측면도입니다. 바로 아래 네모 2개는 상하로 있으므로 이층집이거나 창이 상하로 있는 모습이 아닐런지요. 그러므로 궁(宮)의 기본 뜻은 집이나 방입니다. 황제가 살든 노예가 살든 처음에는 모두 궁이라고 했습니다. 임금님이 사는 대궐을 일컬어 궁이라 한 것은 훗날 이야기입니다. 진나라 한나라 이후로 임금님이 사는 곳을 궁이라 했고 그 궁은 규모가 일반 가옥보다 훨씬 크고 웅장했습니다. 아방궁, 장락궁……

많이 들어보셨을 겁니다. 그러므로 당나라 이후 도교 사원에도 이 '궁' 자가 사용됩니다. 하남성 녹읍의 태청궁(太淸宮)은 노자와 관계가 깊습니다. 대만 목책 정치대학 뒤편에는 지남궁(指南宮)이 있습니다. 불교 사원도 궁이라고 많이 부르죠. 섬서성 동천에 옥화궁(玉華宮)이 있는데, 당태종은 그곳에서 삼장법사 현장의 알현을 받았습니다. 물론 티베트에는 그 유명한 '포탈라궁'이 있죠. 예전에는 학교에도 종종 궁자를 붙였습니다. 광동성에 있는 게양궁(揭陽宮)은 게양학궁(揭陽學宮)이라고도 했죠. 지금은 일반 백성들의 공공 오락장소에도 궁자를 붙이곤 합니다. 중국 경우는 노동인민문화궁, 공인문화궁 등, 북한 경우에는 만수대 소년궁이 있습니다.

이런 궁이 왜 남성의 생식기 형벌과 연관이 되었을까요? 예전에는 죄인을 처형할 때 대부분 공개 처형했습니다. 공공 장소나 광장 혹은 장터에서 사람들을 다 불러놓고 보란 듯이 주리를 틀거나 목을 쳤습니다. 이른바 일벌백계(一罰百戒)의 뜻입니다. 심지어 목을 잘라 장대 끝에 매달고는 시장 한복판에 꽂아놓기도 했습니다. 이것을 일컬어 유식한 말로 효수시중(梟首示衆)이라 합니다.

그런데 오로지 궁형만은 그렇게 공개적으로 할 수 없었지요. 성기를 노출해야 하는 낯 뜨거운 장면도 장면이거니와 그 당시 위생시설이나 수술 수준으로 보건대 황토 휘날리는 광장에서 남성의 거시기를 잘못 들어냈다가는 사람 죽입니다. 물건만 들어내려는 것이지 죽이려는 것은 아니거든요. 그리하여 외풍이 없는 비교적 밀폐된 공간, 요즘으로 말하자면 무균 수술실 정도에 해당하는 방안에서 궁형을 집행했던 것입니다. 방을 뭐라 한다고 했습니까? 궁(宮)! 그래서 궁형이라 부른 것입니다. 한편 남성의 거시기를 들어내면 따뜻한 방 외풍 없는 공간에서 요양을 해야 상처가 빨리 아뭅니다. 궁형 당하는 것을 다른 말로 또 뭐라고 합니까? 잠실(蠶室)에 내려간다고 합니다. 그래서 잠형(蠶刑)이라고도 부릅니다. 왜 '누에 잠', 잠실 이야기를 할까요? 서울 잠실에 사는 분들은 우리 동네 나왔다고 좋아하지 마십시오. 그곳은 옛날에 뽕밭 천지였습니다. 누에치는 방이 잠실인데, 누에는 외풍을 막고 따뜻하게 해주어야 먹고 자고 무럭무럭 큽니다. 쉽게 말해서 잠실은 온실이며, 그런 곳은 궁형을 당한 사람이 요양하기 안성맞춤이었지요.

사마천은 궁형을 자청했습니다. 왜 이렇게까지 구차하게 살아남으려 했을까요? 『사기』가 아직 미완성이었기 때문입니다. 사마천은 언제부터 왜 『사기』를 쓰기 시작했을까요? 그가 『사기』를 쓰지 않으면 안 될 피치 못할 사정이라도 있었을까요? 이제 그 이야기를 해보렵니다.

『사기』는 공저다

사마천의 조상은 대대로 역사가였을까?

그렇다면 사마천은 언제부터 어떤 계기로 『사기』를 쓰기 시작했을까요? 그 계기를 살피려면 사마천의 조상을 훑어봐야 합니다. 왜냐하면 사마천은 가업을 이었다고 자꾸만 주장하기 때문입니다. 「태사공자서」는 『사기』 130편의 마지막 편으로 원래 이름은 「태사공서략」(太史公序略)이었으나 지금은 그냥 「태사공자서」라고 부릅니다. 태사공 '자서'에서 보여주듯 이것은 『사기』 전체의 서문에 해당합니다. 『사기』의 창작 배경은 물론이고 『사기』 130편의 내용을 순서대로 간명하게 요약해 주었습니다. 사마천 자신의 전기로 간주해도 좋을 만큼 사마씨 일가의 역사를 소개했으므로 열전의 한 편으로 봐도 무방합니다. 「태사공자서」는 이렇게 시작합니다.

옛날 옛적 전욱(顓頊)이 천하를 통치하던 시절, 남정(南正)의 관직에 있던 중(重)에게 명하여 천문을 관리하도록 했고, 북정(北正)의 관직에 있었던 여(黎)에게 명하여 지리를 관리하도록 하였다. 요임금 순임금 시절에는 중·여의 후손들에게 명하여 각각 천문과 지리를 계속 관리하도록 했으며, 그렇게 하여 하왕조 은왕조까지 이어졌다. 그러므로 중·여의 후손들은 대대로 천문과 지리를 관리한 셈이다. 주왕조 시절로 접어들면 정백휴보(程伯休甫)가 바로 그 후손이다. 주왕조 선왕(宣王) 시절에 중·여 씨의 후손은 조상의 관직을 잃고 따로 분가하여 사마씨(司馬氏)가 되었다. 그때부터 사마씨는 대대로 주 왕실의 역사관을 역임했다. 주나라 혜왕 양왕 시절에 내란이 터지자 사마씨는 주나라를 떠나 진(晉)나라로 이주했다. 그 후 진(晉)나라 수회(隨會)가 내란으로 진(秦)나라로 망명하면서 국내가 어수선하던 시절 사마씨는 소량(少梁)으로 이사했다.〔소량은 지금의 섬서성 한성시 남쪽에 해당. 기원전 621년 때의 일임. 원문의 북정(北正)은 실은 화정(火正)의 오류.〕

사마천이 술회한 바에 따르면 그의 집안은 저 멀리 전욱(顓頊) 시절부터 사관(史官)을 역임했습니다. 전욱은 '삼황

오제' 의 한 명으로 『사기』 「오제본기」에 등장하는 5명의 고
대 제왕 중에 둘째 제왕입니다. 그런데 사마천이 말하는 사
관은 후세의 역사가와는 거리가 있습니다. 천문과 역법을 담
당하던 일종의 천관(天官) 혹은 역관(曆官)이었을 따름이지
요. 요즘으로 말하면 천문기상대의 대장이었습니다.

그런데 천문과 역법을 담당하는 관리는 그저 하늘만 바라
보고 달력만 만들었던 것은 아니고 하늘에서 펼쳐지는 일월
성신의 변화를 관찰하여 그에 대응하는 지상의 길흉을 예고
하고, 어떻게 처신하고 행정을 펼쳐야 하는지 제시하기도 했
습니다. 하늘과 땅은 긴밀하게 연관된다고 보았던 것이 그
당시 사람들의 관념이었기 때문입니다. 그러므로 "저의 선조
는 혁혁한 공훈으로 후작에 봉해졌던 것도 아니고 별자리나
관찰하여 기록하던 점쟁이 혹은 무당에 가까웠습니다." 사마
천의 이런 고백은 자기비하의 감정에서 비롯된 넋두리가 아
니라 사실이었던 것입니다. 비록 그렇긴 해도 사마천이 자신
의 조상을 '전욱' 시절까지 소급하여 사관의 의발을 전수받
았다고 한 것은 마치 졸부가 족보를 날조하여 우리 조상은 이
렇게 저렇게 훌륭했던 분이라고 떠드는 것과 별 차이가 없어
보입니다. 그 시절 이야기는 신화나 전설이므로 사실상 어느
누구도 자신 있게 말할 수 없을 뿐더러 자신 있게 말해도 그
걸 부정할 근거가 없기 때문이지요.

사마씨 집안이 지금의 섬서성 한성시 남쪽에 해당하는 소량으로 이사한 이후로는 어떻게 되었을까요? 「태사공자서」는 다음과 같이 이어집니다.

주나라를 떠나 진(晉)나라로 입국한 후 사마씨는 이곳저곳으로 흩어지게 되었다. 그리하여 위(衛)나라로 흘러들어간 일족도 있었고, 조(趙)나라로 흘러들어간 일족도 있었고, 진(秦)나라로 흘러들어간 일족도 있었다. 위(衛)나라로 들어간 일족 중에 한 분은 중산국(中山國)의 승상을 역임한 바 있다. 또한 조(趙)나라로 들어간 일족 중에 검술 이론으로 명성을 날린 분도 있는 바 괴외(蒯聵)가 바로 그 후손이다. 진(秦)나라로 들어간 분 중에 사마착(司馬錯)은 진 혜왕 어전에서 장의(張儀)와 함께 촉(蜀)과 한(韓)나라 중에 어느 쪽을 먼저 정벌하는 것이 좋은지 논쟁을 벌였는데, 진 혜왕은 사마착의 의견을 채용했고, 그리하여 사마착에게 명하여 촉을 정벌하도록 하였다. 사마착은 촉을 합병하고 그 지역의 군수로 임명되었다. 사마착의 손자는 사마근(司馬靳)인데, 무안군 백기(白起)를 상사로 모셨다. 그 전에 기원전 327년 소량(少梁)을 하양(夏陽)으로 개명했다.

사마근과 무안군은 조(趙)나라 장평(長平)에서 조나라 군대를 대파하고 40만 명을 생매장시키는 전과를 올렸으나 귀국 후 진(秦)나라 승상 범저의 시기를 받아 마침내 두우(杜郵 : 섬서성 함양시 동쪽)에서 함께 살해되어 화지(華池 : 섬서성 한성시 소재)에 묻혔다. 사마근의 손자는 사마창(司馬昌)으로 야철을 담당하던 관리였는데, 진시황제 시절의 일이었다. 괴외의 현손이었던 사마앙(司馬卬)은 진 제국이 무너지면서 각지에서 봉기했던 호걸 중에 무신군(武信君) 무신(武臣) 휘하의 장군이 되어 조가(朝歌 : 지금의 하남성 기현) 일대를 순시하기도 했다. 그 당시는 무주공산이었으므로 봉기했던 호걸들이 각자 연고지에서 제후 왕으로 군림할 때 서초패왕 항우는 사마앙을 조가 지역을 봉읍지로 삼아 은왕(殷王)에 봉하였다. 유방이 항우를 공격할 때 사마앙은 유방에게 투항했으며, 그 봉읍지는 하내군(河內郡)으로 편입되었다. 사마창은 사마무택을 낳았고, 사마무택은 한 제국 치하 도읍지 장안에 설치된 저자거리의 감독관이 되었다. 사마무택은 사마희(司馬喜)를 낳았고, 사마희는 오대부(五大夫)의 벼슬을 했다. 사마창 이하 모두 고문(高門 : 섬서성 한성시 서남방)에 안장되었다. 사마희는 사마담(司馬談)을 낳았고, 사마담은 사마천을 낳았다.

사마천 본인까지 이어진 내력을 살피면 물론 야철을 담당했던 관리도 있었고 저자거리를 감독하던 관리도 있었고 심지어 매관하여 오대부 벼슬을 했던 조상도 있었지만 가장 눈에 띄는 선조들은 오히려 군대를 통솔하던 장군이 아니겠습니까. 사마천(司馬遷)의 성명을 유심히 바라보면 '사마'(司馬)라는 성씨가 범상치 않습니다. '사마'는 서주 시대부터 설치되었으며, 춘추전국 시대에는 군수 물자 및 군대와 관련된 세금을 총괄했던 무관입니다. 성(姓)과 씨(氏)는 물론 다른 것이지만 직책을 성씨로 삼는 경우가 흔했기 때문에 사마천의 조상 중에 무장이 있었다는 증거며, 이 점은 위 인용문으로도 충분히 증명됩니다. 그러나 그 어디에도 사마천의 조상 중에 역사를 기록했던 관리는 보이지 않습니다. 사마천이 언급한 '전욱' 시절 이야기는 역시 신화나 전설에 가깝기 때문입니다.

이어서 사마천은 아버지 사마담(司馬談)을 이렇게 소개했습니다.

태사공은 천관(天官)을 담당했지만 백성을 다스리지는 않았다.

아버지 사마담은 태사령으로서 천문과 역법을 담당하던 황실의 보좌관이었을 뿐이지 행정 일선에 나서서 직접 백성들을 관리하거나 감독하지는 않았다는 뜻입니다. 사마천의 집안은 사마천의 말로만 역사가의 집안이지 실제로 그랬는지 여부는 알 수가 없는 것입니다. 따라서 사마천은 가업을 잇는다 해도 역사를 기록할 그 어떤 의무감이나 필요성이 없었습니다.

그런대로 무난했던 어린 시절

사마천의 할아버지 사마희(司馬喜)는 한문제 시절에 오대부(五大夫) 벼슬을 했습니다. 오대부는 그 당시 작위로 보면 제9등급인데 국가에 공훈을 세워서 하사받은 작위는 아니었고 4천 석을 관가에 헌납하여 사들인 것입니다. 그 당시 4천 석이면 가구당 5명을 잡아서 40가구의 일년치 수입에 해당하므로 결코 빈한한 집안은 아니었습니다. 단지 아버지 사마담은 한무제 시절에 태사령에 봉직했고 태사령은 월급 6백 석에 불과했으므로 살림이 할아버지 때에 비하여 다소 힘들어졌을 가능성도 없진 않습니다. 사마천이 자신의 어린 시절을 회상하며,

저는 섬서성 한성현 용문산(龍門山)을 가로지르는 황하 남안에서 밭 갈고 양과 소를 치면서 어린 시절을 보냈습니다.

위와 같이 말한 것도 대략 이런 맥락이 아닌가 싶습니다. 사마천이 6세 되던 해, 기원전 140년, 한무제가 정식으로 황제에 등극했습니다. 이 해에 전국적으로 현량방정직언극간(賢良方正直言極諫: 똑똑하고 선량하고 정직하며 목숨을 걸고 직언을 하는) 인재를 널리 구했지요. 공손홍은 현량으로 국정고문에 해당하는 박사가 되었으며 동중서(董仲舒:기원

사마천 조상 묘소
사마천 선영의 묘소. 사마천은 친구 임안에게 보낸 편지에서 이렇게 술회한 바 있다. "저의 선조
는 혁혁한 공훈으로 후작에 봉해졌던 것도 아니고 별자리나 관찰하며 기록하던 점쟁이 혹은 무당
에 가까웠습니다." 사마천의 이런 고백은 자기비하에서 비롯된 넋두리가 아니라 사실이었다. 사
마천이 죽은 뒤 2천1백여 년이 지난 지금, 밭두렁에 덩그러니 방치된 선영의 초라한 묘소를 바라
보면 사마천은 예언자가 아니었을까 의심스럽기도 하다.

전 197~104)가 등장한 것도 바로 이 때입니다. 동중서는 한무
제의 아버지 한경제 시절에 박사가 되었으며, 3년 동안 정원
을 내다보지 않을 정도로 용맹정진했다고 합니다. 동중서는
청년 시절에 『춘추공양전』을 연구하여 공자의 『춘추』에 담긴
미묘한 뜻을 파고들었는데 그 내용은 훗날 『춘추번로』로 출
간되었습니다.

자연의 변화를 인간 활동과 일일이 연계시키는 천인감응
(天人感應)을 주장하여 인간의 모든 행위는 하늘의 뜻에 부합
되어야 한다며 한 제국의 등장은 하늘의 뜻임을 강조했지요.
또한 음양오행설의 영향을 강하게 받아 역사순환론을 주장했
고 이와 함께 후세의 삼강오륜(三綱五倫) 개념도 동중서가 제

시했습니다. 한무제의 질문에 직접 답변한 세 편의 논문「천인삼책」(天人三策)은 천하통일을 당연한 명제로 설정하고 유가 경전을 국가의 지배 이데올로기로 못박아 그 외의 사상으로는 관직에 진출할 수 없도록 제한할 것을 건의했습니다. 이로써 그 유명한 '파출백가, 독존유술'(罷黜百家, 獨尊儒術 : 제자백가를 퇴출시키고, 오로지 유가 학술만 존중함)의 주장이 제기되었습니다. 요컨대 동중서의 사상은 통일된 대제국의 통치와 군권 강화에 극히 유리했으므로 한무제의 주목을 받았다는 것이죠. 지배 계층에게 유리하게 적용된 유가 사상이 점차 득세하는 시대적 배경에서 사마천은 어린 시절을 보냈던 것입니다. 그렇다면 어린 시절을 농부처럼 목동처럼 힘들게만 보냈을까요? 아닙니다. 공부도 했던 것으로 보입니다. 그러므로 다음과 같이 말했겠지요.

　　열 살 되던 해부터 고문(古文)을 배웠다.

　사마천 당시의 서체는 대개 예서(隷書)였는데 그 이전의 서체 전서(篆書) 등은 따로 배운 사람만이 볼 수 있었습니다. 전서로 씌어진 책을 일반적으로 고문(古文)이라 불렀는데 사마천은 열 살 되던 해부터 이 고문을 배웠던 것으로 보입니다. 누구에게 어떻게 배웠는지는 알 길이 없습니다만 그 당시 고문 경전에 통했던 공자의 후손 공안국에게 배웠다는 설도 있습니다. 그렇다면 공안국이 기거했던 수도 장안으로 사마천이 갔다는 뜻인데, 아버지 사마담이 태사령이었으므로 충분히 그럴 수도 있을 것입니다. 여하튼 사마천은 열 살 되던 해부터 『시경』, 『서경』, 『춘추』, 『국어』, 『세본(世本)』 등과 같은 고전을 읽기 위하여 기초적인 공부를 했다는 뜻입니다. 그러나 이 시절의 사마천은 심하게 이야기하여 별 볼 일이 없는 소년이었던 듯합니다. 왜냐하면 훗날 친구 임안(任安)에게 보냈던 편지에서 자신의 어린 시절을 회고하며 비록 겸사이긴 하지만 아래와 같이 고백했기 때문입니다.

저는 어릴 적에 특별한 재주가 있었던 것도 아니고 성년이 되어서도 고을에서 칭찬받는 젊은이가 못되었습니다.

그도 그럴 것이 사마천 당시에는 '효렴'(孝廉) 제도가 있었지요. 인품이 훌륭하다거나 특이한 재능이 있는 자들을 중앙정부에 추천하여 관직을 수여하는 제도였습니다. 이 제도는 사마천과 거리가 멀었다는 뜻입니다.

그렇게 주경야독 하면서 십대를 보내다가 19세 되던 해 아버지가 근무하던 수도 장안 근처로 이주하게 됩니다. 그리고 이듬해 20세 되던 해 여행을 떠납니다. 무슨 이유로 그렇게 장기간에 걸쳐 그 당시 한 제국의 세력권이 미치는 전 지역을 답사하듯 여행했는지 관련 자료가 미비하여 알 길이 없습니다. 일단 사마천이 여행했던 노선을 더듬으며 훗날 완성했던 『사기』의 내용과 연관지어 소개합니다.

장거리 배낭여행, 중국판 문화유산 답사기

우선 남쪽으로 양자강과 회수 지역으로 내려갔다가 회계산에 올라 우임금의 묘소를 참배했고, 구의산에 들러 순임금의 묘소를 살폈습니다. 이 지역을 돌면서「오제본기」에 등장하는 제왕들의 옛 이야기를 떠올렸을 것입니다. 이어서 배를 타고 원강, 상강 유역을 돌았는데, 이 지역은 초나라 말기 정치가이자 문학가인 굴원(屈原)의 포부와 좌절이 서린 곳이어서 매우 감회가 깊었겠지요. 근처의 장사(長沙)는 한나라 초기 정론가 가의(賈誼)와 관계 깊은 곳으로 훗날 굴원과 가의를 묶어「굴원가생열전」을 작성하는 계기가 되었을 것입니다. 이어서 북쪽으로 발길을 돌려 문수와 사수를 건너 산동성으로 들어가 춘추전국시대 학술계의 성지였던 제나라와 노나라 지역을 살폈습니다.「공자세가」를 비롯하여「중니제자열전」,「유림열전」,「노장신한열전」,「맹자순경열전」등 학술사상과 관련된 내용을 작성할 때 이 지역을 답사했던 기억이 당연히 떠올랐을 것입니다. 물론 장거리 배낭여행이 순

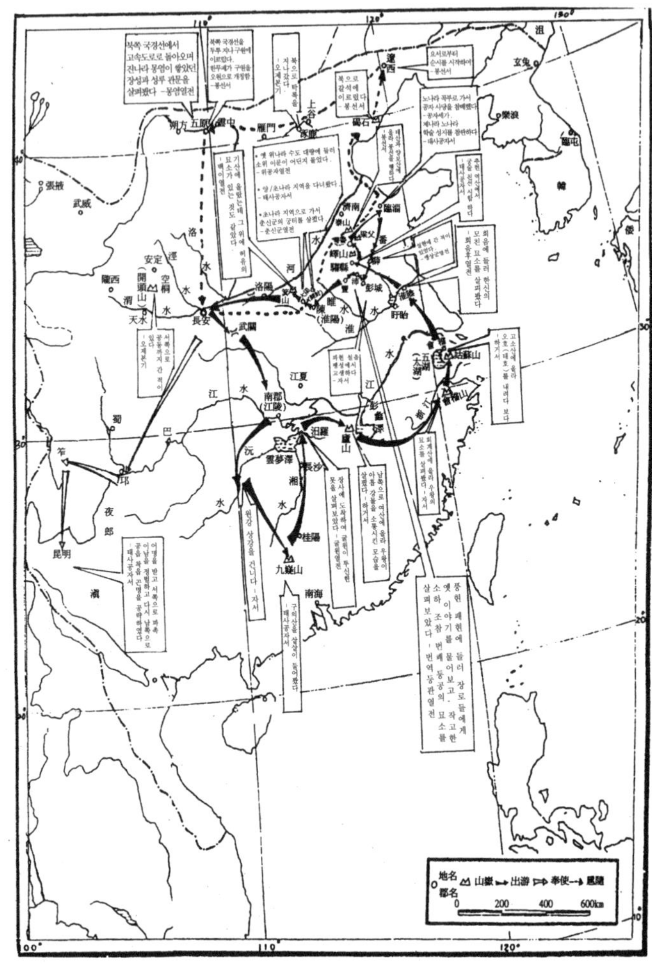

사마천 여행 노선도

사마천을 일컬어 흔히 독만권서(讀萬卷書)하고 행만리로(行萬里路)했다고 한다. 만 권의 책을 읽고 만 리를 여행했다는 뜻이다. 책은 간접경험이고, 여행은 직접경험이다. 사마천의 족적은 그 당시 한 제국 판도를 거의 모두 밟았다고 해도 과언이 아니다. 생생한 역사 기록은 사마천의 직접경험에 힘입은 바 컸다.

탄치만은 않았을 겁니다. 진 제국이 무너지고 항우와 유방이 패권을 다툴 당시 군웅들의 주요 활동 무대였던 설현 및 팽성 부근을 답사할 때는 고생을 하기도 했다고 스스로 밝혔습니다. 진승, 항우, 유방을 비롯하여 소하, 진평, 장량, 한신은 물론이고, 번쾌, 역이기, 수하 등 일대를 풍미했던 호걸들의 활약상을 떠올리는 계기가 되었을 것입니다. 그리고는 지금의 하남성 개봉(開封) 쪽을 통과하여 장안으로 돌아왔습니다.

생각해보면 지금보다 몇 십백 배 교통이 불편하던 그 당시에 위와 같이 광대한 지역을 여행하였다면 단기간에 다녀올 수는 없었을 것입니다. 여행을 마치고 황제의 비서관 낭중(郎中)이 되었다고 밝혔는데, 낭중이 된 시기는 사마천의 나이 27세 전후이므로 최소한 1~2년, 길면 2~3년은 소요되었을 것입니다. 아무런 소득원도 없는 청년 사마천이 이처럼 장기간에 걸쳐 여행을 했다면 그 비용은 누가 댔을까요? 십중팔구 아버지 사마담이 책임졌을 것입니다. 그렇다면 사마천의 장거리 배낭여행은 아버지 사마담이 의도적으로 보냈을 가능성이 충분히 있습니다. 이 추측이 맞다고 가정했을 때 사마담은 아들 사마천에게 훗날 어떤 중차대한 임무를 부여하기 위하여 미리 견문을 넓히도록 지원한 것입니다. 사마천은 아버지의 배려로 중국판 '문화유산 답사기'를 체험한 것입니다.

벼슬길에 처음 오른 사마천, 낭중이 되다

청년 사마천은 27세 전후에 낭중이 되었습니다. 낭중은 정원이 없었으며 많을 때는 1천 명을 넘기도 했지요. 그 당시 낭중이 되는 방법은 5가지 정도였습니다. 첫째, 추천제. 윤리 도덕적으로 극히 훌륭하거나 특이한 재능, 혹은 학문을 갖춘 자는 추천으로 낭중이 되었습니다. 둘째, 한자 검정시험 합격자. 한자 9천 자 이상을 읽고 쓸 수 있는 자도 낭중에 임명될 수 있었습니다. 셋째, 부모형제를 잘 만난 덕. 부모형제가 월급 2천 석 이상의 고관 자제인 경우에도 낭중 자격이 부여되었습니다. 2천 석은 요즘의 장관급 직위입니다. 넷째, 기부제. 국가에 일정액을 헌금하면 낭중직을 살 수도 있었으며, 기부액은 일정하지 않았습니다. 다섯째, 박사 제자 50인 후보생. 공손홍의 건의로 황제의 국정자문 박사(博士) 밑에 품행이 방정한 18세 이상의 청년 50명을 제자로 두었습니다. 박사 제자들을 1년 가르친 뒤 시험을 보아 통과하면 이들 중에 낭중을 뽑기도 하였습니다.

낭중은 월급 3백 석에 불과한 말직이었지만 황제의 비서관이므로 평소에 황제와 가깝게 지낼 수 있었고, 또한 품행과 학문 그리고 능력이 우수하여 파격적으로 발탁되면 곧바로 고관이 될 수도 있었기 때문에 일종의 관리 등용문이기도 했습니다. 사마천 경우는 아버지 사마담이 월급 6백 석에 불과

한 태사령인데다 매관할 정도로 부유하지도 못했기 때문에 첫 번째 방법으로 낭중이 된 듯합니다. 말하자면 학문이나 전문 지식으로 낭중이 되었다고 볼 수 있습니다.

그런데 사마천은 관운이 형통하지는 못했던 듯합니다. 왜냐하면 38세에 아버지의 직위 태사령을 물려받을 때까지 줄곧 낭중에 머물렀기 때문입니다. 낭중 생활 10여 년간 사마천이 구체적으로 무슨 일을 했는지는 알 길이 없습니다. 그러나 「태사공자서」에 따르면, 아버지 사마담은 천문, 역법, 『주역』, 도가 사상 등을 각각 당대 최고의 학자로부터 전수받았다고 기록되어 있습니다. 특히 사마담의 논문 「육가요지」는 전국시대 6대 사상―유가, 묵가, 명가, 법가, 도가, 음양가의 특징과 장단점을 간명하게 정리해놓은 대단히 식견 높은 내용입니다. 이렇게 학문을 두루 갖춘 아버지로부터 배우지 않았다면 오히려 이상하겠지요. 따라서 아버지의 지도로 가업이었던 천문, 역법 지식은 물론이고 고전과 현대 학문을 두루 섭렵했을 것입니다.

홧병으로 세상을 뜬 아버지 사마담

착실하게 실력과 학문을 다지고 있던 사마천에게 큰 사건이 터지게 됩니다. 아버지 사마담이 태사령직에 근무할 때 마침 한무제는 숙원이었던 봉선(封禪) 의식을 거행하는데,

기원전 110년의 일입니다. 이 해가 바로 원봉(元封) 원년으로 봉선을 기념하기 위하여 연호도 원봉으로 바꿨던 것입니다. 봉선이란 무엇일까요?

봉선이란 하늘과 땅에 제사를 지내는 의식입니다. 왜 하늘과 땅에 제사를 지낼까요? 하늘의 아들, 천자(天子)가 정치를 잘하여 큰 성과를 거두었으면 당연히 하늘에 보고를 해야 합니다. 또한 땅에 군림하고 있으므로 땅에도 신고식을 치러야 합니다. 당시의 관념으로는 그러했습니다. 태산(泰山)에 올라 흙으로 제단을 쌓고 하늘에 제사를 올리는 의식을 일컬어 봉(封)이라 하였고, 태산 아래 자그마한 양보산(梁父山)에 구획을 정하고 땅에 제사를 지내는 의식을 가리켜 선(禪)이라 하였습니다. 그러므로 봉선 의식은 아무나 거행할 수 있는 행사가 아니고 반드시 천하를 통일하고 덕정을 행한 황제만이 거행할 수 있었던 매우 장엄하고도 성대한 국가적 제사입니다. 이 제사는 어느 누구보다도 태사령이 나서서 기획하고 주관하고 참석하는 것이 직책상 당연합니다. 그런데 사마담에게는 극히 불행한 일이었지만 참석은커녕 기획 단계부터 배제되었습니다. 왜 이런 일이 벌어졌을까요?

『사기』「봉선서」에 따르면, 한무제는 대신 및 박사들을 불러 모아 봉선 의식에 관하여 수차례 논의한 바 있었습니다. 그런데 봉선 의식이 끊긴 지 워낙 오래 되어 그 방법과 절차를 소상히 아는 자가 없었던 것이죠. 게다가 유생들이란 비교적 합리적인 공자의 가르침을 배웠는지라 근거 없는 행사는 감히 착수하려 들지 않았습니다. 그러므로 뭔가 뻐기면서 해보려던 한무제로서는 유생들의 미적지근한 태도가 불만스러워 황제의 고문이던 박사 및 유생들을 모두 퇴출시켜 버렸습니다. 그 후 동쪽으로 순시에 나서 황해 연안에서 여덟 명의 신선께 제사를 올리고, 마침내 기원전 110년 4월, 측근만 대동하고 태산에 올라 기어코 봉선 의식을 강행하였습니다. 그런데 한무제가 봉선을 어떻게 준비하고 어떤 절차에 따라 어떻게 거행했는지는 알 길이 없습니다. 그러나 그 당시는 한무제가 신선술과 불로장생에 흠뻑 빠져 있을 때이므로 황당무계한 도사들의 안내에 따라 족보에도 없는 의식을 진행하였으리라 충분히 짐작됩니다.

사마천은 아버지 사마담의 사망 전후 상황을 이렇게 기록했습니다.

> 그해 천자께서 한 제국의 봉선 의식을 거행하였는데 사마담은 행사에 참석하지 못하고 낙양에 머물면서 병이 났다. 홧병으로 목숨이 위태로웠다.

사마담은 자신의 소관이면서도 봉선 의식 근처에도 못 갔습니다. 무릇 직업의식이 투철한 사람일수록 화병이 나지 않을 수는 없을 겁니다. 사마담의 목숨이 경각에 달려 있을 때, 사마천은 황제의 비서관 낭중의 신분으로 한무제가 명한 서남방 이민족 정벌대에 참가하여 지금의 사천성 일대 및 운남성에 거주하던 소수민족을 평정하고 낙양으로 돌아왔습니다. 그때 마침 위독한 부친을 배알하게 되었던 것입니다. 이때가 기원전 111년으로 사마천의 나이 35세였습니다.

아버지의 유언

사마담은 아들의 손을 잡고 눈물을 흘리며 유언을 내립니다. 유언의 내용은 크게 두 가지였지요.

첫째, 태사령 직위를 승계하라. 사마담은 아래와 같이 당부했습니다.

내가 죽으면 태사령 직위를 계승하게 될 것이다. 이 직위는 조상 대대로 맡아온 가업이므로 직분에 충실하라.

천문과 역법은 전문직이므로 그 당시에는 부자 세습으로 이어졌습니다. 따라서 사마담에 이어 사마천이 태사령직을 승계하는 것은 별 문제가 없었습니다.

둘째, 역사를 기록하라. 사마담은 비교적 장황하게 당부했습니다.

　황제께서 봉선을 행하는데 내가 참가하지 못한 것은 운명일까. 내가 죽고 네가 태사령이 되거든 내가 기록하려고 했던 것들을 잊지 말거라. 우리가 지금도 주공(周公)을 존경하는 이유가 무엇인지 아느냐. 주공은 『시경』의 「아」, 「송」 그리고 「주남」 및 「소남」 등을 통하여 주나라의 시조 후직(后稷)으로부터 공류(公劉) 및 고공단보 그리고 왕계에 이어 문왕, 무왕, 주공, 소공까지 그 빛나는 덕정의 역사를 찬미하여 후세에 전했기 때문이다. 그런데 주나라 유왕, 여왕 이후로 덕정의 전통이 사라지면서 왕도 정치는 몰락하고 말았다. 그러던 차에 춘추시대 말엽 공자가 나타나 다시금 『시경』과 『서경』에 담겨 있는 덕정의 의미를 재확인하고, 아울러 『춘추』로써 왕도 정치의 이상을 제시했다. 현재 학자들은 모두 주공과 공자를 추종하지 않더냐. 공자 이후 4백여 년의 혼란기를 거치며 기록다운 기록이 끊겨 버렸다. 이제 우리 한나라가 다시 천하를 통일하고 전성기로 접어들었는데, 이렇게 의미 있는 시절에 훌륭한 군왕과 충신 그리고 열사와 의인들을 내가 태사령으로서 기록하지 못하고 죽게 되어 무척 괴롭다. 너는 반드시 기록하도록 하여라.

　주공과 공자의 정신을 본받아 자신이 작성하려던 기록을

주공과 성왕

주(周)나라는 비교적 완비된 문관제도와 군사제도를 구비했으며 봉건제도로 엮고 종법제도로 묶은 다음 예의범절로 통합시켰다. 주나라를 이토록 방대하고도 치밀하게 조직한 인물이 바로 주공(周公)이다. 무왕이 은나라를 멸하고 주나라를 세운 뒤 유왕(幽王)까지 11대, 도합 257년의 역사를 일컬어 서주(西周)라 부른다. 주나라 약 8백여 년의 역사 중에 전반기 서주 시기의 성왕(成王)과 강왕의 전성기를 거치며 2백 50여 년간 평화로운 통치가 유지된 것은 주공이 설계한 초창기 제도가 결정적인 공헌을 하였다. 주공은 어린 성왕을 보필하여 섭정했고 성왕이 장성하자 깨끗하게 권력을 넘긴 것으로도 유명하다. 공자가 가장 존경했던 인물이 주공이었다.

이어서 완성하라는 뜻입니다. 사마담의 유언 중에 첫째 항목은 별로 새삼스러울 것이 없지만 둘째 항목은 의미심장합니다. 왜냐하면 사마담이 아들 사마천에게 물려주는 '태사령'이란 직책은 앞서 누차 언급했던 천관 혹은 역관일 따름입니다. 천체의 운행을 밀착 관찰하여 일년 열두 달을 정확히 산출하고, 이와 함께 하늘과 인간의 대응관계를 통하여 하늘의 뜻이 무엇인지 충실히 전달하기만 하면 될 뿐입니다. 그런데 사마담은 또 하나 임무를 부여했으니, 주공이나 공자처럼 덕정이라는 왕도 정치의 유토피아를 기준으로 훌륭한 군왕과 충신 그리고 열사와 의인들을 충실히 기록하여 후세에 전하라는 것입니다. 이 항목은 사마담이 사마천에게 특별히 당부한 내용입니다.

『사기』는 공저다

아버지의 유언을 들은 지 3년째 되던 해 사마천은 태사령 직을 승계하게 됩니다. 이때가 기원전 108년, 사마천의 나이 38세 되던 해입니다. 이때부터 사마천은 국가 도서관의 각종 서적 및 파일을 정리하기 시작했을 겁니다. 사마천은 아버지의 유고를 기초로 하여 『사기』 저술에 착수했을 것으로 짐작됩니다. 아버지의 유고가 과연 어떤 모습이었는지는 알 길이 없지만 사마담의 학문이 범상치 않았다는 점, 그리고 주공과 공자의 학문 및 업적을 간명하게 요약하여 제시할 수 있었던 점 등으로 미루어 볼 때, 『사기』 저술에 긴요한 자료를 남겨준 것은 물론이겠고, 현재 우리가 보는 『사기』의 개략적인 윤곽마저도 대략 잡아놓지 않았을까 예상됩니다. 그렇지 않다면 사마천이 유언을 경청하고 다음과 같이 아뢸 리는 없을 것입니다.

소자가 불민하오나 아버님 및 선조들이 수집한 자료들을 하나도 빠짐없이 정리하겠나이다.

또한 그로부터 8년 뒤 『사기』 저술을 언급하면서 과거를 회고하는 말에 이런 내용이 있습니다.

그리하여 『사기』의 순서를 정하고 한 편 한 편 탈고하였다.

백지에서 출발했다면 결코 이렇게 말할 수는 없습니다. 그러므로 『사기』는 사마천 한 사람의 작품이 아니라 사마담과의 공저라고 할 수 있지요. 겸손한 사마천의 성품 탓이기도 하겠지만 그는 「태사공자서」에서 기회만 있으면 아버지 사마담을 드러내려고 했고, 또한 『사기』 매 편마다 반드시 등장하는 코멘트를 항상 '태사공왈'(太史公曰) 넉자로 시작했습니다. 태사공은 태사령직을 역임했던 아버지 사마담에 대한 존칭입니다. 아버지가 이루지 못한 과업을 자신이 계승하여 완성했다는 뜻입니다. 한편 현재 우리가 『사기』라 부르는 책도 원래 이름은 『태사공서』(太史公書)였습니다. '태사공서'란 태사공의 글, 혹은 태사공의 책이란 뜻인데 그렇다면 공저임이 분명해지지 않습니까?

흥분과 감동으로 집필에 매진하다

사마천이 태사령에 부임한 지 5년이 흘렀습니다. 사마천은 역법 분야의 전문가 호수(壺遂) 등과 함께 기존의 역법을 개정하여 태초력(太初曆)을 제작했습니다. 그때까지는 진(秦)나라의 역법을 그대로 답습하였는데, 진나라는 하(夏)나라 역법을 답습하여 음력 10월을 일년의 시작으로 삼았습니다. 그런데 달력과 실제 계절에 차이가 컸으므로 사마천 등은 전문가의 자격으로 개정에 착수하여 음력 정월을 일년의 시작으로 삼는 새로운 달력 태초력을 제작하게 된 것입니다. 이를 기념하여 한무제는 연호를 태초(太初)로 삼았지요. 이 해가 곧 태초 원년으로 기원전 104년이며 사마천의 나이 42세 되던 해입니다.

이와 동시에 한무제는 천지신명께 제사를 올리는 명당(明堂)을 건설했고, 이런저런 신령이 한 제국에 축복을 내려줄 것을 기원하며 각종 제사를 올리게 됩니다. 현재 우리의 관점에서 보면 미신 같고 황당한 일이라고 하겠지만 그 당시의 관념으로는 대단히 심각하고도 정중한 행사들이었습니다. 왜냐하면 새로운 왕조는 우연히 성립되는 것이 아니고 반드시 하늘의 선택을 받게 되며 선택 받은 왕조의 최고 통치자는 봉선 의식이나 역법 개정 등으로 그 정통성을 만천하에 선포하기 때문입니다. 이렇게 중차대한 시점에 그러한 행사에 참여할 수 있었던 사마천은 무척이나 감동되고 흥분되었을 것입니다. 당연히 아버지의 유언이 다시 떠올랐을 것이며 그리하여 사마천은 다음과 같이 외치게 됩니다.

아버님께서 말씀하셨다. 주공이 죽은 지 5백 년 후에 공자가 나오고, 공자가 죽은 지 지금 5백 년이 되었다. 이제 이 위대한 시대를 계승하면서 『역전』(易傳)을 바르게 해석하고, 『춘추』의 정신을 계승하고, 『시경』, 『서경』, 『예경』, 『악경』의 참뜻을 이해할 수 있는 자가 과연 누구일까? 아버님께서 말씀하신 뜻이 바로 이것이렷다. 바로 이것이렷다. 소자가 어찌 이런 시대적 소명을 사양하오리까!

사마천의 각오를 유심히 들여다보면, 그 내용은 아버지의 유언을 복창한 것이 아니라 새롭게 몇 가지가 추가되었습니다. 『역전』 및 『예경』과 『악경』이 그것입니다. 예(禮)와 악(樂)은 중국 전통에서 일반적으로 예악(禮樂)으로 합쳐 부릅니다. 그만큼 긴밀하게 연결되어 있기 때문이지요. 한편 『역전』은 『주역』(周易)을 풀이한 해설서입니다. 그렇다면 사마천은 왜 '예악'과 『역전』을 새롭게 언급하면서 『역전』을 바르게 해설하겠다느니, 예악의 참뜻을 이해하겠다느니, 이렇게 각오를 다지고 있는 것일까요?

한 제국의 몰락과 궁형으로 달라진 『사기』

『역전』과 예악(禮樂)을 새롭게 거론한 이유

　『주역』은 음양의 변화로 길흉을 예측하는 점술서에 불과했습니다. 그런데 그 내용을 확대 해석한 『역전』은 천체의 변화를 인간 활동과 일일이 연계시키면서 자연과 인간의 관계를 유기적으로 엮어놓았지요. 이것이 바로 '천인합일'(天人合一)의 관념입니다. 이런 맥락에서 『역전』의 주장을 정리하면, 천체는 한 순간도 머물지 않고 끊임없이 변화합니다. 따라서 인간의 활동도 변화하지 않으면 안 되므로 시대적 요구에 맞게 자신을 변화시키고 제도를 혁신하여 부응해야만 좋다는 뜻입니다. 한편 천체의 변화는 일직선으로 변화하는 것이 아니라 주기적으로 반복하는 순환론의 세계라고 생각했습니다. 그러므로 춘하추동의 변화가 그러하듯 인간 세상의 정권도 주기적으로 교체된다고 믿었습니다. 이런 관념은 언제든지 혁명이 일어날 수 있다는 이론적 근거가 됩니다. 따라서 교체당하거나 전복당하지 않으려면 개인은 물론이고 국가마저도 끊임없이 시대적 변화에 맞게 제도를 혁신하고 자신을 변화시켜야만 한다는 논리입니다. 또한 개인적인 성취와 관련해서도 군자는 강건한 천체의 운행을 본받아 끊임없이 인격을 도야하고 실력을 키우다가 일단 때가 오면 기민하게 기회를 포착하여 대성하는 것이 천지자연의 이치에 부합된다는 극히 적극적인 인생관을 보여주고 있습니다.

위에서 언급한 내용은 실례가 없는 이론적인 소리입니다. 그러므로 사마천은 실제로 존재했던 역사적 사실과 인물을 예로 들어가며 구체적이고도 바르게 제시하겠다는 것입니다. '하늘과 인간의 관계를 탐구하고'(究天人之際), '고금의 변화를 통찰하여'(通古今之變), '자신만의 독특한 이야기를 완성하겠다'(成一家之言)는 것이 바로 사마천의 다짐이 아니었던가요.

한편 예악(禮樂)은 그저 단순한 에티켓이나 노래방 음악이 아닙니다. 『사기』의 「8서」(八書)에 「예서」와 「악서」 항목이 정중하게 자리잡고 있듯 과거에는 봉건제도 및 관료제도와 긴밀하게 결합된 일종의 '제도' 였습니다. '예악' 을 하나

주문왕과 주무왕

주문왕(周文王)의 이름은 창(昌)이다. 문왕은 훗날 붙여준 시호다. 은나라의 마지막 군주 주왕(紂王)은 창을 감금했으나 금은보화와 미녀를 받고 풀어주면서 활과 도끼를 하사하여 제후를 토벌해도 좋다고 허락했다. 그 덕분에 창은 서쪽의 제후들을 합병하여 서쪽의 맹주가 되었다. 이런 자본이 있었기에 그의 아들 주무왕이 은나라를 전복시킬 수 있었다. 주무왕의 이름은 발(發)이며 주문왕의 아들이다. 주무왕이 즉위한 뒤 강태공을 국사로 모시고, 주공을 재상에 임명했으며, 소공과 필공 등의 보좌를 받으면서 주문왕의 과업을 이어 나갔다.

의 제도로 정립한 사람은 주공(周公)입니다. 주공은 주나라 문왕의 아들이자 무왕의 동생이며 노(魯)나라의 시조입니다. 주공은 과연 예와 악을 어떻게 제도화했을까요?

주 왕실의 천자가 죽으면 정실부인과의 사이에 태어난 큰 아들이 천자의 자리를 계승합니다. 주나라 문왕이 죽자 주나라 무왕이 계승했고, 무왕이 죽자 성왕이 계승한 것이 바로 그런 맥락입니다. 제후국의 왕위 계승도 역시 마찬가지였습니다. 정실부인과의 사이에 태어난 아들—적자(嫡子), 아들 중에서도 맏이—장자(長子), 이렇게 적자와 장자로 이어지는 제도를 일컬어 종법제도(宗法制度)라고 합니다. 그러므로 서자(庶子)가 아무리 훌륭해도 왕위를 계승할 수 없으며, 막내가 아무리 똘똘해도 장자를 대신할 수 없다는 것이 종법제도의 요점이 되겠습니다.

종법제도가 확고해지면 피라미드 형태의 권력구조가 형성됩니다. 정점에는 주 왕실의 천자 한 사람이 군림하게 되고, 그 밑으로는 제후국의 왕들이 차례대로 도열합니다. 제후 왕 밑으로는 경대부(卿大夫)가 도열하고, 경대부 밑으로는 수많은 사(士) 계급이 받쳐줍니다. 이렇듯 천자-제후-경대부-사로 이뤄진 통치계급은 혈연으로 맺어지고 등급으로 분류된 피라미드 구조이므로 각자 맡은 바 직분에 충실하면 국가와 사회는 무척 안정적으로 유지됩니다. 초창기 주 왕실의 안정과 발전은 이러한 종법제도에 힘입은 바 크며, 주나라 성왕, 강왕으로 이어지는 태평성대는 이렇게 구축되었던 것입니다.

이러한 종법제도의 창안자가 바로 주공입니다. 그런데 주공은 위와 같이 국가적 큰 틀만 구상했던 것이 아니라 사회구성원 사이의 예의범절까지 세밀하게 설계하였습니다. 임금과 신하, 아버지와 아들, 형님과 동생, 남편과 아내, 친구 사이의 윤리는 물론이고 의식주행(衣食住行)에 이르기까지 예의범절을 마련하여 일일이 규정하였습니다. 이렇게 했던 이유는 무엇일까요? 봉건 종법제도를 일상생활에 착근시켜 정

주왕실분봉도

'분봉'(分封), 국토를 나누어 제후에 봉한다는 뜻이다. 주무왕이 은나라를 멸하고 종실 자제 및 공신 그리고 고대 성군들의 후예를 각지의 제후로 봉했는데 이 제도는 주공이 창안한 것이다. 제후국들은 해당 지역을 안정되게 통치하면서 주 왕실의 천자에게 충성하고 유사시에는 군대를 동원하여 왕실을 보위해야 했다. 또한 매년 규정된 공물과 지방 특산물을 왕실에 바치고 황제를 알현하여 정사를 보고하는 한편 황제를 모시고 종묘에서 시조께 제사를 올려야만 했다. 제후국들이 무난하게 책임을 다하면 왕실은 앉아서 전국을 효율적으로 관리할 수 있었다. 이 제도가 바로 봉건제도이다.

치와 문화를 유기적으로 통합시키려는 의도였습니다. 따라서 이러한 제도가 일단 일상화되면 사람들은 굳이 의식적으로 행동하지 않아도 자연스럽게 봉건 종법제도에 맞춰 생활하게 됩니다. 이것이 바로 예(禮)입니다.

이와 함께 주공은 특정한 음악과 춤을 개발하여 예의범절과 결합시켰습니다. 따라서 제사는 물론이고 출정(出征), 맹약(盟約), 연회(宴會), 결혼(結婚) 및 제사(祭祀) 등의 의식을 거행할 때마다 그에 합당한 노래와 춤을 곁들였습니다. 이것이 바로 악(樂)입니다. 인간 세계를 규범화시켜 왕실을 공고히 하고 아울러 사회를 안정시키려는 주공의 방대하고도 치밀한 건국 시나리오는 이렇듯 예악을 하나의 제도로 정착시켰던 것입니다.

그러므로 덕정으로 대표되는 왕도(王道) 정치는 기본적으로 예악(禮樂) 시스템이 원만하게 작동되었습니다. 그러나 주나라 유왕과 여왕 이후로 예악이 파괴되기 시작했습니다. 말하자면 천자로부터 평민까지 자신의 신분과 등급을 망각하고 분수에 맞지 않는 예악을 행사하는 개인 혹은 집단이 폭증했다는 뜻입니다. 이런 현상을 일컬어 흔히 '예붕악괴'(禮崩樂壞)했다고 표현하는데 글자 순서를 조금만 조정하면 '예악붕괴'가 아니겠습니까.

이런 현상을 애통하게 생각하여 역사적 실례를 들어가며 왕도 정치의 기준을 다시금 제시하려 했던 사람이 바로 공자이며, 그 결과물이 『춘추』였습니다. 그러므로 『춘추』는 역사서의 형식을 띠었다 뿐이지 실은 국가나 개인 모두에게 흥망성쇠의 기준과 모델을 제시한 정치학 교과서인 것입니다. 「태사공자서」에는 사마천이 친구 호수(壺遂)와 함께 공자의 『춘추』에 대해 장황하게 토론하는 내용이 실려 있는데 그 요점은 방금 위에서 이야기한 것들입니다. 『춘추』의 저술 의도와 목적이 위와 같았기에 좋거나 잘한 행동은 신분의 고하를 막론하고 칭송했으며, 나쁘거나 잘못된 행동도 역시 지위의 고하를 막론하고 비판하였습니다.

사마천이 『춘추』를 계승하겠다는 것은 바로 이러한 공자의 의도를 본받겠다는 뜻이므로 『사기』에서 천자라 하더라도 비판 받을 일은 주저 없이 비판했고 설령 미천한 사람이라 할지라도 옳고 좋은 행동이 있으면 아낌없이 찬미했던 것입니다. 『사기』에서 제왕에 대한 비판을 어렵지 않게 볼 수 있는 것도 바로 이런 까닭이며, 자객이나 코미디언을 찬미했던 것도 이런 의도가 바탕에 깔려 있기 때문입니다.

요컨대 사마천은 그저 단순하게 역사적 사건과 인물을 나열했던 것이 아니라 한 제국의 전성기를 맞이하여 아버지의 유언을 상기하면서 '천인합일'의 관념으로 '왕도 정치'의 모델을 제시하고자 고금의 사건과 인물을 소재로 삼아 『사기』 저술에 매진한 것입니다. 사마천은 의욕적으로 『사기』를 계속 써내려갔습니다. 그렇게 한 해 두 해가 지나갔고, 그리하여 태초력을 제정한 지 7년째 되던 해, 사마천의 나이 48세 때, 사마천은 아버지의 죽음보다도 더욱 충격적인 사건을 당하게 됩니다. 그것은 궁형이었습니다.

사마천은 원래 한무제의 충직한 신하였다

사마천이 궁형을 당하게 된 계기를 냉정하게 살펴보도록 합시다. 사마천은 과연 정의감에서 이릉을 변호했을까요? 한족(漢族)의 입장이 아니라 흉노족(匈奴族)의 입장에서 보면 투항한 이릉은 결코 배신자가 아닙니다. 그것은 마치 한무제 시절 흉노의 혼야왕이 부속을 이끌고 대거 투항했을 때 한무제는 마차 수만 량을 동원하고 백성들을 하인처럼 부려가며 융숭하게 영접했던 일이 있지 않습니까. 인류애적인 정의감이란 어느 한쪽으로 치우지지 않고 공정해야만 의미가 있습니다. 사마천은 분명 한족의 입장에서, 그것도 낭중에 이어 태사령직에 근무하는 한무제의 충복으로서, 이릉이 흉노에게 투항한 사건에 대하여 한무제가 물었기에 비로소 대답한 것입니다. 사마천은 스스로 밝혔다시피 "황제 폐하의 기분을 풀어드리고 이릉을 비난하는 소리를 막기 위하여" 주제넘게 나선 것입니다. 한무제의 성격이 어떤지 알면서도 깜빡했고 또한 조정의 전체적인 분위기도 아랑곳없이 나섰던 것입니다. 한무제의 성격을 잘 아는 다른 신하들처럼 이릉을 비난하고 매도까지는 하지 않더라도 그냥 가만히 있었더라면 별탈이 없었을 것입니다.

그렇다면, 월급 6백 석에 불과한 말단관리 태사령 사마천이 무슨 배짱으로 이렇게 당돌하게 나섰단 말입니까. 돌이켜 보면, 27세 전후에 고작 월급 3백 석의 낭중이 된 이후 10여 년간 그 자리에 머물며 더 이상 발전하지 못하다가 38세에 이르러 아버지의 태사령직을 겨우 승계하였고, 마침내 48세에 이릉 사건으로 수감될 때까지 무려 몇 년입니까? 20여 년입니다. 관직 생활 20여 년 동안 사마천은 정말 승진다운 승진이 없었습니다. 제자리걸음이었습니다. 솔직히 말해서 무능하지 않습니까? 그 사이 사마천이 해낸 일이란 단 두 가지 밖에 없었습니다. 35세 되던 해 한무제의 명령으로 서남부 소수민족 정벌대에 참가했던 일 하나, 그리고 또 하나는 태초 원년 사마천의 나이 42세 때, 천문 역법 전문가 호수 등과 함께 역법을 개정하여 태초력을 반포한 일입니다. 이 두 가지 업적 이외에 국가에 공헌한 일이 없습니다. 게다가 그 공훈 이란 것도 혼자 해낸 일은 없고 빌붙어서 따라갔거나 다른 사람과 함께 해냈던 것으로 극찬할 일도 못됩니다.

그런데 현재 우리 앞에 놓인 『사기』의 성취로 보건대 사마천은 학문과 인격을 겸비한 인재임에 틀림이 없습니다. 그렇다면 너무도 궁금한 것이 그토록 비범한 재주와 원대한 포부를 갖춘 한무제께서 눈에 뭐가 끼지 않았다면 왜 학문과 인격을 겸비한 사마천을 20여 년 동안 낭중과 태사령직에서 썩게 내버려 두었을까요? 이상하지 않습니까? 공손홍이나 장탕처럼 사마천은 한무제의 코드에 맞추기를 거부했기 때문일까요? 이릉 사건이 터졌을 때 "황제 폐하의 기분을 풀어드리려 했던" 기특하고도 갸륵했던 사마천이었습니다. 강성한 한 제국의 자랑스러운 백성으로서 위대한 왕조의 훌륭한 군주와 충신 그리고 열사 및 의인들을 기록하기로 몇 번이고 다짐했던 사마천이었습니다. 이렇게 충직한 사마천을 한무제가 사랑했으면 했지 굳이 미워할 이유는 전혀 없지 않습니까? 그

런데도 이릉을 변호하면서 한무제를 돌려서 씹었다는 죄목
으로 사마천을 극형에 처하려 했던 이유는 무엇일까요?

궁형에 얽힌 비하인드 스토리, 지역차별 존재했다

한 제국이 건립된 직후 황제의 입장에서 경계 대상 제1호는
누구일까요? 제후 왕입니다. 유방을 도와 항우를 제압했던 개
국공신 중에 유씨 종실 이외의 제후 왕들은 군사력을 보유했
기 때문에 불만을 품으면 언제든지 중앙정부에 반기를 들 수
있었습니다. 그러므로 유방과 유방의 정실부인 여태후는 온갖
꼬투리를 잡아 한신, 팽월, 경포 등을 제거해 버렸습니다.

여태후참한신
'여태후참한신' (呂太后斬韓信)은 여태후가 한신을 참수한다는 뜻이다. 한나라 개국 공신 한신(韓
信)을 처단하는 여태후의 모습을 그려놓은 고대 판화 작품이다. 거록 태수 진희가 반란을 일으키
자 한고조 유방이 직접 토벌에 나섰다. 진희와 거사를 논의했던 한신은 수도 장안에서 호응하기
로 약속했다. 낌새를 눈치챈 여태후는 대신들과 밀모하여 한신을 소환하였고 작전에 말려든 한신
은 포박당하여 마침내 장락궁에서 참수되었다. 여태후는 한 제국의 건립 및 유지에까지 관여했고
남편 유방이 죽은 뒤 여씨 일족을 요직에 등용하여 정권을 좌지우지했던 여걸이었다. 『사기』에
「여태후본기」가 설정된 것은 결코 우연이 아니었다.

　그 이후의 경계 대상은 누구일까요? 전국시대 진(秦)나라 지역 출신자들입니다. 진 제국의 폭정에 반기를 들었던 군웅호걸들은 대부분 전국시대 진나라를 제외한 여섯 나라 출신입니다. 가장 먼저 반기를 들었던 진승과 오광은 물론이고, 세력이 가장 컸던 항우는 초나라 귀족 출신입니다. 유방 역시 그러합니다. 따라서 한 제국이 건립된 직후 유씨 왕족 내부에서는 과거 진나라 출신 중에 특출한 인재를 은근히 누르려는 분위기가 있었습니다. 왜 이런 분위기가 생겨났을까요. 전국시대 말기 수단과 방법을 가리지 않고 함곡관 동쪽의 여섯 제후국을 잔인하게 정벌했던 진나라에 대한 보복심리, 그로 인한 진나라에 대한 공포감 등이 복합적으로 작용했을 것입니다. 한무제 당시까지 과거 진나라 지역 출신 중에 가장 성공한 자는 이채(李蔡)인데 승상까지 역임했습니다. 그러나 이채는 인격이나 능력 평점에서 중간에도 못 미치는 것으로 공인된 자입니다. 말하자면 별 볼일이 없는 사람이므로 신경을 쓰지 않아도 되었다는 뜻입니다. 이렇게 맹물인 자를 제외하고 진나라 지역 출신 중에 한 제국 치하에서 장군으로서 대성한 자가 없습니다. 그 대표적인 예가 이광(李廣)입니다.

　이광의 용맹과 지략은 『사기』 「이장군열전」에 훌륭하게 묘사되어 있습니다. 관련 내용을 잠시 훑어보도록 하겠습니다.

흉노가 상군 지역에 대거 침입했다. 효경제는 전 국민의 경계심을 높이려는 취지에서 총애하던 환관을 이광에게 보내어 흉노를 상대로 실전연습을 하도록 명했다. 환관은 기병 수십 명을 이끌고 전방으로 향했다. 마침 저쪽에 흉노족 세 명이 보였다. 환관은 기병을 이끌고 추격했다. 흉노는 도주하다가 돌아서서 화살을 당겼다. 환관이 화살에 맞았고 뒤따르던 기병들도 차례대로 사살되어 몰살당했다. 환관은 겁이 나서 이광 쪽으로 달려왔다. 이광이 말했다. "틀림없이 독수리 사냥꾼들일 거요." 이광은 기병 일백 명을 이끌고 추격하였다. 흉노족 세 명은 말을 타지 않고 보행했지만 건각이라 이미 수십 리 밖으로 도주했다. 이광은 기병대를 좌우로 날개를 펼치듯 진을 치면서 스스로 화살을 당겨 흉노족을 향해 발사했다. 두 명을 살해하고 나머지 한 명을 생포하여 심문하자 정말 독수리 사냥꾼이었다.

이광은 흉노를 포박하여 말에 태우고 고개를 든 순간 깜짝 놀랐다. 흉노 수천 기병의 모습이 눈에 들어왔던 것이다. 이광의 기병들은 놀라서 말머리를 돌려 도주하려고 하였다. 이광이 제지했다. "우리는 지금 아군 진영으로부터 수십 리 밖이다. 불과 일백 기병으로 도주하여 흉노에게 추격당하면 우리는 죽음이다. 이럴 때일수록 오히려 더욱 전진해야 한다. 흉노는 우리가 저들을 유인하려는 계략으로 알고 오히려 공격하지 못할 것이다." 이광은 기병들에게 명했다. "앞으로!" 흉노가 진을 친 곳으로부터 불과 2리 앞까지 접근하여 멈추었다. 이광은 이어서 명령했다. "모두 말에서 내려 안장을 풀어라!" 기병들은 사색이 되어 아뢰었다. "흉노병들이 저렇게 많고 가까이 있는데 만에 하나 공격을 당하면 어쩐란 말입니까?" 이광이 대답했다. "저놈들은 우리가 도망갈 줄 알았는데 오히려 우리가 안장까지 풀어버리고 계속 버티는 모습을 보여주어야 저놈들이 더욱 의심하여 공격을 못하지." 흉노는 뭔가 이상한 듯 정말 공격하지 못하였다. 백마를 몰며 사병을 순시하는 흉노족 장교의 모습이 보였다. 이광은 말에 올라 기병 십여 명을 이끌고 돌진하여 백마 장교를 사살하고 돌아왔다. 이어서 기병들에게 명하여 말고삐를 풀어 방목시키고 기병들은 아예 잔디에 드러눕도록 하였다. 날은 점점 어두워졌고 흉노 기병들은 갈피를 못 잡아 더욱 공격하지 못했다. 밤이 깊어지자 흉노는 좌우에 복병이 있을지도 모른다고 여겼는지 수천 기병을 이끌고 퇴각하고 말았다. 날이 새자 이광은 기병을 이끌고 느긋하게 본부로 귀환했다.

흉노족 사이에서 이광의 별명은 '날아다니는 한나라 장군' 이었다면 대략 짐작되겠지요? 유방 및 여태후 시절은 물론이고 한문제, 한경제 시절에도 흉노는 줄곧 한족에게 극히 위협적인 북방 기마민족이었습니다. 흉노의 위협을 확실하게 제거하려 했던 한무제였지만 이광의 능력을 인정하면서도 제대로 활용하지는 않았던 것입니다. 대장군에 임명하여 사막을 누비게 해야 제대로 능력을 발휘할 사람을 후방의 도읍지에 있던 미앙궁(未央宮)의 경비대장으로 발령냈다면 박대한 것이 아니고 무엇일까요.

원수(元狩) 4년, 즉 기원전 119년 대장군 위청, 표기장군 곽거병이 대군을 이끌고 흉노를 정벌할 때 이광도 종군을 자청했습니다. 한무제는 이광이 전쟁을 하기에는 나이가 들었다고 생각하여 허락하지 않다가 한참 뒤에 허락하여 선봉대를 이끌도록 명했습니다. 그런데 흉노를 붙잡아 정보를 캐낸 결과 흉노족의 수장 선우의 위치를 파악하게 되자 대장군 위청은 선봉대를 이끌던 이광을 지원부대로 돌리고 자신이 선우를 잡겠다며 정예부대를 이끌고 앞장섰습니다. 이광에게는 이번 출정이 매우 중요했습니다. 군공을 세워 후작에 임명될 수 있는 마지막 기회였기 때문이지요. 자신을 선봉대로 나서게 해달라고 그렇게 사정을 했건만 대장군 위청은 묵살하고 뒤로 돌려버렸습니다. 대장군 위청은 한무제의 처남입니다.

위청은 출정하기에 앞서 이미 한무제로부터 밀지를 받았는데 이광은 늙고 재수가 없는 사람이니까 가급적 선우와 정면으로 대결하게 해서는 안 된다는 내용이었지요. 게다가 위청은 위청대로 사심이 있었습니다. 자기와 친했던 공손오가 죄를 지어 후작을 박탈당했으므로 다시 공훈을 세울 기회를 주기 위하여 이광을 뒤로 돌렸던 것입니다. 결국 이광은 지원부대로 배치되어 출정했으나 사막에서 길을 잃어 위청의 정예부대에 패하여 도주하는 흉노족 수장 선우의 퇴로를 차단하는 데 실패하고 말았습니다. 이광은 군공을 세우기는커녕 작전 실패에 대한 책임을 지고 시말서까지 써야 할 상황이 되었던 것입니다. 이광은 그간 쌓인 한이 있었던 데다 이번 일까지 겹쳐 마침내 취조까지 당하게 되자 더 이상 모욕을 참지 못하고 자살해버립니다. 이광은 자살하기에 앞서 자신의 막료들에게 이렇게 분통을 터뜨립니다.

"이 몸이 성인이 된 이후 지금까지 흉노와 70여 차례 접전을 벌였다오. 이번에 다행히 대장군을 모시고 선우와 격돌하게 되었는데 대장군께서 이 몸을 뒤로 돌린 데다가 도중에 길까지 잃어 대사를 망쳐버렸소이다. 이것도 운명이란 말인가. 이제 이 몸도 나이 60이 넘었는데 옥리 앞으로 끌려가 어떻게 또 수모를 당한단 말이오." 이광은 말을 마치자 그 자리에서 자결하고 말았다.

「백기왕전열전」을 읽어보면 진시황제와 이신(李信)의 대화가 나옵니다.

진시황제는 이미 한나라, 위나라, 조나라를 합병하고 북쪽으로 연나라 왕을 추격했다. 또한 남쪽으로 초나라를 수차례 격파했지만 초나라는 여전히 완강하게 저항하였다. 진시황제는 초나라를 공략하기 위하여 전략 대책회의를 소집했다. 장군 이신(李信)에게 물었다. "하루 속히 초나라를 평정하고 싶소이다. 장군이 나선다면 몇 만 병력이면 족하겠소?" 이신이 아뢰었다. "이십만 병력이면 족하옵니다." 이신은 급부상하는 청년 장군이었다. 진시황제를 암살하려다 실패했던 연나라 태자 단(丹)을 지금의 요녕성 태자하(太子河)까지 추격하여 결국 태자 단의 목을 따왔다. 이 전과로 진시황제의 신임을 단단히 받고 있었던 것이다.

이광은 이신(李信)의 후손입니다. 그러므로 이광은 진나라 출신이라는 이유로 차별 대우를 받은 전형적인 사례인 것입니다. 그렇다면 사마천의 고향은 어디인가요? 섬서성 한성현입니다. 그곳은 과거 진나라의 본거지였지요. 사마천이 당돌하게 나서서 몇 마디 좋은 말을 해준 이릉은 어디 출신입니까? 어디 출신을 묻고 말 것이 없습니다. 이릉은 이광의 친손자입니다.

이렇게 본다면 사마천은 이릉을 위하여 감히 나설 만도 하지 않겠습니까. 그들은 모두 자질과 능력을 갖췄음에도 지역차별로 인하여 썩고 있던 불우한 사람들이었습니다. 사마천은 궁형을 당하기 이전에 이미 충분히 불우했던 사람이었습니다.

　기원전 99년, 이릉 사건으로 사마천은 수감되었습니다. 아버지의 유언을 저버릴 수도 없고, 자신의 포부 또한 포기할 수 없다면 어떻게 해야 하겠습니까. 궁형을 자청하는 수밖에 없습니다. 사마천의 일생을 돌이켜보면, 그가 비록 이릉 사건에 말려들지 않고 궁형 또한 당하지 않았다 하더라도『사기』는 예정대로 이 세상에 나왔을 것입니다. 그러나 현재 우리가 보는 내용과는 틀림없이 달랐을 것입니다. 왜 그럴까요?

　비록 20여 년을 말단 관리에 머물며 지역 차별로 불우하게 지내고 있었지만 그래도 한 제국에 대한 자부심을 버린 적이 없던 사마천에게 궁형은 충격도 충격이겠지만 무엇보다 그간의 생각에 변화를 일으키게 했을 겁니다. 어떤 변화가 왔을까요? 마침 한 제국은 이릉 사건을 기점으로 전성기를 지나 쇠락의 길을 걷고 있었습니다. 왜 한 제국은 한무제 때 절정기를 맞았다가 바로 또 한무제 때 몰락하고 말았을까요? 결정적인 원인은 한무제가 구축한 한 제국의 권력구조 때문입니다.

무너지는 한 제국, 한무제 탓이 아니라 제도 탓이었다

　한무제는 할아버지 한문제, 아버지 한경제에 이어 중앙집권 정책을 지속적으로 추진했습니다. 기원전 127년, 제후들의 영토를 분할하여 자제들에게 분배하라는 명령을 내리면서 그 구체적인 결과를 황제에게 보고하도록 지시했습니다. 기원전 122년, 제후의 영토를 삭감하여 국고에 귀속시키자 이에 불만을 품은 회남왕(淮南王)과 강도왕(江都王)이 반란을 일으키기도 했습니다. 반란 사건에 연루되어 수많은 인재들이 죽음을 당했습니다. 기원전 112년, 제후들이 황실(皇室)에 바치는 술 색깔 및 용량이 규정에 못 미친다 하여 관직을 박탈당한 경우가 106인에 달하였습니다. 이로써 한 제국의 개국황제 유방 이후 제후에 봉해졌던 공신들이나 왕실 자제들은 대부분 평민으로 전락하고 거의 완전한 중앙집권의 군현제가 되었습니다. 게다가 한무제는 상홍양(桑弘羊), 동곽함양(東郭咸陽), 공근(孔僅) 등 상인 출신 인사들을 대거 등용하여 국가의 재정을 총괄토록 했습니다. 그러나 이들 상인 그룹들을 발탁했다고 하여 상업 조직의 효율성으로 국정을 관리했다고 속단할 수는 없습니다. 그들은 경제 조직과 상인 자본으로 정부의 경직된 인사관리와 작업 능률을 개선한 것도 아니고, 정부의 후광으로 상업 발전을 도모하여 국고를 충실히 하려고 했던 것도 아니었습니다. 그들은 새로운 화폐를 계속 발행하거나 농산물의 비축 판매를 통해 임시방편으로 재원을 마련했으며, 그 재원은 크게 허덕이던 군사비에 조달되었을 뿐이었지요.

이렇게 본다면 그 당시 전국을 통틀어 대략 5~6천만 명에 달하던 백성을 황제 한 사람이 통치한 셈이었습니다. 유능하고도 효율적인 관료계급이 백성과 황제 사이에서 중간 계급으로서 받쳐주지 못했던 것입니다. 각 지방의 지역적 특성에 맞는 경제 활성화 정책을 시행할 만한 관료층이 등장하지 못했다는 뜻입니다. 각 지방의 수령이라 할 태수(太守)는 지방자치의 수장으로서 그곳의 백성들이 뽑은 것이 아니라 황제가 임명하여 파견된 사람입니다. 그러므로 해당 지역에서 도덕적 윤리적으로 귀감이 될 만한 인물을 선발하는 일 따위조차도 황제의 조서(詔書) 한 통으로 시행되었기 때문에 그들은 결국 황제의 분신이나 대리인에 불과한 셈입니다. 이런 과정이 반복 순환되면서 황제의 권위는 점점 공고해지고 팽창되었습니다. 바로 이 점은 비단 한무제뿐만 아니라 중국 전통의 군주 전제정치의 최대 약점이었습니다.

그러므로 이러한 극단적인 중앙집권 제도가 일단 정착되면 황제 혼자 아무리 위에서 근검절약과 겸손 관대함을 솔선수범한다 하더라도 관료계급은 타성에 젖어 자발적으로 움직이지 않습니다. 공무원들의 복지부동은 바로 이런 배경에서 비롯되었던 것입니다. 말하자면 굳이 나서서 일을 만들어 손해 보려 하지 않는 것입니다. 그저 가만히 주어진 일만 하면 쫓겨날 리 없기 때문입니다.

　이렇게 경직된 권력 구조와 사회 분위기를 쇄신하기 위하여 한무제가 취한 방법은 ‘운동’을 하는 것이었습니다. 전 국민을 동원하여 대대적인 운동을 전개하여 조직의 동맥경화를 막아야만 했습니다. 한무제 자신은 스스로 대장군 위청(衛靑)에게 이렇게 말한 적이 있지요. “하루라도 군대를 일으켜 사방으로 정벌을 나서지 않으면 천하가 불안하다.” 이 말을 현대식 용어로 바꿔서 말하면 국민의 시선을 밖으로 돌린다는 뜻입니다. 클린턴이 지퍼게이트로 국내에서 곤욕을 치를 때 시의적절하지 못하게 이라크 공습을 감행했던 것도 역시 국민의 시선을 밖으로 돌리려는 행위가 아니었나 의심 받듯 말입니다. 우리나라의 경우도 과거 군사독재 시절에 국내가 어수선할 때마다 돌연 휴전선에서 총격전이 일어난다거나 혹은 연안에 무장공비가 출몰하는 등 이상하리만치 시의적절하게 사건이 터지는 것과 유사한 맥락입니다.

　한무제는 대대적인 군사행동을 통해 국내의 동맥경화 현상으로 인한 불안 요소를 해결하려 했습니다. 그러나 대외적인 군사행동은 그 득실을 헤아리기가 쉽지 않은 법입니다. 한무제의 군사적 업적은 실로 찬란합니다. 남쪽의 월(越) 지역을 평정했고, 조선(朝鮮)을 정복했으며, 장건(張騫)을 파견하여 서역(西域)으로 통하는 교통로를 개척하여 북방 흉노족을 측면과 배후에서 위협했던 일 등이 그러합니다.

특히 재위 기간 중 여덟 차례에 이르는 대대적인 흉노족 정벌은 국가의 모든 재원과 인력을 동원한 엄청난 운동이었습니다. 그러나 그토록 막대한 자금과 인력을 투입했건만 유목민족 흉노를 멸망시키지 못했습니다. 그도 그럴 것이 흉노족들은 강인한 기질의 기마민족으로 기동성이 극히 우수했습니다. 이들은 평시에는 유목을 하다가도 일시에 말을 타고 전투대형을 이루었으므로 굳이 막대한 자금과 인력을 동원할 필요성이 전혀 없었습니다. 한무제의 군대는 치고 빠지는 흉노족의 전략에 거의 일방적으로 당하다시피 했습니다. 앞서 언급한 바 있듯 기원전 119년의 흉노 정벌이 가장 성공적으로 평가됩니다만 14만 필의 전마(戰馬)가 국경선을 넘었지만 정작 개선한 숫자는 고작 3만에 불과했습니다. 비록 전과를 올렸다고는 해도 실은 혹독한 대가를 치른 터였지요. 따라서 한무제 말년에 이르자 계속되는 전쟁에 염증을 느끼거나 생명의 위협을 느낀 부자들은 돈을 내고 합법적으로 병역에서 빠져나오는 일이 많아져 하급 군관의 자리마저도 못 채울 지경이 되고 맙니다.

한무제의 통치력은 대내적으로는 중앙집권, 대외적으로는 계속되는 전쟁으로 유지되고 있었던 것입니다. 한무제 통치기간은 백성들이 길거리에 떨어진 물건을 집어가지 않을 만큼 전설적인 태평성대로 기록되기도 합니다. 그러나 실상을 알고 나면 살이 떨립니다. 그런 태평성대는 백성들의 도덕심으로 이루어진 것이 아니라 일단 적발되면 적게는 기백 명, 많으면 수천 명이 연루되어 처형되는 고압 공포정치의 소산이었기 때문입니다. 그러므로 이러한 공포 정치 및 무리한 대외전쟁이 근 반세기 지속되면서 황제의 권위와 조직의 취약점이 점차 폭로되기 시작했고, 그 결과 옆에서 지켜보던 고급관리들도 일신상의 안위(安危)를 돌보기에 급급한 나머지 목숨을 걸고 황제에게 옳은 소리를 올리지 못했던 것입니다. 경직된 관료체계가 국정에 아무런 도움도 되지 못한 탓에 그토록 영명했던 한무제는 할아버지와 아버지가 축적한 국력을 모두 까먹고 말년에 이르러 기울어가는 한 제국을 바라볼 수밖에 없었던 것입니다.

궁형으로 달라진 『사기』의 내용

궁형도 궁형이겠지만 자랑스러운 한 제국이 쇠락의 길로 접어드는 과정을 생생하게 목도했던 사마천은 이제 한 제국의 입장이나 한무제의 우직한 충복의 시각에서 벗어나 좀더 객관적으로 좀더 냉정하게 역사와 현실을 바라볼 수 있었을 것입니다. 그 단적인 예가 아버지 사마담의 유언을 받들어 왕도 정치의 이상을 제시하며 훌륭한 군왕과 충신 그리고 열사와 의인을 기록했던 것입니다.

요임금, 순임금

만고강산 태평성대를 일컬어 흔히 ‘요순시절’이라고 말한다. 요임금과 순임금의 시대란 뜻이다. 요임금은 무균질 인격체의 전형을 보여주는 전설적인 제왕이다. 부자세습을 거부하고 인품과 능력을 선정 기준으로 삼아 후계자를 선정하였다. 국가를 사유재산으로 생각하지 않았기 때문이다. 이러한 정권 이양을 일컬어 선양(禪讓)이라 한다. 공자는 『논어』 「태백편」에서 요임금의 인품과 공적을 일컬어 ‘위대’하다고 평하였다. 요임금으로부터 왕위를 선양받은 순임금도 우임금에게 정권을 선양하였다. 요임금, 순임금, 우임금으로 이어지는 시대는 전설적인 황금 시대였다. 중국이 먹고 살만해지자 ‘단대공정(斷代工程)’이란 이름으로 전설적인 황금 시대를 실증하려는 프로젝트가 목하 진행 중이다. 모든 역사는 현대사라는데, 바로 이것을 말한다.

그렇다면 사마천은 왕도 정치의 이상을 어떻게 가탁했을까요? 이론적으로 이야기하지 않고 역사적 사건과 인물을 취사선택하여 기록하는 것으로써 교묘하게 표현하였습니다. 「오제본기」에 요임금이 순임금에게 왕위를 넘기는 대목은 이렇게 기록되어 있습니다.

말년에 요(堯)임금은 동서남북 사방의 수장에게 후계자를 추천하도록 했다. 수장들은 효성으로 유명한 순(舜)을 추천했다. 요임금은 자신의 딸 아황과 여영을 순에게 시집보내어 순이 어떻게 가정을 꾸리는지 살폈다. 또한 후계자 수업의 일환으로 순에게 윤리도덕을 담당하도록 명했다. 순은 가정을 화목하게 꾸렸고 맡은 바 직무를 충실하게 수행하여 좋은 성적을 냈다. 3년 동안 순의 품행과 능력을 검증한 결과 맹주의 직무를 충분히 계승할 수 있다는 판단이 서자 이번에는 요임금의 직무를 대행하도록 했다. 그 후 순은 28년 동안 요임금의 직무를 수행하게 된다. 원래 요임금에게는 아들 단주(丹朱)가 있었다. 부자세습이 당시 전통이었다. 단주에게 넘기면 단주 한 사람에게는 행복이지만 천하 만민에게는 불행이 된다. 순에게 넘기면 단주에게는 불행이지만 천하 만민에게는 행복이다. 요임금은 생각에 잠겼다가 마침내 결단을 내리며 말했다. "단주 하나를 위하여 천하를 희생시킬 수는 없지." 마침내 순을 후계자로 삼았다.

이렇게 왕위를 넘기는 것을 선양(禪讓)이라 부릅니다. 요임금이 순임금에게 선양했다는 이야기는 『상서』에도 보이고 『맹자』에도 보입니다. 그러나 그 어디에도 사마천이 「오제본기」에서 기록했던 것과 같은 요임금의 심리상태 및 결단의 발언은 보이지 않습니다. "단주에게 넘기면 단주 한 사람에게는 행복이지만 천하 만민에게는 불행이 된다. 순에게 넘기면 단주에게는 불행이지만 천하 만민에게는 행복이다. 요임금은 생각에 잠겼다가 마침내 결단을 내리며 말했다. '단주 하나를 위하여 천하를 희생시킬 수는 없지.'" 이 부분은 사마천이 만들어 넣은 것입니다. 무릇 군주란 사심 없이 천하 만민을 위하여 복무해야 한다는 자신의 정치적 이상을 표현하고 싶었던 것이지요.

그렇다면 군주와 신하의 관계는 어떠해야 한다고 생각했을까요? 「하본기」에는 순임금이 우, 고요, 백이 등과 함께 치국에 관하여 대화를 나누는 장면이 등장합니다. 이 장면은 후세 조정의 분위기와는 판이합니다. 신하들은 순임금에게 이런 식으로 말하지요. "일거수일투족에 신중하십시오. 정직한 자를 발탁하여 덕정을 행하도록 하십시오." 이에 순임금은 다음과 같이 대꾸합니다. "그대들은 나의 양손이 되어 주시구려. 내가 잘못한 점이 있으면 교정해 주시구려. 내 앞에서는 비위를 맞추고 뒤로 돌아서서는 험담을 하지 마시구려." 이렇게 솔직담백하고 격의 없는 분위기가 과연 있을까 싶을 정도입니다. 사마천은 이러한 군신 관계를 그리워했습니다. 그러므로 「장석지풍당열전」에서 직언을 서슴지 않았던 장석지와 풍당을 열렬하게 칭송하고, 그런 직언을 결국 받아들였던 한문제를 높게 평가했습니다. 한문제는 사마천이 그렸던 이상적인 군주의 한 명입니다.

이런 까닭에 맹목적인 충성을 사마천은 반대하였습니다.

한문제
사마천이 이상적인 군주의 모델로 생각했던 한 제국의 3대 황제 한문제(=효문제). 사마천이 「오제본기」부터 「주본기」에 이르기까지 줄곧 찬송한 내용은 그때의 통치자들이 덕(德)을 갖추었기 때문이다. 이런 경향은 「진본기」 및 「여태후본기」에서 힘에 의한 패도(霸道)를 별로 좋지 않게 평가하는 것과 극명하게 대비된다. 왕도 정치의 기본 개념은 공자가 『춘추』에서 제시했으며, 법과 제도보다는 성인(聖人)의 인격적 감화와 덕정이 핵심이었다. 사마천의 정치적 입장은 왕도(王道)였으므로 한문제의 정치는 사마천의 정치적 이상과 맞아떨어졌다.

「제세가」에는 제나라 장공이 최저(崔杼)의 아내를 탐하다가 최저에게 살해되는 내용이 있습니다. 그 당시 제나라 재상이었던 안영은 어떻게 행동했을까요? 군주를 모시던 재상으로서 죽음으로써 항거하거나 최저를 토벌했을까요? 아닙니다. 안영은 "군주께서 국가를 위하여 죽었다면 나도 따라 죽겠다. 국가를 위하여 망명했다면 나도 따라 망명하겠다. 그러나 개인적인 일로 죽었다면 그건 스스로 감당하셔야지." 이렇게 말하고 장공의 주검에 엎드려 한바탕 곡을 하는 것으로 끝내고 말았지요. 사마천은 안영을 극찬했습니다.

「오자서열전」은 오자서의 복수기입니다. 무고한 아버지와 형을 살해한 초나라 평왕에게 철저하게 보복하는 내용입니다. 오자서는 초나라 사람이므로 자기가 모시던 군주에게 보복한 셈입니다. 오나라로 망명하여 마침내 오나라 군대를 이용하여 초나라를 짓밟고 이미 죽은 초나라 평왕의 무덤을 파헤쳐 시신에 채찍질을 3백 번 하면서 분을 풀었다고 기록되어 있습니다. 오자서의 행동이 어찌나 극단적인지 그와 절친했던 친구 신포서마저도 항의했을 정도입니다.

한편 오자서가 초나라를 유린할 때 평왕은 그 전에 이미 죽었고, 평왕의 아들 소왕은 난리를 피하여 운성(鄖城)으로 도주했습니다. 그 당시 운성의 수장은 운신(鄖辛)이었는데 운신의 아버지도 무고하게 초나라 평왕에게 살해된 바 있었습니다. 운신의 동생은 아버지를 위하여 복수하겠다며 소왕을 죽이려고 합니다. 이때 운신이 말리는데 『좌전』에는 아래와 같이 기록되어 있습니다. "임금이 신하를 죽였는데 감히 무슨 복수야. 임금의 명령은 하늘의 명령이라고. 하늘의 명령으로 죽었는데 누구에게 복수한다는 것이야." 이런 소리는 지배층이 너무도 좋아할 말씀이겠지요. 그러나 사마천은 채택하지 않았습니다. 심지어 『좌전』에는 보이나 「오자서열전」에는 기록하지 않았던 중요한 내용이 있는데 그것은 오자서가 초나라 수도를 점령한 뒤 어떤 상황이 벌어졌는가 하는 점입니다.

『좌전』의 기록은 이렇습니다. "오나라가 초나라 궁전을 점령하자 신분에 따라 그대로 차지했다." 이것이 무슨 뜻입니까? 오나라 임금은 초나라 임금의 왕비를 차지했고, 오나라 대부는 초나라 대부의 부인을 차지했다는 뜻입니다. 상층이 이 정도면 일반 군사들의 행동은 대략 짐작되지 않습니까? 오자서가 복수를 한 결과가 초나라 백성들에게는 엄청난 재난이 되었다는 뜻입니다. 그러나 사마천은 오자서를 열혈 남아로 꾸미고자 이런 처참한 광경을 「초세가」나 「오자서열전」에 단 한 구절도 기록하지 않았습니다. 오히려 오자서의 인내와 보복을 찬양하며 이렇게 말했지요. "원한은 사람을 이렇게 지독하게 만드는구나. 그러므로 군주라 하더라도 신하에게 함부로 대할 것이 아닌데 하물며 같은 레벨에서랴! (중략) 구걸하면서 망명하여 만난을 무릅쓰고 과업을 이루었으니 열혈대장부가 아니었다면 가능했으랴!"

그러므로 사마천이 생각했던 왕도 정치의 이상은 공자의 그것과는 사뭇 달랐습니다. 군주와 신하가 솔직담백하게 의견을 교환하며 함께 대공무사의 정신으로 국민에게 복무하는 것은 물론이고, 군주와 신하의 관계에 있어서도 사마천 이전이나 사마천 이후 장기간 풍미했던 맹목적 충성의 관계가 아니었습니다. 사마천의 이러한 정치적 이상은 한무제 치하에서는 너무도 요원한 일이었지요.

궁형과 한 제국의 몰락은 비단 사마천의 정치관에 변화를 몰고 왔을 뿐 아니라 인물을 기록하고 평가할 때도 기존의 관점과는 다른 시각에서 바라보게 했을 것입니다. 그러므로 자신과 비슷하게 현실에서 실패했거나 고난을 당했던 하찮은 인물일지라도 그 의미를 애써 발굴하여 후세에 전하고 싶었을 것입니다. 「백이열전」의 취지는 바로 그것이 아니겠습니까. 또한 이상을 추구하다가 현실에서 좌절했던 인물들로부터 숭고한 가치를 발견하려고 노력했을 것입니다. 「공자세가」나 「굴원가생열전」 등의 취지가 바로 그것이 아니겠습니까. 『사기』에 등장하는 허다한 인물 중에 실패한 인생이 그토록 많은 이유가 바로 이 때문입니다. 『사기』가 비록 2천여 년 전의 중국 고전이지만 인류의 보편적인 감정과 이상을 느낄 수 있는 이유도 바로 이 때문입니다. 따라서 궁형과 한 제국의 몰락은 사마천 본인에게는 독약이요 충격이었겠지만, 『사기』를 위해서는 오히려 양약이요 보약이었습니다.

알고 보면 간단한 『사기』의 형식

본기(本紀)

아버지 사마담의 유고를 이어받아 구축한 『사기』의 세계는 그 이전의 기록 형태와는 확실히 달랐지요. 이제 『사기』의 다섯 가지 체제를 소개하고 그 내용과 특징을 설명하도록 하겠습니다.

사마천은 우선 12편의 '본기'(本紀)를 설정하여 황제(黃帝)로부터 한무제까지 12명의 제왕을 기준으로 국가의 중대사를 연대별로 간명하게 정리했습니다. 편년체로 이루어진 공자의 『춘추』 형식을 인물 위주로 개편한 것입니다. 그렇다면 '본기'는 무슨 뜻일까요? 본(本)은 근본, 기(紀)는 기(記)의 뜻으로 기록. 그러므로 본기는 '근본이 되는 기록' 입니다. 따라서 '본기'에는 정책의 반포 및 개정, 관리의 임명과 파면, 전쟁이나 자연 재해, 외교 등의 대사가 기록되어 있습니다. 이런 사건은 국가의 흥망성쇠에 결정적인 영향을 끼치며 그와 관련된 결정권은 항상 황제에게 있었습니다. 그러므로 황제의 일대기를 연대순으로 서술하면서 연관된 국가 대사를 언급하면 가장 근본적인 기록이 되는 것입니다.

12본기를 순서대로 나열하면 다음과 같습니다.

> 오제본기, 하본기, 은본기, 주본기, 진본기, 진시황본기, 항우본기, 고조본기, 여태후본기, 효문본기, 효경본기, 금상본기.

첫눈에 시대순으로 배열된 것임을 알 수 있습니다. '본기'에 수록될 자격 조건은 천하의 권력을 장악한 실세입니다. 따라서 그가 황제든 왕이든 제후든 상관이 없습니다. 『사기』 이후로는 황제만이 본기에 수록되었지요. 경직된 역사관, 정통 관념 등의 영향을 받았기 때문입니다. 또한 『사기』는 통사이고 '본기'는 기본적으로 편년체 형식이므로 중간에 연도가 비어서는 안 됩니다. 바로 이런 이유 때문에 『사기』 12본기에는 「진본기」도 있고, 「항우본기」도 있고, 「여태후본기」도 있습니다. 물론 그 당시 천하의 권세가 항우와 여태후에게 있었음을 보여주는 것이기도 합니다.

한편 「금상본기」는 한무제를 다루어야 하는데, 「봉선서」의 글로 채워졌으므로 대부분의 학자들은 주저 없이 위작이라 단정합니다. 그러나 이장지(李長之) 같은 이는 사마천이한무제를 풍자하기 위하여 일부러 그렇게 만들었다고 주장하기도 합니다. 이 문제를 명료하게 파악하기 위하여 사마천자신이 「태사공자서」에서 「효무본기」의 내용을 어떻게 요약했는지 살펴보겠습니다.

고조, 여태후, 문제, 경제를 거쳐 5대째 무제에 이르러 건원(建元) 연간에 전성기를 이루었다. 대외적으로는 사방 이민족을 제압했고, 대내적으로는 법률과 제도를 정비하고 봉선(封禪)을 거행했으며, 역법을 개정하고 복식의 색을 바꾸었다. 이에 제12 「금상본기」(今上本紀)를 짓는다.

사마천이 요약한 내용을 염두에 두고 「효무본기」를 읽어보면 이상한 점이 한둘이 아닙니다. 첫째, 제목부터 다르지요. 사마천은 「태사공자서」에서 분명히 「금상본기」라 했는데 '본기'에는 「효무본기」로 되어 있습니다. 한무제는 사마천과 동시대의 사람인데 죽은 다음에나 붙이는 시호 '효무'를 사용했다는 점이 위작이라는 의심을 사기에 충분합니다. 사마천이 『사기』에서 한무제를 칭할 때는 대부분 금상(今

上), 금천자(今天子) 등의 용어를 사용했기 때문이지요. 둘째,「효무본기」의 내용은 처음 도입부를 제외하고는「봉선서」(封禪書)를 그대로 복사했습니다. 심지어 '태사공왈'의 내용까지도 그대로 복사했습니다. 한무제 일생의 사업은 결코 봉선 의례 하나로만 설명할 수 없을 뿐더러「효무본기」의 내용은 사마천 자신이「태사공자서」에서 제시한 요약문과도 거리가 멉니다. 따라서 현행「효무본기」는 사마천의 원작이 아닐 가능성이 무척 높습니다.

사마천의 시대에 가까울수록 사료는 많고 멀어질수록 사료는 적습니다.「오제본기」의 기록이 가장 간략할 뿐만 아니라 다섯 명의 제왕을 함께 묶어서 서술한 이유도 바로 이 때문입니다.

표(表)와 서(書)

이어서 사마천은 10개 '표'(表)를 만들었습니다. 표(表)는 무엇일까요? MS 오피스 중에 엑셀(Excel)을 사용해 봤다면 『사기』의 표가 낯설지는 않을 것입니다. 엑셀의 가로 세로 박스와 『사기』의 각 표는 그 모양이 비슷하기 때문이지요. 컴퓨터는커녕 널찍한 종이도 없던 시절에 이런 표를 만들었다는 것 자체가 경이롭습니다. 그렇다면 사마천은 왜 이런 표를 만들었을까요?「태사공자서」에서 이렇게 밝혔습니다.

같은 시대인데도 연도 표기가 달라서 연대를 명료하게 파악하기 힘들다. 그러므로 10표를 짓는다.

예를 들어 춘추전국시대 각 제후국들은 제각기 연도를 기록했기 때문에 상호 공유하는 사건의 흐름이나 인물의 행적 등을 일목요연하게 파악하기 힘듭니다. 따라서 각 제후국의 연도를 통합하여 표로 만들어 주면 언제 무슨 대사건이 발생했는지 훑어만 보아도 한눈에 들어오지 않겠습니까. 사마천이 표를 만든 이유는 기본적으로 여기에 있습니다.

그런데 표의 역할은 여기에 그치지 않고 본기나 세가 혹은 열전 등과 상호 보완되도록 기획하였습니다. 본기, 세가, 열전은 해당 인물의 일생을 출생부터 사망까지 상세하게 기록했습니다. 이런 관계로 본기, 세가, 열전은 동일한 사건이라하더라도 관련된 인물의 참여도에 따라 잘게 나누어 분산 배치할 수밖에 없습니다. 그런 반면 표는 해당 연도마다 중요한 사건이나 인물의 행적을 짤막하게 요약하여 제시해 주었습니다. 그러므로 일단 이런 기록만 훑어봐도 역사상 중요한 문제 및 그 의미를 파악할 수 있을 뿐만 아니라 역사의 큰 흐름까지도 느낄 수 있게 됩니다.

또한 본기, 세가, 열전은 기본적으로 중요한 인물이나 사건을 기록하고 있으므로 덜 중요한 사건이나 덜 중요한 인물은 어쩔 수 없이 생략하게 됩니다. 그러므로 표를 이용하여 덜 중요한 사건이나 인물을 간명하게 해당 연도에 기록하게 되면 본기, 세가, 열전은 그것대로 통일성을 유지하면서 누락된 사건이나 인물도 충분히 처리할 수 있게 됩니다. 역으로 생각하여 이런저런 인물을 모두 세가나 열전에 기록하거나 심지어 새롭게 세가 및 열전을 설정한다면 『사기』 전체가 잡다해질 뿐만 아니라 편폭도 엄청 늘어나게 됩니다.

그러므로 『사기』에 대하여 평소 불만이 많았던 당나라 때의 학자 유지기(劉知幾)도 표에 대해서만은 그 일목요연한 기능과 효과에 찬사를 아끼지 않았습니다. 심지어 송나라 때의 정초(鄭樵)는 『통지』(通志) 「총서」(總序)에서 『사기』의 공헌은 10표에 있다고 단언하며 그 가치는 마치 복식으로 말하자면 면류관이고, 나무나 물로 말하면 근원(根源)이라고 극찬하기도 했습니다.

10표의 명칭을 순서대로 제시하면 다음과 같습니다

「삼대세표」(三代世表), 「십이제후연표」(十二諸侯年表), 「육국연표」(六國年表), 「진초지제월표」(秦楚之際月表), 「한흥이래제후왕연표」(漢興以來諸侯王年表), 「고조공신후자연표」(高祖功臣侯者年表), 「혜경간후자연표」(惠景間侯者年表), 「건원이래후자연표」(建元以來侯者年表), 「건원이래왕자후자연표」(建元以來王子

侯者年表), 「한흥이래장상명신연표」(漢興以來將相名臣年表).

시대순으로 작성된 것임을 첫눈에 알아볼 수 있습니다. 10 표 중에 「십이제후연표」, 「육국연표」, 「진초지제월표」, 「한흥이래제후왕연표」는 세로로는 연대순으로 배열하고 가로로는 제후국을 나열했으므로 제후국들의 흥망성쇠 및 변화 추세를 비교하여 조감할 수 있습니다. 「고조공신후자연표」, 「혜경간후자연표」, 「건원이래후자연표」는 세로로는 제후국을 나열하고 가로로는 연대순으로 배열했습니다. 그러므로 각 제후국의 개국과 멸망을 비교하여 조감할 수 있습니다. 「한흥이래장상명신연표」는 세로로는 연대순으로 배열하고 가로로는 인명을 배열하여 연도별 관직의 임명과 파면 및 좌천을 기록하였습니다. 그러므로 독자는 권불십년(權不十年)의 무상함을 느끼며 자연스럽게 권선징악까지도 생각하게 됩니다.

한편 오제(五帝)나 삼왕(三王)처럼 워낙 오래되어 연도 별로 표를 만들 수 없는 경우는 세대 별로 계보를 밝힐 수밖에 없으므로 「삼대세표」로 처리했습니다. 이에 반해 항우와 유방이 쟁패할 당시는 복잡다단한 사건이 짧은 기간에 긴박하게 전개되었으므로 「진초지제월표」처럼 다달이 표를 만들어 처리했습니다. 일률적으로 통일한 것이 아니라 상황에 맞게 조정한 것입니다.

10표는 모두 서문이 붙어 있는데 유독「한홍이래장상명신연표」만은 서문이 없습니다. 장안(張晏)이 지적한 바 사마천 이후 없어진 10편 중의 한 편이 바로 이 표입니다.

이어서 사마천은 8개 '서' (書)를 마련하여 국가의 중요한 제도를 테마별로 정리하였습니다. 경제 문제는「평준서」에서, 농업사회에 필요불가결한 치수 문제는「하거서」에서 다루었으며, 예약과 제전은「예서」,「악서」,「봉선서」 등으로 안배했습니다.『상서』의 형식을 빌린 것으로 짐작됩니다.

8편의 '서'는 제도사의 관점에서 봤을 때 극히 유용한 문헌이며 역사를 관통하지 않으면 작성할 수 없는 글이기도 합니다. 후세의 역사책마다 모두 이런 '서'가 있는 것은 아닙니다. 그러므로 훌륭한 '서'가 있다면 훌륭한 역사책이라 판단해도 크게 틀린 말은 아닙니다.

세가(世家)

이어서 사마천은 30편의 '세가' (世家)를 설정하여 제후국을 정리하였습니다. 춘추시대 12개 제후국을 비롯하여 전국시대 6개 제후국, 그리고 한나라로 들어오면서 각지에 임명된 제후 왕을 기록했던 것입니다.『춘추좌씨전』의 장점과『국어』,『전국책』의 장점을 취하고 12편의 '본기'를 지원하는 형식으로 꾸몄습니다.

그렇다면 '세가'는 무슨 뜻일까요? 세대 세(世), 집 가(家). 대대손손 이어지는 가문이란 뜻입니다. 그렇다면 그 가문이란 어떤 가문이며, 또한 그 가문 사람들이 무슨 일을 했기에 사마천이 '세가'에 기록했을까요? 사마천은 이렇게 설명했습니다.

> 28개 별자리가 북극성을 맴돌 듯, 30개 바퀴살이 바퀴 축으로 몰리듯, 쉴 새 없이 움직이는 그들은 황제를 보필하는 듬직한 신하들이다. 충성과 믿음으로 가야 할 길을 가면서 군주를 모시는 그들을 위하여 30세가를 짓는다.

북극성과 바퀴 축, 28개 별자리와 30개 바퀴살은 물론 비유입니다. 북극성과 바퀴 축은 '12 본기'에 등장했던 황제 혹은 패왕을 말하며, 28개 별자리와 30개 바퀴살은 그 황제나 패왕을 보필했던 제후 왕, 혹은 공신들을 가리키는 것입니다. 이들 제후 왕 및 공신들은 황제로부터 땅을 하사 받아 대를 이어가며 독립적으로 그 지역의 수장 노릇을 하였습니다. 그렇다면 이들은 과연 무슨 일을 했기에 그런 대우를 받았을까요? 충성과 믿음으로 황제나 패왕을 보좌한 것이 기본적인 이유였고, 또한 황제의 종친이나 외가 관계로 인해 그런 은혜를 입기도 하였습니다. 이런 맥락은 30세가를 살펴보면 확인할 수 있습니다.

「오태백세가」로부터 「전경중완세가」는 모두 진(秦) 제국 이전의 제후국들입니다. 건국에 이바지했거나 치국에 공헌한 종친 자제 및 공신들이 황제로부터 땅을 하사 받아 해당 지역에서 독립적으로 제후국을 건립하여 대대로 가문을 이어가며 통치했습니다. '봉건 제도'라고 할 때 '봉건'이란 용어의 원래 뜻을 그대로 보여줍니다. '봉' 읍지를 하사 받아 국가를 '건'립하였다 하여 봉건이지요.

서북방 진(秦)나라는 중국을 통일하고 봉건 제도를 중앙 집권식 군현제로 바꾸었습니다. 그러므로 진나라 시절에는 '세가'가 있을 수 없습니다. 진 제국이 붕괴되고 유방이 한 제국을 건립할 때 보좌했던 개국 공신들, 말하자면 소하, 장량, 주발 등도 각각 「소상국세가」, 「유후세가」, 「강후주발세가」 등으로 기록되었습니다. 한편 「초원왕세가」, 「형연세가」, 「오종세가」, 「양효왕세가」 등은 한 제국 황제들의 종실 자제이므로 세가에 기록된 것입니다.

세가의 인물들은 기본적으로 황제에 대한 충성과 믿음으로 왕실을 보좌하며 대대로 제후 왕을 했지만 불충하거나 반역을 일으킨 경우는 세대가 끊겼습니다. 따라서 한신, 경포, 팽월 등은 한 제국의 개국 공신이었지만 본인들이 반란을 일으켰다가 살해되었으므로 세가를 이룰 수 없는 것은 너무도 당연한 일입니다. 따라서 이들은 모두 '열전'으로 강등되었습니다.

그런데 세가 중에 「공자세가」, 「외척세가」, 「진섭세가」는 위 기준을 적용하기가 애매합니다. 그러나 곰곰이 생각해보면 사마천의 의도를 충분히 짐작할 수 있습니다. 공자는 『춘추』를 통하여 왕도 정치의 이론을 제시하였습니다. 이 이론은 후세 제왕들이 국가를 경영하는 데 도움이 되었으므로 공신이나 다름없습니다. 또한 정치인이나 학자들이 공자를 학술의 제왕으로 신봉하며 대대손손 그의 학술을 계승했습니다. 『사기』에 특별히 「중니제자열전」과 「유림열전」을 설정한 것도 이런 맥락입니다. 물론 사마천 이후 전개된 공자의 위상 변화를 감안해도 사마천의 선견지명은 매우 훌륭하다고 하겠습니다.

「외척세가」는 황제의 부인―황후를 기록하고 있습니다. 후세 역사서의 경우에는 '황후본기'나 '황후열전'으로 처리했는데 사마천은 왜 '세가'에 기록했을까요? 남자가 황제가 되기까지 부인은 얼마나 고생했겠습니까. 사업을 잘 하려면 내조 역시 중요하지 않습니까. 황제의 부인인 황후는 더 이상 올라갈 지위나 특권이 없으므로 그 내조의 공덕을 황후의 형제 자매들에게 베풀어 그들을 제후 왕에 봉했습니다. 따라서 「외척세가」는 표면적으로 황후를 기록하는 듯하지만 사실은 황후의 집안사람들이 제후에 임명된 기록입니다.

「진섭세가」의 진섭(陳涉)은 진나라에 반기를 들어 왕으로 자처한 지 불과 6개월 만에 죽었습니다. 그러나 진섭이 혁명군의 수령으로서 마치 제왕처럼 각지의 군웅들을 왕후장상에 임명했고, 그 왕후장상들이 마침내 진 제국을 무너뜨렸습니다. 사마천이 「태사공자서」에서 진섭의 존재가치를 일컬어 걸(桀)·주(紂)를 붕괴시킨 탕왕과 무왕에 비유했던 이유도 바로 이 때문이지요. 게다가 유방이 한나라를 건국한 뒤 진섭의 묘소 관리용으로 30가구를 봉해줘서 사마천 당시까지도 그 제사가 이어졌습니다. 이것을 일컬어 '혈식'(血食)했다고 합니다. 따라서 진섭을 항우처럼 '본기'에 넣을 수 없다면 '세가'에 안배하는 것이 무난한 것입니다.

30세가를 순서대로 나열하면 다음과 같습니다.

오태백, 제태공, 노주공, 연소공, 관채, 진기, 위강숙, 송미자, 진, 초, 월왕구천, 정, 조, 위, 한, 전경중완, 공자, 진섭, 외척, 초원왕, 형연, 제도혜왕, 소상국, 조상국, 유후, 진승상, 강후주발, 양효왕, 오종, 삼왕세가.

30세가 역시 시대순으로 배열되었음을 알 수 있습니다. 우선 주 왕조의 제후국으로서 「오태백세가」, 「제태공세가」,

「노주공세가」, 「연소공세가」, 「관채세가」, 「진기세가」, 「위강숙세가」, 「송미자세가」, 「진세가」, 「초세가」, 「월왕구천세가」, 「정세가」 등 모두 12편입니다. 그 다음으로 전국시대의 제후국인데 「조세가」, 「위세가」, 「한세가」, 「전경중완세가」 등 모두 4편입니다. 그 다음으로는 평민이면서도 세가에 들어간 「공자세가」와 「진섭세가」 2편이 이어지고, 곧바로 황제의 외갓집 출신들을 기록한 「외척세가」가 뒤를 잇습니다. 「초원왕세가」, 「형연세가」, 「제도혜왕세가」 등 3편은 한 왕조의 종실 자제들을 기록했으며 「소상국세가」, 「조상국세가」, 「유후세가」, 「진승상세가」, 「강후주발세가」 등 5편은 개국 공신들입니다. 끝으로 「양효왕세가」, 「오종세가」, 「삼왕세가」는 각각 한문제, 한경제, 한무제 시기에 제후 왕에 임명된 종실 자제들입니다. 요컨대 시대순으로 배열되었습니다.

진 제국 이전의 제후국은 지방자치처럼 독립적으로 운영되었으므로 기록 형태에 있어서 본기와 별 차이가 없습니다. 편년체 형식으로 대사를 기록하면서 기타 제후국의 중대사를 더불어 언급해 주었습니다. 그러나 「공자세가」, 「진섭세가」 및 「외척세가」 그리고 한나라 이후의 세가들은 진 제국 이전의 제후국들처럼 광대한 영토와 백성을 통치하지도 못했고, 역사 또한 짧기에 기록 형태는 오히려 열전에 가깝다고 하겠습니다.

열전(列傳)

이어서 사마천은 70편의 '열전'(列傳)을 설정하여 사마천 시대까지 제왕 이외의 각 분야에서 특출한 인재들을 망라했습니다. 전형적인 인물을 통하여 시대상을 보여주는 참신한 역사 기술 형태입니다. 이러한 역사 기술 형식을 일컬어 '기전체'(紀傳體)라 하는데 본기의 '기'와 열전의 '전'을 추출한 호칭입니다.

그렇다면 '열전'이란 무슨 뜻일까요? 열(列)은 열거하다, 전(傳)은 전하다. 그러므로 '열전'이란 '열거하여 전한다'라는 뜻입니다. 무엇을 열거하여 누구에게 전한다는 것일까요? 의로운 사람, 탁월한 사람, 기회를 포착하여 대성한 사람들의 행적을 열거하여 후세에 전한다는 뜻입니다.

시대상을 반영하거나 역사적 의미를 기준으로

백이, 숙제, 노중련, 굴원과 같은 인물은 의로운 사람에 속합니다. 관중, 범저, 여불위, 이사와 같은 인물은 기회를 포착하여 대성한 사람에 속합니다. 손자, 오자서, 소진, 장의, 인상여, 유경과 같은 인물은 물론 탁월한 인물에 속합니다. 그렇지만 잔혹한 혹리(酷吏)나 곡학아세의 공손홍, 그리고 호모에 가까운 영행 집단, 조폭에 가까운 유협(游俠) 집단, 코미디언에 가까운 골계(滑稽) 집단, 심지어 점쟁이 군상들은 과연 어디에 속할까요? 그러므로「열전」의 인물은 윤리 도덕적 판단으로 선정한 것이 아니라 그 시대상을 반영하거나 역사적 의미를 기준으로 기록했던 것입니다.

백이, 숙제를「열전」첫 편에 기록한 이유는 무엇일까요? 백이와 숙제를 기록했다기보다는 백이나 숙제와 같은 의인을 예로 들어 비록 세상을 의롭게 살아갔지만 세속의 몰이해로 매장된 인물들이 많은즉 그들을 발굴하여 후세에 전하겠다는 사마천의 의지를 담았기 때문입니다.「관안열전」을 둘째 편으로 장식한 이유는 친구 사이의 이해와 우정의 소중함을 드러내려 했기 때문입니다. 인격이나 도덕적으로 지탄 받아 마땅할 혹리 군상이나 아부꾼 공손홍, 그리고 영행 등을 기록한 이유도 특정 집단이나 개인이 해당 역사 및 사회에서 전형적인 인물이거나 무시할 수 없는 존재로 활동했기 때문이지요. 학술 사상가뿐만 아니라 천문가, 점술가, 의사 및 경제 인물까지 기록한 이유도 역사 및 사회적 의미를 발견했기 때문이며, 심지어 그 당시 주변 민족들의 역사를 기록한 이유도 시대상을 반영하거나 역사적 의미를 갖기 때문입니다. 요컨대 열전의 인물은 누구 하나라도 역사적, 사회적 의미를 갖지 않는 경우가 없습니다. 이 점을 파악해야 『사기』를 깊게 이해할 수 있습니다.

그렇다면 '열전'이 '본기' 나 '세가' 보다 훨씬 흥미로운 이유는 무엇일까요? 「열전」에 기록된 인물의 신분은 극히 다양합니다. 「본기」에 기록된 제왕, 「세가」에 기록된 후작들을 제외한 인물 중에 의롭거나 탁월하거나 대성한 사람들이 「열전」에 수록되었습니다. 다양한 계층의 다양한 인물들이 다양하게 활약했던 기록이므로 「본기」나 「세가」에 비하여 상대적으로 흥미진진한 것입니다. 일반인의 생각에 『사기』라고 하면 「열전」부터 떠올리는 이유도 바로 이 때문이며, 「열전」 위주로 편역한 『사기』 선집이 시중에 많이 나와 있는 이유도 역시 이런 까닭입니다.

「열전」 70편을 순서대로 나열하면 다음과 같습니다.

백이열전, 관안열전, 노자한비열전, 사마양저열전, 손자오기열전, 오자서열전, 중니제자열전 // 상군열전, 소진열전, 장의열전, 저리자감무열전, 양후열전, 백기왕전열전, 맹자순경열전, 맹상군열전, 평원군우경열전, 위공자열전, 춘신군열전, 범저채택열전, 악의열전, 염파인상여열전, 전단열전, 노중련추양열전, 굴원가생열전 // 여불위열전, 자객열전, 이사열전, 몽염열전 // 장이진여열전, 위표팽월열전, 경포열전, 회음후열전, 한신노관열전, 전담열전 // 번역등관열전, 장승상열전, 역생육가열전, 부근괴성열전, 유경숙손통열전, 계포난포열전 // 원앙조착열전, 장석지풍당열전, 만석장숙열전, 전숙열전, 편작창공열전, 오왕비

열전, 위기무안후열전 // 한장유열전, 이장군열전, 흉노열전, 위
장군표기열전, 평진후주보열전, 남월열전, 동월열전, 조선열전,
서남이열전, 사마상여열전, 회남형산열전, 순리열전, 급정열전,
유림열전, 혹리열전, 대원열전, 유협열전, 영행열전, 골계열전,
일자열전, 귀책열전, 화식열전 // 태사공자서.

열전 70편의 배열 원칙, 시대순 및 역사적 사회적 의미

위 배열을 유심히 보면 대략 연대를 기준으로 하되 인물의
성격이나 사회적 의미를 참고하여 배열했음을 알 수 있습니
다. 우선 연대 별로 7대 범주로 나누고 그 의미를 약술해보기
로 하지요. 마지막 편 「태사공자서」는 일종의 서문이자 일러
두기에 해당하므로 따로 설명하기로 합니다.

1. 백이열전, 관안열전, 노자한비열전, 사마양저열전, 손자오기열
   전, 오자서열전, 중니제자열전 (7편)

상고시대부터 춘추시대까지의 인물입니다. 「백이열전」을
첫머리로 장식한 것은 심오한 뜻이 담겨 있지요. 「열전」의 작
성 기준과 의미를 담았으므로 요즘으로 말하면 책 첫머리의
'일러두기' 라 봐도 무방합니다. 관중과 안영은 법가, 노자는
도가, 사마양저와 손자 그리고 오기는 병법가로서 춘추시대
의 탁월한 인물들입니다. 오자서는 춘추시대의 명재상이며,

중니(공자)의 제자들은 춘추시대의 유가 학파들이죠.

2. 상군열전, 소진열전, 장의열전, 저리자감무열전, 양후열전, 백기왕전열전, 맹자순경열전, 맹상군열전, 평원군우경열전, 위공자열전, 춘신군열전, 범저채택열전, 악의열전, 염파인상여열전, 전단열전, 노중련추양열전, 굴원가생열전 (17편)

전국시대 인물들입니다. 전국시대의 국제정세는 진(秦)나라가 주도했으므로 진나라 인물로부터 시작하고 있습니다. 상군(= 상앙)은 진나라가 강대국으로 발돋움하는 데 수훈을 세웠고, 소진은 합종 전략, 장의는 연횡 전략을 각각 구사했던 바 모두 진나라가 중심적인 위치에 있었습니다. 저리자, 감무, 양후, 백기, 왕전 등은 모두 진나라의 명재상이거나 맹장들로서 진시황제의 천하통일에 초석이 되었습니다. 나머지 인물들은 진나라를 제외한 함곡관 동편의 여섯 제후국 인물들입니다.

맹자와 순자(= 순경)는 전국시대 유가 학파의 계승자 겸 집대성자였으며, 맹상군, 평원군, 위공자(= 신릉군), 춘신군은 모두 진나라에 대항했던 각국의 귀공자들이었습니다. 범저와 채택은 객경(客卿)으로서 진나라 귀족 양후를 축출하고 대성했으므로 그 뒤에 수록했습니다. 악의는 연나라 명장이며, 염파와 인상여는 조나라 명장 및 명재상이었고, 전단은 제나라 명장으로 그 나라의 흥망성쇠에 결정적인 영향을 끼친 걸출한 인물이었습니다. 노중련과 굴원은 의로운 인물이었는데, 노중련열전과 굴원열전에 추양과 가생을 더불어 기록한 이유는 비슷한 계열의 인물이었기 때문입니다.

3. 여불위열전, 자객열전, 이사열전, 몽염열전 (4편)

진시황제의 천하통일이 임박했던 전국시대 말기 진나라의 격변과 관련된 인물을 기록하고 있습니다. 거상으로서 진시황제의 탄생에 결정적인 역할을 하였던 여불위, 진시황제를 암살하려 했던 형가의 행적, 진시황제의 천하통일과 통일 후 일련의 역사적 조치에 깊숙이 관여했던 이사, 진 제국의 건설 및 만리장성 축조와 관련된 몽염 등을 차례대로 기록하였습니다.

4. 장이진여열전, 위표팽월열전, 경포열전, 회음후열전, 한신노관열전, 전담열전 (6편)

진 제국이 무너지고 항우와 유방의 초한(楚漢) 쟁패가 시작되었습니다. 항우와 유방은 이미 「본기」에서 다루었으므로 이 시기에 활약했던 전국시대 각 제후국의 후예를 중심으로 기록한 것입니다. 장이와 진여는 전국시대 조나라, 위표는 전국시대 위나라, 한신은 전국시대 한나라, 노관은 전국시대 연나라, 전담은 전국시대 제나라의 후예들로 각기 연고지에서 활약하였습니다. 한편 팽월과 경포 그리고 회음후는 모두 유방을 도와 한 제국 건립에 공헌한 비유씨(非劉氏) 제후왕들이며 모두 반란죄로 처형되었습니다. 이상 6편의 열전은 초한쟁패의 혼란기에 활약했던 풍운아들입니다.

5. 번역등관열전, 장승상열전, 역생육가열전, 부근괴성열전, 유경숙손통열전, 계포난포열전 (6편)

한고조 유방이 한 제국을 건립할 때 음양으로 수훈을 세웠던 공신들이며 한고조에 이어 여태후 시절까지 충성을 다하여 한 제국의 유지 및 발전에 공헌한 인물들입니다.

6. 원앙조착열전, 장석지풍당열전, 만석장숙열전, 전숙열전, 편작창공열전, 오왕비열전, 위기무안후열전 (7편)

한 제국 효문제와 효경제 시절의 문신과 무장들을 다루었습니다.

7. 한장유열전, 이장군열전, 흉노열전, 위장군표기열전, 평진후주보열전, / 남월열전, 동월열전, 조선열전, 서남이열전, 사마상여열전, 회남형산열전, / 순리열전, 급정열전, 유림열전, 혹리열전, / 대원열전, 유협열전, 영행열전, 골계열전, 일자열전, 귀책열전, /

한무제 시절의 다양한 인물을 기록하였습니다. 위 22편을 인물의 성격이나 행적으로 다시 세분하면 대략 5개 범주로 나눌 수 있습니다. 한장유열전, 이장군열전, 흉노열전, 위장군표기열전, 평진후주보열전 등 5편은 북방 기마민족 흉노족과 밀접한 관계가 있습니다. 남월열전, 동월열전, 조선열전, 서남이열전, 사마상여열전, 회남형산열전 등 6편은 흉노를 제외한 주변 이민족과 밀접한 관계가 있습니다. 순리열전, 급정열전, 유림열전, 혹리열전 등 4편은 한무제 시기의 정치적 색채를 드러내는 인물을 다루고 있습니다. 대원열전, 유협열전, 영행열전, 골계열전, 일자열전, 귀책열전 등 6편은 당시의 사회적 분위기를 인물 중심으로 엮은 것입니다. 마지막 화식열전은 한무제 시기를 중점적으로 서술했지만 경제를 중심축으로 하여 사마천 시대까지의 중국경제 문제를 인물에 기대어 서술한 내용입니다.

8. 태사공자서 (1편)

「열전」의 마지막 편입니다. 표제 태사공 '자서(自序)'에서 보여주듯 『사기』 전체의 서문에 해당합니다. 『사기』의 창작 배경은 물론이고 『사기』 130편의 내용을 순서대로 간명하게 요약해 주었습니다. 사마천 자신의 전기(傳記)로 간주해도 좋을 만큼 사마씨 일가의 역사를 소개했으므로 열전의 한 편으로 봐도 무방하겠습니다. 사실상 사마천은 『사기』를 통하여 자신과 사마씨 일가의 이름을 후세에 전하려고 하였습니다.

열전의 표제 기준

「열전」의 표제는 일정한 기준을 적용했다고 말하기는 어렵습니다. 장승상열전, 이장군열전, 위장군표기열전 등은 관직으로 표기했지만 양후열전, 회음후열전, 위기무안후열전 등은 작위로 표기했지요. 그런데 상군열전은 봉읍지로 표기한 예입니다. 경포열전이나 만석군열전 등은 그 당시 사람들이 일반적으로 불렀던 호칭을 채용한 예입니다. 한편 오자서열전, 소진열전, 장의열전, 악의열전, 여불위열전 등은 성명을 그대로 사용하였습니다. 그런데 관안열전은 성씨만으로 표기한 예입니다. 물론 시호로 표기한 예도 있는데 맹상군열전, 평원군열전, 춘신군열전이 그러합니다. 한편 생(生)이나 자(子)는 '선생님'의 뜻으로서 노자열전, 맹자열전, 손자열전, 가생열전 등에 적용했습니다.

이렇게 본다면 열전의 표제로부터 뚜렷한 기준을 발견하기가 어렵습니다. 그러나 관직, 작위, 봉읍지, 시호 등으로 명명한 것은 일종의 예우며, 생(生)이나 자(子)로 불러주는 것도 일종의 존칭이라 하겠습니다. 그 당시 사람들이 그렇게 불렀기 때문에 사마천은 그대로 채용했을 것입니다. 경포나 만석군과 같은 표제는 당연히 그 당시 사람들이 불렀던 호칭입니다. 단지 성명을 직접 사용한 경우, 예를 들어 오자서, 소진, 장의, 악의, 여불위 등은 그 당시 사람들이 별로 존경하지 않았던 인물이었을까요? 만일 이런 가설이 성립된다면, 열전의 표제는 사마천 당시 사람들이 흔히 부르는 호칭을 대체적으로 따른 것이 아닐까 싶습니다.

열전의 종류 : 전전, 합전, 유전, 부전

한편 열전의 종류를 분류해보면, 오로지 한 명의 인물만을 다룬 편도 있고, 여러 명을 한 편으로 처리한 것도 있고, 비슷한 직업 혹은 유형의 인물을 합쳐서 한 편으로 처리한 것도 있으며, 심지어 중요 인물을 기록하고 그와 관련된 인물을 간략하게 덧붙여주는 경우도 있습니다. 사마천 본인이 이렇게 다양한 열전의 형식에 특별히 부여한 명칭은 없지만 후세 사람들은 설명하기 편하게 순서대로 전전(專傳), 합전(合傳), 유전(類傳), 부전(附傳)이라 부릅니다.

전전(專傳) : 전적으로 한 명만을 기록

'전전'이란 오로지 한 명만을 전적으로 기록한 것입니다.

오자서열전, 상군열전, 소진열전, 위공자열전, 전단열전, 여불위열전, 회음후열전, 한장유열전, 사마상여열전 등이 그러하지요.

합전(合傳) : 둘 이상을 대등하게 기록

'합전'이란 두 사람 이상을 대등하게 기록한 것입니다. 관안열전, 노자한비열전, 손자오기열전, 중니제자열전, 저리자감무열전, 백기왕전열전, 맹자순경열전, 평원군우경열전, 범저채택열전, 염파인상여열전, 노중련추양열전, 굴원가생열전, 장이진여열전, 위표팽월열전, 한신노관열전, 번역육가열전, 부근괴성열전, 유경숙손통열전, 계포난포열전, 원앙조착열전, 장석지풍당열전, 만석군장숙열전, 편작창공열전, 위기무안후열전, 위장군표기열전, 평진후주보열전, 회남형산열전, 급정열전 등이 그러하죠.

표제부터 두 명 이상의 인물 성씨 혹은 성명을 나열했기 때문에 첫눈에 '합전'임을 파악할 수 있습니다. 이런 '합전' 속에는 아래 설명할 '부전'이 첨가되기도 합니다. 왜 '합전'으로 처리했을까요? 대략 다음 4가지 이유로 요약할 수 있습니다.

합전의 4가지 이유

첫째, 학술적으로 연관된 인물. 노자한비열전, 손자오기열전, 중니제자열전, 맹자순경열전, 편작창공열전 등이 그러합니다. 한비자는 법가이나 그 원류는 도가의 노자입니다. 손무, 손빈, 오기는 모두 병법가입니다. 공자의 제자들은 당연히 공자를 원조로 삼았습니다. 맹자와 순자는 전국시대 유가학파의 거벽입니다. 편작과 창공은 명의들입니다. 이들의 학문은 서로 깊은 연관성이 있으므로 합쳐서 서술한 것이죠. 비슷하거나 관련된 학술 인물을 합쳐서 서술하면 어떤 효과가 있을까요? 「노자한비열전」처럼 원류로부터 영향까지 그 맥락을 살필 수도 있고, 「중니제자열전」처럼 해당 학파 제자들의 활약상을 통하여 유가사상이 중국의 정치 및 사회에서 주도적인 이데올로기가 되었던 이유도 이해할 수 있습니다.

둘째, 업적이 비슷한 인물. 관안열전, 백기왕전열전, 번역등관열전, 역생육가열전, 유경숙손통열전, 장석지풍당열전, 위장군표기열전 등이 그러합니다. 관중과 안영은 제나라 명신들로 군주를 보좌하여 큰 업적을 이루었습니다. 백기, 왕전은 진나라 명장들로 진시황제의 천하 통일에 디딤돌이 되었습니다. 번쾌, 역상, 하후영, 관영 등은 전투로 유방을 보좌하여 한 제국 건립에 공헌하였습니다. 역이기, 육가는 변사로서 정적을 설복하거나 정책을 제시하여 한 제국의 건립 및 안정에 공헌하였습니다. 유경은 관중 땅에 도읍지를 정하는 문제 및 흉노와의 선린 정책을 건의하였고, 숙손통은 조정과 종묘의 예법을 마련한 점에서 모두 한 제국의 안정에 공헌하였습니다. 장석지와 풍당은 한문제에게 직언하며 공정한 법 집행과 사심 없는 행정으로 청명한 정치를 일구었고, 위청과 곽거병은 한무제의 친척으로 흉노와의 전투에서 수훈을 세웠습니다.

이렇듯 업적이 비슷한 인물을 합쳐서 기록하였습니다. 이렇게 처리하면 어떤 효과가 있을까요? 업적이 비슷하므로 중복된 사건은 간명하게 처리하면서 편폭까지도 줄일 수 있게 됩니다. 또한 해당 시기에 어떤 인재와 어떤 정책이 주효했는지 파악할 수 있습니다.

셋째, 삶이 비슷한 인물. 범저채택열전, 염파인상여열전, 위표팽월열전, 한신노관열전, 회남형산열전, 장이진여열전, 원앙조착열전, 위기무안후열전, 평진후주보열전 등이 그러합니다. 범저와 채택은 모두 변사로서 진나라에서 대성했다가 적절한 시기에 자리를 양보하고 산뜻하게 물러났습니다. 염파와 인상여는 서로 양보하고 협력하며 조나라를 강성하게 만들었습니다. 위표와 팽월은 초한상쟁 시절에 전국시대 위(魏)나라 지역을 근거지로 항우와 대항하여 한 제국의 건립에 간접적으로 공헌했습니다. 한왕 신과 노관은 흉노에 투항했고, 그 자손들은 다시 한 제국에 귀의하였습니다. 회남

여왕 유장 및 회남왕 유안, 그리고 형산왕 유사는 모두 한고
조 유방의 종친으로서 반란을 일으켰다가 실패하였습니다.
장이와 진여는 전국시대 위(魏) 지역의 명사들인데 문경지교
에서 철천지원수가 되었습니다. 원앙과 조착은 질투와 알력
으로, 위기후 두영과 무안후 전분은 외가 신분으로 암투를 벌
이다 자멸하였습니다. 공손홍과 주보언은 주변 이민족을 처
리하는 과정에서 의견의 합치와 불일치로 암투를 벌이다 공
멸하였습니다. 이들의 삶은 상호 긴밀하게 연관되었거나 업
무 스타일이 비슷하다는 공통점이 있죠.

삶이 비슷한 인물을 합전으로 처리하면 어떤 효과가 있을
까요? 기전체란 인물 위주의 서술입니다. 그런데 사건을 서
술할 때는 어쩔 수 없이 관련된 인물을 언급하게 됩니다. 중
요한 인물일수록 같은 사건을 동일하게 되풀이해야 하고 그
렇게 되면 중복 서술은 불가피해집니다. 이런 경우 삶이 비
슷한 인물을 합전으로 처리하면 관련된 사건이나 유사한 사
건의 경우 일괄 서술할 수 있으므로 사건의 전후맥락을 분명
하게 전개시킬 수 있을 뿐 아니라 편폭 또한 크게 절약할 수
있습니다.

넷째, 성품이나 인생관이 비슷한 인물. 계포난포열전, 만
석군장숙열전, 급정열전, 노중련추양열전, 굴원가생열전 등
이 그러합니다. 계포와 난포는 모두 협객으로 한때 노예로

전락했으며 의리와 신의로 명성을 날렸습니다. 만석군 집안과 장숙은 모두 신중한 성격과 돈후한 인품으로 그 당시 군자로 이름을 날렸습니다. 급암과 정당시는 인품을 도야하며 청렴한 정치에 힘써 세인의 존경을 받았습니다. 노중련과 추양은 평민으로서 세도가에게 당당하게 하고 싶은 말을 다하였습니다. 굴원과 가의는 능력과 인품을 고루 갖추었지만 포부를 펼치지 못하고 울적하게 생을 마감했으며 두 사람 모두 사부(辭賦)의 대가였습니다.

성품이나 인생관이 비슷한 인물을 합전으로 처리하면 어떤 효과가 있을까요? 해당 시기에 어떤 인재가 어느 분야에서 어떤 역할을 했는지 파악할 수 있습니다. 복잡다단한 인물 군상이 간명하게 정리되므로 당연히 편폭도 깔끔하게 줄어듭니다.

이상으로 보건대, 두 사람 이상을 묶어 한 편으로 처리했던 기준은 학술적인 관계, 비슷한 업적, 비슷한 삶, 비슷한 성품이나 인생관에 있었습니다. 그러므로 관안열전, 노자한비열전, 손자오기열전, 백기왕전열전, 노중련추양열전, 굴원가생열전, 편작창공열전 등에서 보다시피 수십 수백 년 떨어진 인물을 한 편으로 처리하기도 합니다. 여러 명을 한 편으로 처리하면서도 어떻게 흔적 없이 통합시켰는가 하는 문제는 역사를 보는 안목과 문학적 수양이 관건인데 이런 문제에 있어서 사마천의 혜안과 박력이 돋보입니다.

부전(附傳) : 덜 중요한 관련 인물을 덧붙여 첨부

'부전'이란 중심인물 밑에 덜 중요한 인물을 첨부하여 서술하는 형식입니다. 따라서 등장인물들이 동등한 가치를 갖는 '합전'과는 구별됩니다. 역사에는 중요한 인물과 사건 이외에도 덜 중요한 인물이나 덜 중요한 사건이 있게 마련이죠. 덜 중요한 인물이나 사건을 동일한 비중으로 모두 살리려다 보면 기전체와 같은 인물 위주의 역사 기술에서는 편폭이 폭증하여 전체적으로 잡다해질 수밖에 없습니다. 따라서 중요 인물의 행적을 집중적으로 기록하면서 그와 관련된 인물을 가볍게 언급해주면 편폭이 간결해지는 것은 물론이고 덜 중요한 인물이나 사건도 경제적으로 안배할 수 있게 됩니다. '부전'은 기전체 형식에서 이렇듯 무척 경제적인 서술법이므로 비단 열전에만 국한되지 않고 본기, 세가, 서, 표에서도 적절하게 적용되고 있습니다.

관안열전은 관중과 안영을 중심인물로 서술하면서 자연스럽게 포숙아와 월석보도 첨부하여 기술하였습니다. 포숙아와 월석보는 관안열전에 첨부되면서 그 인물과 행적이 후세에 전해진 셈입니다. 오자서열전의 신포서와 백공, 상군열전의 공숙좌와 조량, 맹상군열전의 풍환, 평원군우경열전의 모수와 이동, 위공자열전의 후영과 주해 그리고 모공과 설공, 춘신군열전의 이원과 주영, 범저채택열전의 수가와 위제, 염파인상여열전의 조사와 조괄 그리고 이목, 전단열전의 태사 교녀와 왕촉, 여불위열전의 노애, 이사열전의 조고, 장이진여열전의 관고와 조우, 회음후열전의 괴통, 역생육가열전의 주건, 원앙조착열전의 등공, 평진후주보열전의 서락과 엄안 등등이 모두 관안열전과 마찬가지로 관련된 인물을 덧붙여 서술해준 경우입니다.

'부전'에서 첨부하는 인물은 그저 관련된 인물만 있는 것은 아닙니다. 중요 인물과 비슷한 유형의 인물도 덧붙여 언급하는 경우가 있는데 「유협열전」이 대표적입니다. 「유협열전」은 주가와 곽해를 집중적으로 서술하고 있습니다. 그런데 그 당시 협객으로 활동하던 인물은 물론 주가와 곽해 이외에도 여럿 있었습니다만 모두 주가와 곽해의 의협심 및 명성에 못 미쳤으므로 다음과 같이 성명을 언급해주는 방식으로 첨부되었습니다. "관중 장안의 번중자, 괴리의 조왕손, 장릉의 고공자, 서하의 곽공중, 태원의 노공유, 임회의 예장경, 동양의 전군유, 이들은 종종 초법적으로 활동하기도 했지만 그러나 항상 근신하고 겸손하여 군자의 풍모를 유지하였다." 이처럼 유사한 인물을 성명만 언급해준 것입니다.

한편 「장승상열전」은 장창, 주창, 임오, 신도가 등 네 명의

'합전' 인데, 마지막에 도청, 유사, 허창, 설택, 장청적, 조주 등 한무제 당시의 승상 성명을 언급하는 형식으로 첨부해 주었습니다. 이런 예는 위장군표기열전, 맹자순경열전, 혹리열전 및 화식열전 등에서도 볼 수 있습니다.

또한 자손이나 친척을 더불어 언급해주는 경우가 있는데 「급정열전」이 대표적입니다. 「급정열전」에는 급암의 동생 급안 및 급암의 아들 급언뿐 아니라 급암의 조카 사마안까지도 첨부하여 서술해 주었습니다. 「유림열전」의 경우에도 신공(申公)을 중요 인물로 기술해놓고 그의 제자들, 말하자면 공안국, 주패, 하관, 탕노사 등을 간략하게 언급하였습니다. 「악의열전」에서도 악의를 중요 인물로 서술하고 그의 손자 악서와 함께 악씨의 후손인 악하공, 악거공의 행적과 학문을 간략하게 첨부하였습니다.

이처럼 '부전' 이란 중요 인물을 기록하면서 자연스럽게 관련 인물이나 비슷한 유형의 인물 그리고 자손이나 친척을 거론하는 방식입니다. 중요 인물에 첨 '부' 되어 후세에 '전' 해지기 때문에 '부전' 이라 부릅니다. 기전체를 효율적으로 활용하여 중요 인물뿐 아니라 덜 중요한 인물도 기록하는 방식이죠.

유전(類傳) : 비슷한 직업이나 유형의 인물을 통합하여 기록

　'유전'이란 비슷한 직업이나 유형의 인물을 모아 기록한 열전입니다. '유전'의 유(類)는 종류의 뜻으로 유유상종(類類相從)이란 성어를 떠올리면 쉽게 이해될 것입니다. 자객열전, 순리열전, 유림열전, 혹리열전, 유협열전, 영행열전, 골계열전, 일자열전, 귀책열전, 화식열전 등 10편이 이에 해당됩니다. '유전'의 명칭만 봐도 특수한 계층이나 집단이 역사와 사회에 간과할 수 없는 존재로서 활동했음을 알 수 있습니다. '유전'의 설정은 전체 역사를 거시적으로 조감하고 섬세하게 분류하여 간명하게 통합해야 된다는 점에서 사마천의 예리한 감각을 느낄 수 있는 포인트입니다.

　뚜렷한 목표와 의리로 자기를 알아주는 사람을 위해 아낌없이 목숨을 바쳤던 자객 군상, 곤경에 처한 사람을 자기 일처럼 기꺼이 도와주면서도 오른손이 한 일을 왼손이 모르게끔 겸손하게 행동했으며 신의를 생명처럼 여겼던 유협 군상, 준법정신에 투철하면서도 기본 출발점은 백성을 사랑하는 데 있었으며 항상 솔선수범했던 순리 군상, 엄형준법으로 참혹하게 다스리며 황제의 주구(走狗)를 자청했지만 종종 권문세가마저도 가차없이 처단하여 법의 존엄성을 유지하려 했던 혹리 군상. 그런데 순리 5인은 모두 진 제국 이전 인물이고, 혹리 10인은 모두 한 제국 치하의 인물입니다. 사마천은 이런 안배를 통하여 교묘하게 시대상을 고발하기도 했던 것입니다.

한편 유림열전은 유가 경전의 전래 과정과 관련 인물 군상을 서술했고, 영행열전은 군주의 기호를 만족시키며 최측근으로서 총애를 한 몸에 받았던 호모 스타일의 인물 군상을 서술했습니다. 또한 골계열전은 코미디언으로서 재담을 통하여 매끈하게 정치적 난제를 해결했던 인물 군상을 서술하였고, 화식열전은 재계 인물을 서술하면서 그와 동시에 지리, 풍속, 물산 등을 더불어 설명하고 인간의 이기적인 본질까지도 냉정하게 분석해 주었습니다. 현재 우리가 보는 일자열전과 귀책열전은 사마천 원저가 아니므로 설명을 보류하도록 합니다.

'유전'은 그저 비슷한 유형의 인물만을 모아서 기록한 것이 아닙니다. 그러한 인물 집단이 역사와 사회에 하나의 계층을 이루고 있었다는 점을 보여주며 또한 정치와 관련되지 않은 집단은 하나도 없습니다.

이렇게 하여 『사기』는 그 이전의 모든 역사책의 형식을 종합하고 변용하여 본기, 표, 서, 세가, 열전의 5개 틀로 만들고 그와 동시에 상호 유기적으로 연계되게 구성하였던 것입니다.

＇역사가의 절창,
산문체 이소(史家之絶唱, 無韻之離騷)＇

『사기』는 그저 인물을 기록한 데 그쳤는가?

문학이 현실을 반영한다는 이야기는 많이 들어봤을 것입
니다. 그런데 루카치 사실주의 이론에서 말하는 현실의 반영
은 이렇습니다. "전형(典型)을 통하여 정체성(整體性 :
totality)을 드러낸다." 전형이란 용어는 흔히 하는 말이라 이
해하기 쉽지만 정체성이란 용어는 설명이 필요할 듯합니다.
정체성(整體性)은 전면성(全面性)이 아니므로 혼동해서는 안
됩니다. 문학이 사회의 정체성을 반영해야 한다는 것은 문학
이 사회의 구석구석을 샅샅이 묘사해야만 된다는 뜻이 아닙
니다. 정체성이란 하나도 빠짐없이 모조리 집어넣는 전면성
이 아닙니다. 천변만화하는 사회의 각종 현상을 관찰하여 그

러한 현상을 모두 하나의 거대한 거울로 비추어내는 것이 전
면성인데 이것은 사실주의가 아닙니다. 위대한 사실주의 작
가는 사회의 표면적 현상을 통해 배후에 숨겨진 본질을 장악
합니다. 이 본질을 묘사해내면 정체성이 드러나는 것이지요.

사마천은 전형적 인물(典型的人物 : typical character)을
만들어내는 데 천재적이며, 또한 그러한 전형적 인물을 통하
여 사회의 정체성(整體性 : totality)을 효과적으로 드러내고
있습니다. 말하자면 생동적인 인물 묘사나 사건 묘사만을 가
지고 『사기』의 문학성을 논하는 것은 부족하다는 뜻입니다.
루카치 사실주의 이론의 핵심은 전형적인 인물을 통해 사회
의 전체 모습을 드러내는 것인데, 우리는 일단 「유경숙손통열
전」의 숙손통(叔孫通)을 예로 들어 살펴보도록 하겠습니다.

숙손통은 어떤 인물입니까? 사마천은 「유경숙손통열전」에
서 이렇게 기록했습니다.

숙손통은 진 제국 치하에서 학술로 발탁되어 국정자문을 맡았
다. 진승, 오광 등이 함곡관 동편에서 반란을 일으키자 긴급 보
고가 들어왔다. 2세 황제 호해는 국정 자문위원 및 유생들에게
물었다. "초나라 지역의 병졸들이 반란을 일으켰다는데 선생들
은 어떻게 생각하시오?" 30여 명의 자문위원들이 아뢰었다. "신
하로서 감히 반란을 꿈꾸다니 폐하께서는 당장 군대를 보내어

진압하셔야 합니다." 2세 황제는 불쾌하여 안색이 바뀌었다. 이때 숙손통이 아뢰었다. "저분들 말씀은 모두 틀린 줄 아뢰오. 천하는 통일되어 훌륭한 군주가 위에 계시며 아래 관리들은 직무에 충실한데 어느 누가 감히 반란을 일으킨단 말입니까. 그저 좀도둑 몇 놈이 소란을 피우는 것인즉 괘념하실 필요가 없사옵니다. 지방 관리들이 체포하여 심문하고 있으니 안심하옵소서." 2세 황제는 유쾌하게 대꾸했다. "그러면 그렇지." 2세 황제는 유생들에게 일일이 물어봤다. 반란이라고 대답한 유생들은 허튼 소리를 한다며 구속시켰고, 떼도둑이라고 대답한 유생들은 파면시켰다. 그런데 유독 숙손통에게만 비단 20필과 옷 한 벌을 하사하고 고문으로 위촉하였다. 숙손통이 궁문을 나서자 유생들이 힐난했다. "도대체 무슨 아부를 그렇게 하시오?" 숙손통이 대답했다. "속을 모르시네. 호랑이 굴에서 간신히 빠져 나왔다오!" 말을 마치자 숙손통은 걸음아 나살려라 도주하여 고향 땅 설읍으로 향하였다.

설읍은 이미 진승의 반란군에게 함락되었다. 숙손통은 항량의 군대를 따라 설읍으로 들어갔으나 항량이 정도(定陶) 전투에서 전사하자 의제(義帝)에게 투신했다. 항우가 대권을 잡아 서초패왕에 등극하자 의제를 떠나 항우를 모셨다. 한왕(漢王) 유방이 다섯 제후 왕과 협력하여 항우의 도읍지 팽성(彭城)을 함락시키자 숙손통은 유방에게 투항하였다. 숙손통이 유생의 복장을 입자 유방이 싫어했다. 숙손통은 즉시 초나라 스타일의 짧은 옷으로 갈아입었다.

숙손통이 유방 진영에 투항할 때 제자 유생 일백여 명이 함께 따라왔다. 그런데 숙손통은 조폭 같은 놈이나 힘이 센 녀석만 유방에게 계속 추천하는 것이었다. 제자들은 뒤에서 욕을 했다. "선생님을 믿고 따르길 몇 년, 다행스럽게도 황제 가능성이 가장 높은 한왕에게 투신하게 되었다. 그런데 우리 선생님이란 작자는 우리를 추천하지 않고 순전히 도둑놈 같은 녀석만 추천하는데 도대체 그 이유가 뭐야?' 수군거리는 소리가 귀에 들어오자 숙손통이 달랬다. "지금 한왕은 창칼과 화살을 무릅쓰고 대권을 다투는데 그대들이 나가서 전투를 할 수 있겠소? 그래서 우선 전투할 놈들을 추천하는 것이라오. 그대들은 조금만 기다려 주시구랴. 내가 잊지 않고 있으니까."

유방이 천하를 통일하고 천자에 등극했다. 한고조 유방은 가혹한 진 제국의 법률을 모두 삭제하여 간명하게 만들었다. 그런데 휘하 장수들은 잔치가 열릴 때마다 대취하여 자기 공로가 크다며 서로 싸움을 하는데 말을 함부로 하거나 심지어 칼을 빼들고 기둥을 후려치기도 하였다. 이를 지켜보던 황제 유방은 도저히 교통정리를 할 수 없었다. 숙손통은 유방의 심리를 파악하고 아뢰었다. "유생들이란 함께 창업하기는 힘들어도 더불어 유지하는 일은 너끈하게 합니다. 노나라 유생들과 함께 조정 의례를 제작하고 싶습니다." 유방이 물었다. "너무 어렵지 않겠나?" 숙손 통이 아뢰었다. "예법이란 시대와 분위기에 맞춰 적절하게 조정 하는 것입니다. 고전 예법과 진 제국의 예법을 섞어서 적당히 만 들어보겠나이다." 유방이 당부했다. "시험 삼아 해보게. 그런데 아무튼 쉽게 하게. 내가 할 수 있겠나 항상 염두에 두면서."

그리하여 숙손통은 유생 삼십여 명을 초빙하기 위하여 산동성 노나라 지역으로 떠났다. 그런데 노나라 유생 중에 두 명은 숙손 통의 초빙을 끝내 거절하며 핀잔을 놓았다. "선생께서는 간에 붙었다 쓸개에 붙었다 하며 지금까지 열 명째 군주를 섬기는데 그때마다 면전에서 아부하여 부귀영화를 누렸소. 지금 천하는 막 통일되어 죽은 자는 안장을 기다리고 다친 자는 치료가 필요 한 마당에 예악(禮樂)을 제정하겠다는 것이오? 예악이란 최소한 일백 년은 덕정을 펼친 후에나 제정할 수 있는 것이외다. 우리는 선생께서 하는 일을 차마 못하겠어요. 선생의 행동은 옛 성인의 가르침에 어긋납니다. 우리는 응하지 않겠소이다. 선생께서는 꺼지시오. 우리를 욕되게 하지 말란 말이오!" 숙손통은 비웃었 다. "당신들은 정말 보수꼴통이로군. 시대적 변화를 몰라요."

숙손통은 노나라 유생 삼십여 명을 대동하고 장안으로 돌아왔 다. 이어서 황제 측근 중에 유식한 신하 및 자신의 제자들까지 모두 합쳐 일백여 명의 단원을 조직하였다. 곧이어 야외에서 합 숙을 하며 조정의 예법을 제정하고 실습시켰다. 허수아비로 문무백관을 만들어 귀천에 따라 안치하고 노끈으로 열을 맞추어 반복하여 리허설을 하였다. 한 달 남짓 연습한 뒤 속손통은 유방에게 아뢰었다. "시험해 보십시오." 유방은 예식을 관람하고는 말했다. "이 정도면 내가 할 수 있지." 유방은 문무백관에게 명하여 조정의 예법을 연습토록 하고 음력 10월에 조회(朝會)를 거행하겠노라 선포했다.

기원전 200년 10월, 장락궁이 재단장되었고 그곳에서 한 제국의 초대 황제 유방은 각지 제후와 문무백관의 알현을 받았다. 새로 제정된 조정 의례는 다음과 같은 순서로 진행되었다.

동녘이 트기 직전 비서실장은 예식의 시작을 선포하였다. 조회 참석자 전원은 대기하고 있다가 직급에 따라 순서대로 대궐문을 통과하였다. 궁궐 뜰에는 전차가 늘어서고 기병, 보병 및 시위 군관들이 완전무장한 채 도열했으며 그 주위에는 군기가 나부끼고 있었다. 의전실장이 호령했다. "잰걸음으로!" 섬돌 아래 대기하고 있던 비서관들이 돌계단 양쪽으로 나란히 도열했으며 섬돌 위로도 수백 명이 엄숙한 표정으로 늘어섰다. 공신, 제후 및 장군 그리고 군관들이 순서대로 입장하여 서편에 도열한 뒤 동쪽을 바라보고, 승상 이하 문관들도 순서대로 입장하여 동편에 도열한 뒤 서쪽을 바라보았다. 의전실장은 의전실 소속 아홉 명의 관리를 차례대로 거치며 알현 의식이 시작됨을 선포하였다. 그제서야 황제의 전용 마차가 조정에 모습을 드러냈다. 의

전실 관리들은 정중하게 깃발을 들었다 내리며 일거수일투족을 지시했다. 제후 왕 이하 말단 6백 석 관리까지 의전실 관리의 안내를 받으며 황제를 알현하였다. 제후 왕 이하 문무백관들은 분위기에 압도되어 바들바들 떨었다.

알현의 의식이 끝나자 황제가 베푸는 정식 연회가 열렸다. 조정에 모인 문무백관들은 모두 무릎을 꿇고 머리를 조아리고 있다가 관직의 순서대로 일어나 황제에게 술을 올리며 만수무강을 축원하였다. 술잔이 아홉 번 돌아가자 비서실장이 선언했다. "이상으로 연회를 종료한다!" 알현과 연회의 의식이 진행되는 동안 예법에 조금이라도 어긋나는 관리는 어사가 그 자리에서 검거하여 밖으로 끌고 나갔다. 그리하여 모든 의식이 끝날 때까지 어느 누구도 감히 떠들거나 실례하는 자가 없었다.

황제 유방이 입을 열었다. "오늘 비로소 황제가 이렇게 좋은 줄 알았네." 유방은 숙손통을 태상(太常)에 임명하고 황금 오백 근을 하사하였다. 태상은 종묘 제례를 책임지는 관리였다. 숙손통은 이때다 싶어 아뢰었다. "제자 유생들이 오랫동안 소인을 따라다녔지요. 이번 의식도 함께 준비했사오니 폐하께서 관직을 내려 주시옵소서." 유방은 모두 황제 비서관에 임명했다. 숙손통은 물러나와 황금 오백 근을 제자들에게 두루 나누어 주었다. 제자들이 환호했다. "숙손 선생님은 진짜 성인이시다. 시대적 요청을 알고 계시잖아!"

숙손통이 어떤 인물인지 이제 감을 잡으셨나요? 타협적인 성격의 전형적인 인물이 아니겠습니까. 진 제국 말기, 한 제국 초기의 무질서 상황에서 학술적인 인물과 사회 현실의 관계가 얼마나 불편하고 난처했는지 사마천은 숙손통이라는 전형적 인물을 통하여 리얼하게 드러내고 있지 않습니까. 이 것이 바로 당시 사회의 정체적인 상황이었던 것입니다. 여기서 한 걸음 더 나아가면, 학술적인 인물과 현실 정치 사이에는 타협하지 않고서는 도저히 융합될 수 없는 근본적인 모순이 존재한다는 사실을 느낄 수 있지 않습니까. 이 점은 본질이므로 시대를 초월하여 적용될 수 있는 것입니다. 『사기』의 이야기가 흥미진진한 이유는 사마천의 글발이나 말발이 훌륭한 탓도 물론 있겠지만 그보다는 오히려 이렇게 전형적인 인물을 통하여 사회와 역사의 본질을 드러내기 때문에 독자는 시공을 초월하여 감동하는 것입니다.

전형적 인물을 통하여 정체성을 파악하려면 본질을 통찰하는 식견이 없고서는 불가능합니다. 그런데 사마천은 이런 식견을 구비했습니다. 더욱이 루카치의 이론이란 본디 허구(虛構)가 가능한, 그러므로 얼마든지 합리적으로 꾸밀 여지가 있는 소설을 대상으로 했던 점에 비하여, 『사기』는 실존 인물과 실제 사건이라는 지극히 제한된 조건 하에서 이런 성취를 이루었다는 점이 정말 경이롭습니다. 그러므로 사마천

은 비단 훌륭한 역사가에 그치는 것이 아니라 문학적으로 봐
도 위대한 사실주의 작가라고 감히 말할 수 있는 것이지요.

군이 루카치의 이론을 끌어들일 필요도 없긴 합니다. 일찍
이 20세기 초엽 양계초(梁啓超)는 '전형'이라든가 '정체성'
과 같은 서양의 문학이론 용어를 동원하지는 않았지만 『사
기』열전의 특징을 거론하며 아래와 같이 설파하였습니다.

> 후세 역사책의 열전은 대부분 역사 사실로써 인물을 전하지만,
> 『사기』의 열전은 인물을 통해 역사 사실을 밝힌다. 따라서 사회
> 와 별 관계가 없는 인물이 끼어드는 예는 드물다.

불과 몇 마디 되지 않지만 앞서 언급한 '전형'과 '정체성'
의 핵심을 건드린 발언입니다. 그 뒤 양계초는 자신의 주장
을 더욱 발전시켜 다음과 같이 주장하게 됩니다.

> 『사기』 열전에 등장하는 모든 인물은 어느 한 방면의 중요한 대
> 표적 인물이다. 「공자세가」, 「맹자순경열전」, 「중니제자열전」
> 은 학술사상계의 가장 중요한 인물들이다. 「소진열전」, 「장의열
> 전」은 전국시대를 개막한 유세객들을 대표하며, 「전단열전」,
> 「악의열전」은 명장을 대표하고, 「평원군열전」, 「맹상군열전」,
> 「위공자열전」, 「춘신군열전」은 신귀족 세력을 대표하고, 「화식

열전」은 당시의 경제적 변화를 대표하고, 「유협열전」과 「자객열전」은 당시 사회의 특수한 풍속을 대표하고 있다…… 편편마다 깊은 뜻이 있는데, 대부분 전체 사회에 착안하여 인물을 통해 일종의 현상을 반영하고 있지 개개인의 자잘한 사생활을 기록한 것이 아니다.

그러므로 『사기』를 읽으며 흥미 위주로 흐른다거나 단편적인 역사 지식에 만족하는 것은 사마천의 의도를 놓칠 뿐만 아니라 독자 본인에게도 일종의 손해인 것입니다. "아는 만큼 보인다." 문화 유적만 그러한 것이 아니라 고전은 더욱 그러합니다. 이런 관점에서 『사기』를 읽어야 제대로 읽는 것입니다.

『사기』는 역사책인가?

『사기』를 읽으며 한 가지 주목했으면 하는 점이 있습니다. 『사기』 전체 내용의 절반 이상은 한나라 역사라는 사실입니다. 말하자면 『사기』가 비록 황제(黃帝)로부터 한무제까지 약 3천 년에 걸친 통사이긴 하지만 사마천은 당대사 위주로 쓰고 싶었던 것입니다. 그렇다면 왜 먼 옛날로부터 시작했을까요? 현재는 고립된 것이 아니라 과거로부터 흘러온 것이므로 고금의 변화를 알아야 하지 않겠습니까? 당대사 위주로 쓰려고 했던 사마천, 그는 과거를 위하여 과거를 기록했던 것이 아닙니다. 현실에 유용한 극히 실용적인 정치적 대안을 제시하고자 역사적 사실과 인물을 예로 들어가며 『사기』를 썼던 것입니다. 이 점을 분명히 파악해야만 『사기』의 핵심을 짚을 수 있습니다.

사실상 사마천 당시는 물론이고 『사기』에 이어 2백여 년 뒤 『한서』를 썼던 반고의 시대에도 사람들의 머릿속에는 '사학' 이란 개념이 없었습니다. 반고 당시의 서적 분류였던 「예문지」에 사마천의 『사기』가 육예략(六藝略)에 소속되어 있습니다. 말하자면 그 당시 『사기』는 '제자백가' 의 범주에 소속되었다는 뜻입니다. 그러므로 후세 역사의 관점에서 『사기』를 읽으면 사마천의 참뜻을 제대로 파악하기 힘듭니다. 항우를 '본기' 에 넣었다느니 공자를 '세가' 에 안배했다느니 트집 잡는 것은 뭘 모르는 말씀이니까 그저 넘길 수 있습니다. 그러나 사마천이 『사기』에 너무 진한 감정을 투영하거나 감정이 격해져서 진실을 왜곡하기도 했다고 비난하기도 합니다. 이런 분들은 사마천의 『사기』가 역사책이라는 선입견이 워낙 단단하게 박혀 『사기』의 제자백가적인 성격을 제대로 파악하지 못하고 있는 것입니다.

여하튼 사마천의 의도는 역사를 위하여 역사를 기록한 것은 아니었으나 결과적으로 인물 위주의 역사기록 형식 중에서 『사기』보다 완벽한 모습이 없었으므로 후세 사람들은 정

사마천 묘비
사마천의 봉분을 가릴 정도로 높게 세워진 거대한 묘비. 중앙에 '한태사공사마천지묘'(漢太史公司馬遷之墓) 아홉 자가 새겨져 있다. 한나라 때 태사령(太史令)의 관직에 있었던 사마천의 묘란 뜻이다. 태사공은 태사령의 존칭이다. 이 묘비문은 청나라 건륭황제 때 섬서성 순무(巡撫)였던 필원(畢沅)이 썼다고 한다. 묘소를 단장하기 시작한 것은 남북조 시대, 침궁이 건립된 것은 송나라 시대, 봉분이 조성된 것은 원나라 시대, 비석이 세워진 것은 청나라 시대, 사마천의 사당 자체가 역사이다.

사(正史)의 모델로 여겨 대대로 계승하게 되었습니다. 우리나라의 『삼국사기』와 『고려사』도 『사기』의 영향을 받은 것입니다.

인류의 고전 『사기』

사마천은 궁형을 당하고 그 이듬해 중서령(中書令)에 임용되었습니다. 중서령은 황제의 비서실장에 해당합니다. 무용지물이 되었다고 비탄에 잠겼을 사마천을 한무제는 중용한 것입니다. 그러나 사마천의 마음은 이미 차분하게 가라앉아, 천지자연과 인간의 관계를 탐구하면서 고금의 변화를 통찰하여 자신만의 독특한 이야기를 한 편 두 편 탈고하고 있었을 것입니다.

개인적인 비극을 『사기』 저술로 승화시킨 불굴의 정신은 사마천 이후 암울한 시대의 많은 인물들에게 정신적 지주가 되었음은 두말할 필요가 없겠습니다. 현실의 부정부패를 과감히 비판하고 정의와 의리를 찬송하는 내용은 사마천 이후의 역사서에서는 사실상 찾아보기 힘듭니다. 이 외에도 사마천은 자신의 불행한 처지를 되뇌이며 인류의 보편적 과제인 인간의 운명에 대해서도 깊이 있게 탐구했습니다. 따라서 우리는 『사기』를 읽으며 인생의 의미, 처세의 태도, 인간관계 등에 대해서도 깊이 사색하게 되는 것입니다. 『사기』가 인류 전체의 고전(古典)으로 평가 받는 이유가 바로 여기에 있습니다.

사마천은 언제 죽었을까요? 관련 자료가 미비하여 정확하게 알 길이 없습니다. 『사기』 완성과 더불어 스스로 목숨을 끊지 않았을까 추측되기도 합니다. 왜냐하면 사마천이 친구 임안에게 보낸 답장 「보임안서」에 아래와 같은 내용이 보이기 때문입니다.

『사기』를 쓰던 도중에 궁형을 당했습니다. 저로서는 『사기』가 미완성으로 끝나는 것이 너무 아쉬워 궁형을 당하면서도 꾹 참았던 것입니다. 제가 이 책을 완성하여 안전한 곳에 소장하고

또한 지기에게 전해줄 수만 있다면 예전의 그 수모를 만회한 것
이므로 설령 천만 번 죽임을 당한다 한들 무슨 여한이 있겠습니
까. 그러나 이런 이야기는 알 만한 사람에게나 할 수 있지 일반
사람들에게는 떠들 수 없는 것이랍니다.

반고는 『한서』 「사마천전」에서 사마천의 일생을 기록하면
서 끝에 「보임안서」를 수록했는데 그 이후의 행적에 대해서
는 일언반구 말이 없습니다. 말하자면 「보임안서」 이후 사마
천의 행방은 묘연하다는 뜻입니다. 「보임안서」는 정화 2년,
즉 기원전 91년 11월에 작성되었으므로 사마천은 대략 기원
전 90년경에 죽은 것이 아닐까 조심스럽게 추측해봅니다. 그
때 사마천의 나이는 대략 56세입니다.

노신(魯迅)의 한 마디 평가

노신(魯迅)이란 사람, 중국 현대문학에서 빼놓고 이야기
할 수 없는 인물입니다. 홍콩에서 발간되는 중국어권 타임지
『아주주간』(亞洲週刊) 2001년도 신년 특별호는 20세기 최고
의 중국어권 작가로 노신을 선정했습니다. 중국문학에 관심
이 없더라도 「아Q정전」이란 작품을 읽거나 들어봤을 겁니
다. 중국인의 열근성을 신랄하게 묘사한 노신의 대표작 중
하나가 아니겠습니까? 그러나 그는 고전문학에도 조예가 깊

었지요. 노신은 『한문학사강요』(漢文學史綱要)에서 사마천의 『사기』를 다음과 같이 평한 바 있습니다.

"사가지절창, 무운지이소." (史家之絶唱, 無韻之離騷)

꼭 노신이 이야기했다고 해서가 아니라 위 두 구절은 『사기』의 특징을 간결하면서도 재미있게 묘사한 것입니다. 한국어로 직역하자면 대략 이렇게 되겠지요. "역사가의 절창, 산문체 이소." 노신이 간결하게 이야기했으므로 저도 간결하게 설명하겠습니다.

'절창'이란 말은 참 함부로 쓸 말은 아닌데, 일단 썼다고 하면 그건 전무후무하다고 봐야겠지요. 절(絶)이란 한자는 최상급 표현이니까요. 절경이라 하면 더 이상의 경치가 없다는 뜻이잖습니까? 사마천 이전과 사마천 이후, 『사기』와 같은 역사책은 나온 적도 없고 나오지도 못했다는 뜻입니다. 정말 그럴까요? 『사기』 이전의 역사책으로 무엇이 있습니까? 언뜻 생각나는 것이 공자의 『춘추』입니다. 하긴 사마천도 공자의 『춘추』 정신을 본받아 『사기』를 썼다고 술회했으니까요. 그렇다면 공자의 『춘추』 이외에는 역사책이 없었나요? 아닙니다. 청나라 때 학자 장학성(章學誠)은 유가 경전인 육경(六經)이 모두 역사라고 했죠. 더군다나 『상서』와 『시경』

은 은나라 주나라의 일부 역사를 간직하고 있습니다. 그러나 『상서』 및 『시경』은 물론이고 『춘추』마저도 역사 기록이라고는 하나 간략하기 짝이 없고 또 무슨무슨 왕이나 국가적 대사만을 드문드문 기록한 것이어서 『사기』의 짜임새 있는 구성이나 내용에 비하면 빈약하기 짝이 없습니다.

그렇다면 『상서』나 『춘추』 이후에는 어떤 역사책이 있었을까요? 『좌전』, 『전국책』, 『국어』 등이 있는데, 사마천이 춘추전국 시대의 사건이나 인물을 기록할 때 대폭 참고했던 책들입니다. 그러나 이런 책들도 『사기』에 비하면 사건이나 인물을 고립적으로 기록하여 전체적으로 보았을 때 역사의 맥락을 파악하기 힘듭니다. 이렇게 본다면 『사기』 이전의 그 어떤 역사 관련 책도 『사기』에 못 미친다는 뜻이 됩니다.

그러면 『사기』 이후는? 『사기』보다 더 훌륭한 역사책이 나왔다는 이야기를 들어본 적이 있나요? 중국의 정사를 보통 '25사' 라고 하는데 '25사' 의 기본적인 틀은 본기와 열전으로 구성되는 이른바 기전체입니다. 기전체는 사마천이 창조했는데 그 체제를 근 2천 년 동안 뛰어넘지 못했습니다. 비단 체제뿐 아니라 문장력 그리고 인간과 세계에 대한 통찰력, 권력자에 대한 비판 및 약자에 대한 무한한 동정심 등에 있어서 총괄적으로 『사기』를 능가하는 역사책이 없었습니다. 『사기』 이전에도 이후에도 견줄 만한 역사책이 없다, 그러므로 노신이 '역사가의 절창'이라고 압축하여 말한 것입니다.

이어서 '산문체 이소'는 어떻게 이해해야 할까요? 굴원 (屈原) 이야기를 먼저 꺼내야 합니다. 굴원은 전국시대 말기 초나라 귀족으로서 애국 시인으로 알려져 있기도 합니다. 『사기』에도 「굴원가생열전」이 있습니다. 굴원의 대표작 「이소」(離騷)를 읽어보면, 굴원은 참으로 결벽증이 있지 않았나 의심될 정도로 성품이 고결합니다. 불의를 보고 참지 못하며 감정 또한 지극히 풍부합니다. 붕괴되는 조국 초나라를 차마 눈뜨고 볼 수 없어 멱라강에 투신자살하는 것으로 삶을 마감 했습니다. 그런 바탕에서 「이소」란 작품이 나왔지요.

그런데 사마천도 성격상 굴원과 비슷합니다. 결벽증까지 는 몰라도 시시비비에 대하여 상당히 민감했으며 감정 또한 극히 풍부합니다. 『사기』 각 편마다 붙어 있는 사마천 개인 의 코멘트 '태사공왈'의 내용을 읽어보면 여기서 눈물을 뚝 뚝, 저기서 한숨을 팍팍…… 무지하게 감정이 풍부합니다. 객관이 생명이라는 역사책에 그렇게 감정적인 이야기를 썼 던 역사가도 사실상 드물다고 봅니다. 그런데 더욱 재미있는 것은 감정적인 언사를 구사했으면서도 역사적 사실을 왜곡 하지는 않았던 것이지요. 또한 굴원과 비슷하게 비극적인 일 생을 살았습니다. 이런저런 정황이나 개인적인 인생역정에 있어서 굴원과 사마천은 엇비슷합니다. 게다가 작품에 보이는 격렬한 감정과 정의감 역시 통했던 것이죠.

『사기』를 중국고전문학사에서 숭고한 위치를 차지하는 굴원의 「이소」에 비유한 것이 언뜻 보면 이상해 보여도 그러나 내면의 코드는 통한다고 본 것입니다. 「이소」는 일종의 운문체입니다. 물론 『사기』는 산문입니다. 그러므로 노신은 '무운의 이소', 즉 운율이 없는 「이소」, 말하자면 '산문체 이소'와 같은 역사책이다, 이렇게 평을 내렸던 것입니다.

여러분이 장차 어떤 기회에 중국인에게 사마천의 『사기』를 일컬어 "史家之絶唱, 無韻之離騷"(사가지절창, 무운지이소)라고 말한다면, 그 중국인은 아마 당신의 중국어 구사능력과 문화적 소양에 감탄할 겁니다. 왜냐하면 웬만한 중국인들은 위 두 구절에 압축된 문화적 코드를 잘 알고 있을 테니까요.

『사기』의 영향

그런데 『사기』는 후세의 사학에만 영향을 끼쳤던 것이 아닙니다. 「중니제자열전」, 「유림열전」, 「노자한비열전」, 「맹자순경열전」, 「사마양저열전」, 「손자오기열전」 등으로 다양한 학술을 후세에 전했으며, 「굴원가생열전」, 「사마상여열전」 등으로 문학의 가치를 새롭게 발견하고 작품 창작의 원동력으로서 '분발의 정신'(發憤著書)을 제시하기도 했습니다. 훗날 당나라 때의 한유나 송나라 때의 구양수 및 소식 등은 사마천의 이러한 창작론을 계승하여 더욱 발전시켰습니다.

한편 사마천의 문장은 후세 작가들이 모범으로 삼았으며 특히 문장에서 단연 최고봉이라 할 당송팔대가―당나라 송나라 때의 여덟 명의 대작가들이 바로 이 『사기』를 극력 추천했던 것입니다. 한유의 「모영전」이나 유종원의 「송청전」은 『사기』의 열전 형식과 서술 방식을 모방하여 뛰어난 성과를 올린 작품이지요. 한유와 구양수 이후에도 명나라 말기 귀유광은 『사기』의 필치를 연습하며 오색필로 표기할 정도로 열중이었고, 청대로 접어들면 동성파(桐城派) 산문가들은 물론이고 증국번 일파 역시 『사기』를 모범으로 삼아 작문을 연습했습니다. 이렇게 본다면 후세 산문가들은 사마천을 종사로 삼았다고 하겠습니다.

『사기』는 후세 소설 창작에도 영향을 미쳐 당나라 때의 소설 전기(傳奇) 작품은 그 형식이나 서술 방식에 있어서 사마천의 인물 묘사 및 서사 방식을 대폭 참고한 흔적이 역력합니다. 또한 고전 장편 무협소설 『수호전』에는 「유협열전」의 그림자가 어른거리고, 「사마상여열전」에 로맨틱하게 묘사된 사마상여와 탁문군의 러브 스토리는 후세 연애소설의 원류가 되었다고 봐도 무방합니다. 청나라 포송령의 『요재지이』는 무척 재미있는 책인데, 한 편의 스토리 말미마다 붙어 있는 '이사씨왈'(異史氏曰)은 곧 '태사공왈'의 변신입니다.

끝으로『사기』에서 소재를 취한 작품을 언급하도록 합니다. 장편 연의(演義) 소설로서『동주열국지』,『서한연의』등은『사기』로부터 취재한 것이 분명하며, 북경 오페라 경극 중 허다한 소재 역시『사기』로부터 취재했습니다. 다들 아는「패왕별희」는 물론이고「완벽귀조」(完璧歸趙) 역시「염파인상여열전」으로부터 소재를 취한 것입니다. 이렇게 본다면『사기』자체가 훌륭한 전기문학이자 문장일 뿐만 아니라 후세의 문학에 미친 영향이 크고도 깊다고 하겠습니다.

『사기』의 영향은 이토록 지대한데 사마천은『사기』이외에 어떤 작품을 후세에 남겼을까요? 앞서 여러 번 언급되었던 장문의 편지「보임소경서」가 있습니다.『한서』「예문지」에는 사마천의 문학작품으로 8편의 부(賦)가 있다고 기록되어 있으나 현재 볼 수 있는 작품은「비사불우부」(悲士不遇賦) 한 편이며 나머지는 모두 사라졌습니다. 또한「소묘왕론」(素妙王論) 및「여지준서」(與摯峻書)도 사마천의 작품으로 전해지지만 진품 여부는 확실치 않습니다.

2부

본문

史記

『사기』는 총 130편이며 본기, 표, 서, 세가, 열전으로 구성되어 있다. 그러므로 체제별로 나누어 각각 몇 편씩 발췌한다. 가급적 사마천의 사상이나 감정이 가탁된 작품 위주로 선정했다. 본기와 열전은 기전체 『사기』의 핵심이므로 각각 4편 및 6편을 선정했으며, 세가는 진 제국 이전과 이후의 모습을 살피기 위하여 각각 1편씩 선정했다. 표와 서 또한 각각 1편씩 선정했다.

1장

본기 (本紀) 편

본기는 『사기』의 뼈대가 되므로 12편을 모두 발췌하는 것이 좋겠으나 지면 관계상 4편으로 제한했다. 중국인이 공통 시조로 모시는 황제(黃帝)를 첫머리에 놓았던 「오제본기」, 그 유명한 진시황제의 일생을 기록한 「진시황본기」, 진 제국을 붕괴시킨 항우의 질풍노도와 같은 일생을 기록한 「항우본기」, 사마천이 흠모했던 이상적인 군주의 이미지 「효문본기」, 이렇게 4편을 선별하여 발췌했다.

오제본기(五帝本紀)

황제(黃帝)는 신농씨(神農氏)의 후예가 지배하던 시절에 살았다. 각 부족 간에 투쟁이 일어나도 신농씨의 후예는 평정하지 못했다. 이에 황제는 인격으로 감화하는 동시에 무력을 정비하여 먼저 염제(炎帝)를 제압하고 이어서 치우(蚩尤)까지 처단하여 당시 세계를 장악했다. 신농씨 세계를 마감하고 황제의 시대가 시작된 것이다. 황제는 전국 각지로 돌아다니며 산을 뚫어 길을 만들었고 관리를 두어 백성을 다스렸다. 또한 역법을 연구하여 연월일을 만들었으며 철따라 오곡백과를 심게 하고 각종 물질을 사용하게 만들었다. 몸과 마음을 다 바쳐 봉사했으며 근검절약을 솔선수범했다. 오행(五行) 중에 흙의 계시를 받았다고 믿었기에 황제(黃帝)라 불렀다. 중국의 흙은 황색이 아니던가. 중원을 가로지르는 강도 황하(黃河)이다. 황제의 원래 성은 공손(公孫)이고 이름은 헌원(軒轅)이었다.

황제에게는 정실과의 사이에 두 명의 아들이 있었는데, 현효(玄囂)와 창의(昌意)이다. 현효의 손자인 고신(高辛)은 훗날 제곡(帝嚳)이 되었고, 창의의 아들 고양(高陽)은 황제의 뒤를 이은 전욱(顓頊)이다. 황제는 죽은 뒤 교산(橋山)에 묻혔다.

전욱 역시 황제의 뜻을 계승했다. 토지를 개발하고 각종 물품을 생산했으며 절기를 기록하며 기후 변화를 관찰했다. 귀신을 신봉하여 예의범절을 만들었으며 교육으로써 백성들의 기질을 순화했다. 전욱이 죽자 황제의 증손자 고신이 왕위를 넘겨받았다. 그가 곧 제곡이다.

제곡 역시 백성들의 뜻을 잘 알았다. 생산을 독려하면서도 아껴 쓰고, 교육시키면서 스스로 따라오도록 유도했다. 전욱 시절에 제작되었다고 전하는 전욱력은 1년을 365.25일로 규정했다. 역법을 제작하여 절기를 맞추었고 귀신을 상기시켜 모시도록 가르쳤다. 공평무사했기 때문에 천하가 따라왔다.

제곡에게도 아들이 둘 있었는데, 방훈(放勳)과 지(摯)이다. 제곡이 죽자 지가 등극했지만 정치를 잘 못했다. 그리하여 동생 방훈이 자리를 넘겨받았는데 그가 곧 요(堯)이다.

요는 공손했고 인품 또한 고결하여 멀고 가까운 일가친척을 화목하게 만들었다. 지도부가 화목하므로 백성들이 편해지고, 백성들이 편해지므로 세상이 화기애애해졌다. 요는 희씨(羲氏)와 화씨(和氏)에게 명하여 백성들로 하여금 절기에 맞춰 농사를 짓게 했다. 희중(羲仲), 희숙(羲叔), 화중(和仲), 화숙(和叔)을 각각 동쪽 남쪽 서쪽 북쪽으로 파견하여 봄 여름 가을 겨울에 맞는 각종 사업을 적절하게 전개했다. 1년을 366일로 정하고 윤월을 두어 시차를 조정했다. 적시에 관리들에게 일처리를 명령했으므로 모든 일이 잘되었다.

요는 측근을 불러 왕위 계승문제를 논의하며 지위 고하를 막론하고 현명한 사람이 있으면 추천하라고 당부했다. 요의 아들 단주(丹朱)가 거론되기도 하고 공공(共工)이 거론되기도 했으나 요는 자질 부족을 들어 모두 거부했다. 이에 추천된 사람이 순(舜)이다. 요는 자신의 딸 두 명을 시집보내 순의 능력을 시험했다. 황제의 딸이었지만 순의 인격에 감화되어 여자의 도리를 지켰다. 요는 순에게 윤리도덕을 관장토록 했다. 윤리도덕이 원만하게 되었다. 내정과 외교를 관장토록 했는데 모두 잘 처리했다. 순은 폭풍우가 몰아칠 때 숲과 늪지대에 들어가도 길을 잃지 않았다. 요는 순을 성인이라 확신하고 황제의 자리를 양보하려 했으나 순은 자신의 부덕을 내세우며 사양했다.

요는 연로했기에 순에게 천자를 대행하도록 하고는 하늘의 뜻이 어떠한지 시험했다. 이에 순은 하늘에 제사 올리는 것부터 시작하여 명산대천에 제사를 지내고 동서남북으로 제후를 순방하여 시정을 살피고 예의와 형벌을 정비하는 데 이르기까지 모두 마땅하게 처리하였다. 공공건설을 시원찮게 처리했던 공공(共工)을 북쪽 변방으로 유배시키고, 공공을 추천했던 환두(讙兜)를 남쪽으로 유배시키고, 반란을 일으킨 삼묘(三苗) 종족을 서쪽으로 이주시켰다. 그리고 홍수사업에 실패한 곤(鯀)을 사형에 처했다. 이상 네 명을 처단하자 천하가 복종했다.

요가 왕위에 오른 지 70년 만에 순을 발탁했으며 순이 왕위를 대행한 지 28년째 되던 해에 요가 죽었다. 요가 죽자 순은 요의 아들 단주에게 왕위를 양보하고 숨었으나 제후들은 단주를 외면하고 순만 찾았다. 순은 하늘의 뜻으로 받아들이고 천자의 자리에 올랐다. 순은 평민이었으나 그의 7대조는 전욱으로 제왕이었다.

순의 아버지 고수(瞽叟)는 장님이었는데 새로 아내를 얻어 상(象)을 낳았다. 고수는 후처와 상을 좋아하여 기회만 있으면 순을 죽이려고 했기에 순은 항상 도망 다녔다. 그러나 웬만한 구박은 묵묵히 받아들였다. 그러면서도 아버지와 새어머니에게 효도하고 동생 상을 아껴 주었다. 죽이려고 찾으

면 없어지고 필요해서 찾으면 항상 나타났다. 순의 나이 20
세 되던 해, 효성으로 소문이 나서 요에게 발탁되었고 천자의
수업을 훌륭하게 통과했다.

한번은 고수가 순에게 창고를 고치라 하고는 밑에서 불을
질렀다. 순은 도롱이를 낙하산처럼 펼치고 내려왔다. 한번은
고수가 순에게 우물을 파라 하고는 상과 함께 흙을 메워 생매
장했다. 순은 우물 옆쪽으로 길을 내어 살아나왔다. 아버지
와 이복동생이 이렇게 해치려고 했지만 순은 여전히 효성스
러웠고 동생을 아꼈다. 순은 여덟 명의 인재로 명성을 날리
던 팔개(八愷)와 고신씨의 뛰어난 여덟 명의 아들 팔원(八元)
을 등용하여 수리사업과 윤리규범을 담당하게 하여 크게 성
공을 거두었다. 그와 동시에 질서를 어지럽히는 혼돈(渾沌),
궁기(窮奇), 도올(檮杌), 도철(饕餮)을 변방으로 유배시켜 잡
귀신을 막게 했다.

요로부터 왕위를 계승한 순은 12주의 장관을 소집하여 제
왕의 자질에 대하여 이렇게 설파했다. "후덕하게 일을 하고
아첨꾼을 멀리하면 이민족도 제 발로 찾아와 굴복한다." 순
은 동서남북 사방을 책임진 제후 수령 네 명을 소집하여 직책
에 맞는 인재를 추천토록 했다. 그리하여 우(禹), 고요(皋陶),
설(契), 후직(后稷), 백이(伯夷), 기(夔), 용(龍), 수(倕), 익
(益), 팽조(彭祖) 등 열 명을 발탁하고 적재적소에 배치하여

임무를 맡긴 다음 3년에 한 번씩 공과를 따져 승진과 파면을 단행했다. 그리하여 국가는 매우 잘 다스려졌다. 순이 왕위에 오른 지 39년 되던 해 남쪽을 순시하던 중 창오(蒼梧)에서 죽어 양자강 이남의 구의(九疑)에 묻혔다. 창오는 지금의 호남성 남부, 광서성 북부, 광동성 서북 일대에 해당한다. 구의는 지금의 호남성 영원현 남쪽 지역이다.

순이 왕위에 오른 뒤 천자의 깃발을 싣고 아버지 고수를 찾아뵈었다. 제왕의 신분이었지만 공손한 표정과 조심스러운 태도는 자식된 도리 그대로였다. 이복동생 상은 제후에 봉했다. 요가 그랬듯 순에게도 아들 상균(商均)이 있었지만 못난 탓에 아낌없이 탈락시키고 그 대신 우(禹)를 발탁하여 하늘에 신고했다. 순이 죽자 우도 역시 순의 아들 상균에게 왕위를 양보했지만 제후들은 상균을 외면하고 우를 따랐다. 그러자 우도 어쩔 수 없이 천자의 자리에 올랐다. 요의 아들 단주와 순의 아들 상균에게 땅을 떼어주어 조상의 제사를 모시도록 배려했다. 왕조가 바뀌면 복장이며 예의범절을 개혁했지만 단주와 상균에게는 아버지 때 형식을 그대로 유지하도록 허용했다. 그만큼 예우하면서 공손하게 대했던 것이다.

황제로부터 우에 이르기까지 모두 같은 성씨였다. 그러나 각기 나라 이름을 달리 하여 각자의 덕행을 밝혔다. 그러므로 황제의 나라는 유웅(有熊), 전욱의 나라는 고양(高陽), 제

곡의 나라는 고신(高辛), 요의 나라는 도당(陶唐), 순의 나라
는 유우(有虞)라 불렀다. 한편 우의 나라는 하후(夏后)라 불
렀는데 분가하면서 새롭게 사(姒)씨로 성을 삼았다.

오제본기를 정리하고 개인적인 견해를 밝혀보겠다.

"학자들이 황제, 전욱, 제곡, 요, 순에 대해 언급한 지는 오
래 되었다. 그러나 『상서』는 요(堯) 이후만을 기록하고 있으
며, 유가 이외의 학자들이 황제(黃帝)에 대해 말한 것을 보면
내용이 황당무계하여 지식인들은 언급을 회피한다. 공자가
전했다는 『오제덕』 및 『제계성』조차도 유가 학자 중 일부는
불신하여 전수하지 않았다.

내가 일찍이 서쪽으로 강수(江水)와 회수(淮水)를 건넜는
데, 곳곳의 노인장들이 종종 황제나 요순에 대해 말하는데 풍
속이며 교화된 바가 확실히 달랐다. 요컨대 『오제덕』 및 『제
계성』의 기록과 크게 어긋나지 않았다면 사실에 가까운 셈이
다. 내가 『춘추』(春秋)와 『국어』(國語)를 읽어보니 분명히
『오제덕』과 『제계성』의 내용을 확대 설명해주고 있는데, 사
람들이 깊게 생각해보지 않아서 그럴 따름이지 사실은 『오제
덕』과 『제계성』의 내용이 모두 허구라고 할 수는 없다. 『상
서』의 기록이 온전하지 않고 세월도 많이 흘렀지만 『상서』에
기록되지 않은 내용이 종종 다른 책에 보인다. 그러므로 배
움을 좋아하고 깊게 생각하여 그 진의를 깨닫는 자라면 몰라

도 식견이 좁은 사람에게 이런 도리를 설명하기란 당연히 힘
든 노릇이다. 나는 자료를 검토 정리하면서 비교적 합리적이
고 정확한 내용을 선택하여 마음먹고 본기의 첫머리로 기록
한다." (오제본기 끝)

진시황본기(秦始皇本紀)

　　진시황제는 장양왕의 아들이다. 장양왕이 조나라에 인질로 가 있을 때 여불위의 애첩에게 반하여 아내로 삼았고 그 사이에서 진시황제가 태어났다. 기원전 259년, 조(趙)나라 수도 한단에서 태어났으므로 성은 조(趙)씨, 이름은 정(政)으로 지었다. 장양왕이 죽자 열세 살의 나이로 왕위에 즉위했다. 이 해가 기원전 246년이다. 진시황제가 즉위할 당시 중국의 절반 이상은 이미 진나라의 판도였다. 여불위가 승상이었는데 외국의 인재들을 끌어 모아 천하를 통일하려는 야심에 불탔다. 당시 이사는 여불위의 식객이었으며 몽오(蒙鷔), 왕의(王齮), 표공(麃公) 등은 장군이었다. 진왕은 아직 어려서 국가 대사는 대신들에게 위임하였다.

진양현에서 반란이 일어났으나 몽오가 평정하였다. 진왕 2년, 진나라는 위나라를 공격하여 3만 명의 목을 베어버렸다. 진왕 3년, 한나라를 공격하여 13개 성읍을 탈취했다. 진왕 5년, 몽오는 다시 위(魏)나라를 공격하여 20개 성읍을 탈취하고 처음 동군(東郡)을 설치하게 된다. 진왕 6년, 5개국 연합군이 진나라를 공격했다. 진나라는 반격하여 대승을 거두었다. 진나라 군대는 위(衛)나라를 공격하여 위나라 왕과 대신들은 야왕(野王)으로 피신했다가 험준한 산세를 진지로 삼아 황하 이북에서 잔명을 유지하게 된다. 진왕 8년, 진왕의 동생 장안군이 조나라를 공격하러 출정했다가 도중에 반란을 일으켰으나 실패하여 처결되었다. 장안군의 휘하 장수들도 모두 참수형을 당했다. 이 해에 황하가 범람하여 강둑 너머로 물고기가 밀려나올 정도였다. 진나라 백성들은 곡식을 찾아 동쪽으로 대거 이주했다.

진왕 9년, 혜성이 출현하여 하늘을 가로질렀다. 이 해 진왕은 성년식을 치렀다. 진왕의 어머니인 태후의 정부였던 노애(嫪毐)가 반란을 꾸미다 발각되었다. 노애는 진왕과 태후의 옥새를 위조하여 군대를 동원했고 이를 토벌하려는 진왕의 군대와 수도 함양에서 격돌했다. 진왕의 군대에 패한 노애는 도주했다. 전국적으로 수배령이 내렸고 노애를 사로잡으면 1백만 전, 죽이면 50만 전의 현상금이 걸렸다. 그리하여 노애를 비롯하여 부역자들이 모두 검거되었다. 4천여 가구가 이 사건에 연루되어 처형을 당했다. 한여름인데도 난데없이 혹한이 닥쳐 얼어 죽는 사람이 있었다. 진왕 10년, 여불위도 노애 사건에 관련됐다는 사실이 드러나면서 승상 직을 박탈당했다. 제나라와 조나라 사신이 진나라를 방문하여 진왕이 연회를 베풀었다. 제나라 모초(茅焦)가 권유했다. "진나라는 지금 천하통일을 도모하고 있습니다. 노애 사건으로 태후를 유배시켰다는 소문이 돌면 제후들이 등을 돌릴 것입니다." 진왕은 태후를 함양으로 다시 불러들여 감천궁(甘泉宮)에 안치했다.

노애 및 여불위 사건으로 말미암아 외국 출신들에 대한 불신이 깊어졌다. 진나라 종실 귀족들은 진나라 출신이 아니면서 진나라의 관직에 있던 기타 제후국 출신들을 색출하여 모두 추방하도록 진왕에게 강력하게 요구했다. 추방 대상에 오른 이사(李斯)는 「간축객서」(諫逐客書)를 상소하여 추방령이 해제되었다. 이사는 약체 한(韓)나라를 정벌하여 다른 나라에 공포감을 심어줘야 한다고 주장했다. 진왕은 이사를 시켜 한나라를 공략토록 하였다. 한나라 왕은 한비(韓非)를 불러 대응책을 세우려고 하였다. 이때 위(魏)나라 출신 요(繚)가 진왕에게 계책을 아뢰었다. "재물을 아끼지 마시고 제후국의 대신들을 매수하십시오. 불과 30만 금이면 평정할 수 있습니다." 진왕은 계책을 받아들이고 최상의 예의를 갖추어 대접했다. 음식이며 의복까지도 요와 함께 나누었다. 그러나 요는 속으로 중얼거렸다. "진왕은 코가 크고 눈이 길쭉하며 새처럼 가슴이 돌출했고 이리의 목소리다. 이런 사람은 각박하고 잔인해서 어려울 때는 겸손하고 예의 바르다가도 일단 목적을 달성하면 사람을 곧잘 해친다. 지금은 평민인 나를 왕의 신분으로서 겸손하게 모시고 있다. 그러나 일단 천하를 통일하면 세상 사람들은 모두 그의 노예가 될 것이다. 오래 사귈 사람이 못되지." 요는 기회를 틈타 도주하려 했다. 낌새를 눈치 챈 진왕은 극구 만류하여 태위(太尉)에 임명했다. 태위는 국방부 장관이다.

진왕 15년(기원전 230년), 한(韓)을 멸망시킨 것을 필두로 위·초·조·연·제나라를 차례대로 공략하였다. 그로부터 10년 뒤 기원전 221년, 마침내 진왕은 주 왕실을 비롯하여 다섯 제후국을 모두 제압하고 중국을 통일한다. 진왕은 득의양양했다. 대신들에게 왕의 호칭을 변경하도록 지시했다. 그리하여 승상, 어사대부, 정위(廷尉)의 건의를 받아들여 진왕은 다음과 같이 결정하게 된다. 최고통치자의 호칭은 황제(皇帝), 입으로 내리는 명령은 제(制), 문서로 내리는 명령은 조(詔), 천자가 자신을 지칭할 때는 짐(朕)으로 결정하였다. 진시황제는 바로 제(制)를 내렸다.

"짐이 듣건대 태고 시절에 호(號)는 있었지만 시(諡)는 없었다. 그런데 세월이 흐르자 살아 있을 때는 호(號)를 붙이고 죽은 다음에는 생전의 언행을 종합하여 시(諡)를 지었다. 그러나 이렇게 되면 아들이 돌아가신 아버지의 언행에 대해 평가하는 셈인데 될 법이나 한 일인가. 짐은 이런 제도를 폐지하겠다. 앞으로 시호는 없다. 짐이 황제(皇帝)의 시조이므로 시황제(始皇帝)이고, 그 뒤로는 순서대로 이세(二世), 삼세(三世)로 매겨서 만세(萬世)까지 무한히 이어지도록 하여라."

시황제는 기존의 봉건제도를 폐지하고 전국을 36개 군(郡)으로 분할하였으며 군 아래에 현(縣)을 두어 통괄했다. 이와 함께 군마다 수(守), 위(尉), 감(監)을 두었다. 수는 행정, 위는 군사, 감은 감찰을 책임진 최고 직이다. 군과 현에 봉직하는 모든 관리는 중앙에서 직접 임명하여 파견했으므로 전국의 모든 조직은 황제의 명령을 받게 되었다. 이것이 바로 군현제이다. 이와 함께 음양오행설에 근거하여 검은색을 진 제국의 대표 색으로 정했다. 따라서 의복이며 깃발도 흑색을 가장 숭상하였고 백성은 특별히 검수(黔首)라 부르도록 했다. 검수의 '검' 은 흑색의 뜻이다. 진나라 백성은 모두 검은 두건을 착용했다.

음양오행설의 상생 상극의 원리에 따라 주 왕조는 '불' 의 덕을 받았으므로 불을 끄고 새롭게 진 제국이 일어서려면 당연히 '물' 로 시작해야 한다고 확신했다. 그리하여 매년 10월 1일을 한 해의 시작으로 삼고 황하도 덕수(德水)로 고쳐 불렀다. 숫자는 6을 기준으로 삼아 의복과 모자는 6촌, 마차의 폭은 6척, 마차를 끄는 말의 숫자는 6필로 규정했다. '물' 은 음(陰)에 속하고 음은 형벌을 주관하기 때문에 관대함보다는 엄격하게 법을 집행하여야 천지의 운행에 부합된다고 믿었다. 진 제국의 엄형준법은 이렇게 탄생된 것이다.

시황제는 전국의 병기를 함양으로 거둬들여 모두 녹인 다음 초대형 종과 12개 동상으로 만들어 궁정에 진열했는데 그 무게가 각각 3백 톤이 넘었다. 법률과 도량형을 정비하여 통일시켰고, 전국시대 각 제후국 사이에 통일되지 않았던 한자까지도 진나라 한자에 근거하여 정리한 다음 통일시켰다. 현재 우리가 보는 전서(篆書)가 바로 그것이다. 도장집에서 인감 도장으로 많이 사용하는 서체이다. 진 제국의 판도는 동쪽으로 황해 및 요동 지역까지, 서쪽으로는 감숙성 일대까지, 남쪽으로는 오령산맥 이남까지, 북쪽으로는 내몽고 중부까지 펼쳐지게 되었다. 또한 전국의 부자 12만 가구를 함양으로 이주시켜 도읍지를 살지웠다. 진나라 조상들의 능묘 및 장대궁(章臺宮) 그리고 상림원(上林苑)을 모두 위수(渭水) 남쪽에 건설하였다. 진나라는 제후국을 멸할 때마다 제후국의 궁실을 그림으로 그려놨었다. 천하를 통일하자 제후국의

궁전을 함양에 그대로 모방해서 다시 지어놓고 생포한 제후
국의 미인들을 입주시키고 노획한 각종 의례용 악기를 진열
하였다.

시황제 34년(기원전 213년), 시황제는 함양궁에서 연회를
베풀었다. 이때 신하들 사이에 복고 논쟁이 벌어졌는데, 이
사의 건의를 받아들여 모든 지식은 중앙에서 관리하며 민간
에서는 의약, 점술 및 농사 관련 서적 이외에는 30일 이내에
모두 불사르도록 명했다. 이 사건이 분서갱유의 '분서' 사건
이다. 시황제 35년, 신선을 구하고 불로장생을 꿈꾸던 시황
제를 농락한 죄목으로 방사(方士) 및 관련 유생들이 대대적
으로 검거되어 시황제가 직접 사형을 내린 자만 4백 60명에
이르렀다. 이들은 모두 함양에서 생매장 당했다. 이 사건이
바로 분서갱유의 '갱유' 이다. 옆에서 지켜보다 못한 황태자
부소(扶蘇)가 완곡하게 말렸다. 시황제는 진노하여 황태자를
북쪽으로 유배시켜 버렸다. 시황제 36년, 운석이 떨어졌다.
누군가 운석에 다음과 같이 몇 자를 새겼다. "시황제가 죽으
면 국토가 분열한다." 시황제는 어사를 파견하여 범인을 색
출하도록 하였으나 끝내 잡지 못했다. 시황제는 운석이 떨어
진 고을의 주민 모두를 살해하고 운석을 불살라 버렸다.

진시황제는 즉위한 지 28년, 기원전 219년부터 총 다섯 차
례에 걸쳐 전국을 순시했으며 명산을 찾을 때마다 진 제국의

위대함과 자신의 영명함을 찬송하며 비석을 세웠다. 순서대로 태산, 낭야, 지부, 동관, 갈석, 회계 각석비가 그것이다. 시황제 37년(기원전 210년), 시황제는 남쪽으로 회계(會稽)에 들러 우임금께 제사를 올리고 그해 7월 산동성 평원현 남쪽에 이르렀을 때 발병했다가 하북성 광종현 남쪽 사구(沙丘)에서 50세의 나이로 죽는다. 황제가 외지에서 죽었다는 소식이 알려지면 후계자 계승권을 놓고 태자들 사이에 권력투쟁이 일거나 민심이 동요될 것을 우려하여 승상 이사는 붕거 사실을 숨겼다. 시신을 창문 달린 수레로 옮겨놓고 환관을 동승시켰으며 평상시와 다름없이 때에 맞춰 식사를 올리고 업무 보고를 하였다. 마침 날씨가 더워져 시체 썩는 냄새가 진동하자 저린 생선 3백여 킬로그램을 함께 실어 악취를 중화시켰다. 시황제의 행렬이 직행 코스를 달려 함양에 도착하자 비로소 발상하였다.

시황제가 죽기 전에 황태자 부소에게 내린 유서에는 황제 계승권이 명시되어 있었다. 그러나 환관 우두머리 조고(趙高)와 승상 이사 그리고 태자 호해(胡亥)가 작당하여 유서를 위조했다. 그 위조된 유서에 따라 황태자 부소를 죽이고 호해가 2대 황제에 올랐다. 그해 9월 시황제는 여산에 묻혔다.

한편 시황제는 즉위하자마자 여산에 자신의 무덤을 조성하기 시작했는데 중국을 통일한 후에는 전국적으로 70여 만 명을 차출하여 작업을 독려했다. 땅을 깊게 파고들어가 구리 녹인 물을 사방에 부어 방수처리를 한 다음 덧널을 들여놓고 그 안에는 궁전 모형과 문무백관의 자리를 만들고 아울러 진귀한 보물로 가득 채웠다. 또한 화살 자동발사기를 설치하여 외부인의 도굴을 막았다. 뿐만 아니라 강과 바다 모형을 만들고 기계장치로 수은을 순환시켜 쉴 새 없이 흐르도록 하였다. 무덤의 위쪽에는 일월성신을 그려놓고 바닥에는 중국의 지리를 표기하였으며, 듀공(Dugon : 중국명 儒艮)의 지방을 촛불로 만들어 오랫동안 불이 꺼지지 않도록 하였다. 2대 황제 호해의 명령으로 시황제의 후궁 중에 처녀들은 모두 순장시켰다. 시황제의 관을 안장한 후에 보물의 위치와 각종 기계장치를 제작했던 기술자들은 비밀을 누설할 가능성이 있다고 하여 묘실의 복도를 막고 외문을 봉쇄하여 한 명도 빠져나오지 못하게 하였다. 그런 뒤 묘소 위에 나무를 심어 언뜻 봐서는 보통 산처럼 보이도록 마무리를 하였다.

호해는 환관 우두머리 조고를 중용했다. 조고는 호해를 농락하여 대신과 왕자들을 하나 둘씩 처단하여 국정을 장악하였다. 호해는 시황제가 짓다 만 아방궁을 새로 짓기 시작했다. 그와 동시에 5만 정예 병력을 함양에 배치하여 사격 연습을 시켰다. 5만 명의 군량미와 황궁 사육용 각종 짐승들의 먹이를 공급하기 위해 전국적으로 양곡 및 사료를 징발했는데,

수송 관리들은 자신이 먹을 양식은 스스로 휴대하도록 했으며 함양 3백 리 이내 백성들은 공물을 절대 건드릴 수 없도록 하였다. 법령을 위반하는 백성이 많아지면서 갈수록 법은 가혹해졌다.

그해 7월, 변방 수위병 진승(陳勝) 등이 옛 초나라 지역에서 반란을 일으켰다. 소식이 전해지자 진 제국의 폭정에 견디지 못한 백성들이 각지에서 호응하여 반기를 들었다. 반란 소식을 곧이곧대로 보고하는 관리는 호해에게 살해되었으므로 누구도 진실을 보고하지 않았다. 호해가 즉위한 지 3년째 되던 해, 항우가 거록(巨鉅)에서 진 제국의 군대를 참패시켰고 진 제국의 장군 장한(章邯)이 투항하는 사태까지 벌어졌다. 그해 조고가 승상이 되었고 이사는 조고의 모략으로 살해되었다. 조고는 신분의 불안을 느끼고 호해를 또 농락했다. 사슴을 가리키며 말했다. "말입니다." 호해가 웃었다. "승상이 이상하네. 사슴 보고 말이라니." 호해가 주위 신하에게 물었다. 신하들은 침묵을 지키거나 혹은 조고의 뜻에 따라 말이라고 대답했다. 개중에 사슴이라고 대답한 신하도 있었다. 조고는 암암리에 옳게 대답한 신하를 처형했다. 그 후로 신하들은 조고의 눈치만 살피게 되었다.

전국 각지에서 봉기한 반란군들이 서쪽 함양으로 진격했다. 유방(劉邦)은 수만 명을 이끌고 함양의 남쪽 관문 무관(武

關)을 함락한 뒤 사람을 보내 조고와 내통했다. 조고는 호해에게 살해될 것이 두려워 선수를 치기로 결심했다. 곧바로 동생 조성(趙成)과 함양령 염락(閻樂)과 작당하여 망이궁(望夷宮)에서 호해를 궁지에 몰아 자살하게 했다. 조고 일당은 호해의 조카 자영(子嬰)을 왕으로 추대하며 종묘에서 옥새를 건네겠다고 통보했다. 자영과 아들 둘은 조고가 종묘에서 자신들을 죽일 것이라 짐작하고는 목욕재계 5일이 지나도록 종묘에 나타나지 않았다. 다급해진 조고가 자영의 거처로 찾아왔을 때 자영은 아들 둘과 합세하여 조고를 칼로 찔러 죽였다.

자영이 진왕에 오른 지 불과 46일 만에 유방의 군대는 무관을 돌파하여 섬서성 서안시 동북방 패상(霸上)에 진주했다. 자영은 소복 차림에 띠로 목을 매고 함양의 동쪽 첫째 정자에서 유방에게 옥새를 바치며 투항하게 된다. 그 후 한 달 남짓 지나자 각지의 반란군들이 속속 함양으로 진입했고, 항우는 탁월한 전투력으로 군웅을 제압하여 이미 전체 반란군의 수령이 되어 있었다. 항우는 자영과 진 제국의 왕실 자제 및 귀족들을 살해했다. 함양의 궁전을 불사르고 금은보화를 약탈하여 반란군과 나누었다. 이로써 진 제국은 불과 15년 만에 망해버린 것이다.

진 제국을 멸하고 진나라의 본래 근거지를 셋으로 나누어 투항했던 진 제국의 장군 세 명에게 주었는바, 장한(章邯)을 옹왕(雍王)에, 사마흔(司馬欣)을 새왕(塞王), 동예(董翳)를 적왕(翟王)에 임명했다. 진나라 지역의 3개 왕이라 하여 삼진(三秦)이라 불렀다. 항우는 서초패왕(西楚霸王)에 올라앉아 반란군의 수령들을 호령하며 각지의 제후로 임명했다. 이로써 진 제국은 역사에서 정식으로 사라지게 된다. 그로부터 항우와 유방이 패권을 놓고 5년 가까이 줄다리기를 하다가 마침내 유방이 승리하여 한 제국이 등장한다. (진시황본기 끝)

항우본기(項羽本紀)

항우는 지금의 강소성 숙천현(宿遷縣) 출신으로 이름은 적(籍)이고 우(羽)는 자이다. 항씨 집안은 대대로 초나라 장군을 지냈으며 그 공로를 인정받아 항(項)을 봉읍지로 받았으므로 항씨가 되었다. 어릴 적 일이다. 항우는 글을 배워도 신통치 못했고 검술을 배워도 시원찮았다. 숙부 항량(項梁)이 심하게 꾸짖자 항우는 이렇게 대꾸했다. "글이야 자기 이름을 쓸 정도면 족하고 검술은 사람 하나를 상대하는 일이라 배울 맛이 안 납니다. 만인을 상대할 수 있는 것이라면 배우고 싶지요." 항량은 병법을 가르쳐 주었다. 항우는 신나게 배웠지만 대략 깨우치는 데 그쳤을 뿐 끝장을 보지는 않았다.

기원전 210년 겨울, 진시황제가 순시에 나서 절강(浙江)

근처를 지나갔다. 이번 행차의 주요 목적은 동남방에 어른거리는 제왕의 기운을 제압하려는 데 있었다. 그러므로 성대한 행렬이 일대 장관이었으며 백성들에게도 황제의 행렬이 특별히 공개되었다. 그 당시 22세 한창이던 항우는 북적거리는 인파에 끼어 진시황제의 행차를 구경하고 있었다. 진시황제를 보는 순간 항우는 자기도 모르게 중얼거렸다. "저 황제를 내가 해봐?" 항량이 입을 막으며 주의를 주었다. "입 조심해라. 여차 하면 가문이 몰살당해." 이때부터 항량은 항우가 보통내기가 아니라고 생각했다. 항우의 신장은 185센티미터를 넘었고 청동 항아리를 들어올릴 정도로 힘이 좋았으며 재주가 남달랐다.

기원전 209년 7월, 진승(陳勝)·오광(吳廣) 등이 진 제국에 반기를 들었을 때 항량과 항우도 회계(會稽) 태수를 죽이고 병권을 탈취했다. 그 후 주변 고을의 병사를 규합하여 정예부대 8천 명을 편성했다. 이때 전국 각지에서 호걸들이 동시다발로 들고 일어나 진 제국의 관리를 죽이고 병권을 탈취하여 반군의 대열에 합류했다. 전국시대 각 제후국의 근거지에서 반란이 일어났으므로 초(楚)나라 지역은 초군(楚軍), 조(趙)나라 지역은 조군(趙軍), 제(齊)나라 지역은 제군(齊軍), 이런 식으로 불렸다. 그러나 전체를 통솔하는 맹주가 없었으므로 각자 독립적으로 작전했다. 항량과 항우는 물론이고 유방도 모두 옛 초나라 출신이었으므로 반란군 중에 초군(楚軍)의 세력이 가장 강했다. 유방은 패현(沛縣)에서 반기를 들었으므로 패공(沛公)이라 불렀다.

항우 군대가 북상하며 진영(陳嬰) 및 경포(黥布) 등의 군대를 흡수하여 회수(淮水)를 건너 하비(下邳)에 주둔할 때는 이미 6~7만 명의 대군이 되었다. 당시 산동성에는 진가(秦嘉)가 지휘하는 또 다른 반란 세력이 있었다. 그들은 초나라 왕실의 후예 경구(景駒)를 초(楚)나라 왕으로 옹립하고 독자적으로 작전하면서 북상하는 항우의 군대를 저지했다. 진가의 군대는 팽성(彭城)에 주둔하고 있었다. 항우는 진가의 군대를 격파하고 경구를 죽인 다음 초나라의 마지막 군주 회왕(懷王)의 손자 웅심(熊心)을 초나라 왕으로 추대했다.

이때 패공도 패(沛)에서 거사하여 항우 군대에 합류했다. 항우의 군대는 이미 10여 만 명으로 증가했다. 몇 달 뒤 산동성 동아(東阿)에서 진 제국의 주력부대 장한(章邯)의 군대를 대파했고, 진로를 하남성으로 돌려 진 제국의 정예부대를 공격하여 이유(李由)를 살해했다. 이유는 진 제국의 승상 이사(李斯)의 아들로 군사 요충지 낙양을 방어하고 있었다.

항우의 군대가 각지에서 승리를 거두자 항량은 교만해졌다. 병력과 물자를 보급 받은 진 제국의 장한은 정도(定陶)에서 항량의 군대를 기습하여 대파했고, 이 전투에서 항량은 전사했다. 진 제국의 폭정에 최초로 반기를 들었던 진승이 전사한 이후로 가장 큰 타격이었다. 하남성 지역의 반란군 세력은 크게 위축되었다. 기세를 올린 장한 부대는 황하를 건너 북상하여 옛 조(趙)나라 지역의 반란군 세력을 공략했다. 장한 군대의 공세에 밀려 조왕 조헐(趙歇), 승상 장이(張耳)는 거록(巨鹿) 성으로 도주하여 성문을 굳게 걸어 잠갔다. 조왕의 장군 진여(陳餘)는 상산(常山) 지역의 병력 수만 명을 지원받아 거록 북쪽에 진을 쳤다. 그러나 진 제국의 위세에 주눅이 들어 감히 구원하지 못하고 다른 제후국의 군대를 기다렸다.

사태가 심상치 않자 초왕은 초군 장수들을 팽성으로 긴급 소집하여 대책을 논의한 끝에 초군 병력을 두 팀으로 나눠 진격하기로 하였다. 한 팀은 송의(宋義)를 대장군으로 하여 항우와 범증 그리고 경포 등의 병력을 총출동시켜 황하를 건너 북상하여 진 제국의 주력부대인 장한을 공격하고 거록성을 구하도록 했다. 다른 한 팀은 패공이 통솔하여 진 제국의 주력부대가 빠진 틈을 타 하남성으로 우회하여 무관(武關)을 거쳐 진 제국의 수도 함양을 공략하도록 했다. 항우는 숙부 항량의 원수를 갚기 위해 패공과 함께 함양을 공격하겠다고 나섰다. 그러나 초왕은 허락하지 않았다. 초왕은 오히려 이렇게 약속했다. "관중(關中)을 먼저 함락시키는 자가 관중의 왕이 된다." 관중은 진 제국의 근거지였다. 사방에 난공불락의 관문이 있었으므로 그 관문의 가운데라 하여 관중이라 불렀다. 초왕의 결정은 패공에게 유리하였다. 항우는 이때 이미 초왕에게 불만을 품었으며 훗날 초왕을 살해하는 계기가된다.

기원전 207년 10월, 송의는 반란군의 주력부대를 이끌고 북상하지만 진 제국의 군사력을 두려워하여 황하를 건너지 못하고 지금의 산동성 조현(曹縣) 근처에 주둔하면서 46일 동안 정세만 살피고 있었다. 항우는 즉각 북상하여 거록성을 구원하자고 주장했다. 그러나 송의는 병법을 거론하며 반대했다. "진 제국의 주력부대가 거록성을 공격 중이오. 거록성이 함락될 때면 진 제국의 군대도 지칠 것이오. 우리가 그때를 기다려 공격하면 단번에 섬멸할 수 있소. 진 제국의 군대가 거록성을 함락시키지 못하고 패하면 우리는 느긋하게 서쪽으로 함양에 입성할 수 있소. 실전은 장군이 나보다 낫겠지만 병법은 장군이 나보다 못하오." 송의는 전군에 명령을 내렸다. "호랑이처럼 사납거나, 양처럼 고집스럽거나, 이리처럼 악착같이 대장군의 명령을 거역하는 자는 가차없이 목을 친다!"

송의는 자기 아들을 제(齊)나라 승상으로 내려 보내며 지금의 산동성 동평현(東平縣)까지 배웅하고는 잔칫상을 크게 벌여 손님들을 대거 초대했다. 당시 궂은비가 계속 내려 날씨는 서늘했고 병사들은 군량미가 부족하여 굶주리고 있었다. 항우는 화가 치솟아 참을 수가 없었다. "전력을 다해 공격해도 모자랄 판에 꾸물거리고 있다. 먹을 것이 떨어져 군사들은 굶주리는데 개인적인 일로 술잔치나 벌이고 있다. 이런 대장군은 충신이 못 된다." 항우는 이른 아침 대장군의 막사로 들어가 송의의 목을 베어버렸다. 대장군의 목을 치켜들고 전군을 향해 호령했다. "송의는 제군(齊軍)과 밀통하여 초군(楚軍)을 배신했다. 초왕께 살해하라는 밀지를 받았다." 항우의 과감한 행동에 부하 장수들은 경악하여 아뢰었다. "초군을 조직한 것도 장군 집안입니다. 지금 장군께서는 배신자를 처단했습니다." 보고를 받은 초왕은 항우를 대장군으로 임명했다.

항우가 송의를 죽였다는 소문이 퍼지자 각지의 반란군 수령들은 모두 기겁했다. 항우는 장하(漳河) 남쪽까지 진격하여 강 맞은편에서 거록성을 압박하고 있던 진 제국 정예 50여 만 대군과 대치했다. 거록성을 구원하고자 각지에서 모여든 제후국의 군대들도 거록성 외곽에 10여 군데 진을 치고 있었으며, 항우의 초군을 합치면 40여만 명에 달했다. 그러나 제후국의 군대들은 독립적으로 활동하고 있었으므로 항우의 지휘를 따르지 않았다. 진 제국의 병력과 막강한 전투력에 눌려 어느 제후국의 군대도 진을 치고 관망만 할 뿐 섣불리 공격하지 못했다. 이 틈을 타고 진 제국의 군대는 오로지 거록성을 함락하려고 총공세를 퍼부었다. 거록성이 위급해지자 성안에 갇혀 있던 승상 장이(張耳)는 장군 진여(陳餘)에게 속히 진 제국의 군대를 공격하라고 독촉했다. 진여는 특공대 5천 명을 투입했으나 진 제국의 군대에게 순식간에 섬멸되었다. 제후국의 군대들은 그 모습을 모두 목격했으므로 섣불리 공격에 나서려고 하지 않았다. 모두들 관망만 할 뿐이었다.

이때 항우는 경포에게 군사 2만 명을 주어 장하를 건너가 교두보를 만들게 하고, 이어서 10여 만 명을 직접 이끌고 강을 건너 배수진을 쳤다. 항우는 건너온 배를 구멍 내고 취사 도구와 막사를 불 지르고 오로지 사흘 분량의 건량만 지니도록 했다. 승리하면 살고 패배하면 그 자리에서 전사한다고 선포했다. 10여 만 명 초군은 승리와 죽음 이외에는 선택의 여지가 없었다. 항우의 공격 명령이 떨어지자 초군의 함성은 하늘을 찌르며 일당십의 기개로 진 제국의 군대를 공격했다. 관망하던 제후국의 병사들은 초군의 용맹에 기가 질렸다. 초군은 강을 건넌 뒤 하루 만에 아홉 차례 공세를 퍼부어 모두 승리하였다.

항우의 군대는 진 제국의 장군 왕리(王離)를 생포하고 부장군을 죽였으며 또 다른 부장군은 저항하다가 끝내 자살하였다. 이로써 진 제국의 정예부대는 완전히 붕괴되고 말았다. 장한은 나머지 20여 만 군대를 이끌고 하남성 안양 쪽으로 후퇴했다. 거록성을 구출한 항우는 초군 막사에서 제후국의 장수들을 접견했다. 장수들은 벌벌 떨며 기어들어왔으며 항우의 얼굴조차 마주 바라보지 못했다. 항우는 거록대첩으로 제후국 전체 40만 대군을 통솔하는 대장군이 되었다.

장한이 비록 후퇴하긴 했지만 그는 여전히 진 제국의 백전노장이었고 휘하 20만 군대는 항우의 함양 입성을 완강하게 저지하고 있었다. 장한과 항우는 7개월 가까이 공방을 거듭하며 대치하였다. 항우의 공세에 장한의 군대가 조금씩 밀리자 진 제국의 참모장 사마흔(司馬欣)은 함양으로 달려가 지원병을 요청했다. 환관 조고는 패전의 책임을 장한에게 뒤집어씌우기 위해 사마흔의 면담을 거부했다. 조고는 호해(胡亥)를 농락하고 정변을 획책하고 있었던 것이다. 신변의 위협을 느낀 사마흔은 함양을 탈출하여 장한에게 위급한 상황을 그대로 보고하였다. 장한은 진 제국이 구제불능임을 직감하고 사마흔의 제의로 항우에게 투항하기로 결심했다.

기원전 206년 7월, 항우는 하남성 은허(殷墟)에서 장한의 투항을 받아들이고 맹약을 했다. 진 제국을 멸한 뒤 장한을 비롯하여 투항한 장수들을 제후 왕에 봉하기로 약속한 것이다. 항우는 투항한 진 제국의 병사들을 선봉대로 앞세우고 황하를 건너 서쪽 함양으로 진격했다.

항우가 이끄는 제후국 병사들은 대부분 진 제국 치하의 죄수들이었다. 이들은 진 제국 관리 및 옥졸들에게 핍박을 받았으므로 함양으로 진격하는 도중에 투항한 진 제국의 병사들을 구박했다. 투항한 진 제국의 병사들은 불만이 누적되면서 동요하기 시작했다. 항우는 장수들과 대책을 논의했다. "항복한 군사들의 불만이 쌓였다가 관중 땅에 이르러 폭발하면 일을 크게 망치게 됩니다. 미리 처리해버리고 장한, 사마흔, 동예 등 장군들만 데리고 갑시다." 그날 저녁 초군은 항복한 진 제국의 군대 20여 만 명을 생매장시켜 버렸다.

항우는 서쪽으로 계속 진군했으나 이미 함양을 공략한 패공의 군대가 함곡관(函谷關)을 열어주지 않아 진입할 수 없었다. 패공의 부하 조무상(曹無傷)이 사람을 보내 항우에게 이렇게 말했다. "패공은 관중을 독차지하려고 합니다." 항우는 패공의 야심을 알아채고 격노했다. 함곡관을 돌파하여 홍문(鴻門)에 진을 치고는 곧바로 패공을 공격하려 했다. 항우의 40만 군대는 혈전을 거듭하며 관중까지 접근했고, 패공의 10만 군대는 큰 전투 없이 비교적 손쉽게 함양에 입성하였으므로 일단 결전이 벌어지면 승부는 뻔한 것이었다.

항백(項伯)은 항우의 숙부인데 장량(張良)과는 절친한 사이였다. 항백은 심야를 틈타 패공 주둔지로 잠입하여 몰래 장량을 불러낸 뒤 사태의 심각성을 설명하고 함께 달아나자고 했다. 항백이 죽을 죄를 지은 적이 있었는데 장량이 구해준 일이 있었으므로 그 은혜를 갚으려 몰래 찾아왔던 것이다. 그런데 장량은 장량대로 패공과의 의리를 내세워 오히려 항백을 끌고 패공 앞으로 데리고 갔다. 패공은 공손하게 술잔을 들어 형님으로 모시면서 사돈이 되기를 청했다. “제가 함양에 들어온 이후로 진 제국의 금은보화는 손가락도 댄 일이 없사옵니다. 호적을 파악하고 관청의 창고를 봉쇄해놓고 대장군의 입성만을 기다리고 있었지요. 함곡관을 방어한 것도 도둑들이 출몰하거나 불의의 사태를 방지하려고 그랬을 뿐입니다. 항백께서 잘 말씀해주시기 바랍니다.” 항백은 그대로 전하겠다며 이렇게 당부했다. “내일 아침 일찍 대장군의 막사로 달려와 사죄하는 것이 좋겠소.” 그날 밤 항백은 바로 항우에게 돌아와 패공을 위해 좋은 소리를 했다. “패공이 먼저 관중을 함락하지 않았다면 자네가 이렇게 쉽게 진입할 수 있겠는가. 아무튼 공을 세웠는데 공격하는 것은 좋지 않으니까 가급적 선처해 주게나.”

이튿날 아침, 패공은 홍문으로 달려와 항우에게 사죄했다. “저는 장군과 함께 힘을 합쳐 진 제국을 공격하였습니다. 장군께서는 황하 북쪽에서 싸우셨고 저는 황하 남쪽에서 싸웠습니다. 어찌어찌 하다보니 예기치 않게 제가 먼저 함곡관을 뚫어 함양을 함락시켰고 오늘 여기서 장군을 뵙게 되었습니다. 그런데 소인배가 이간질을 하여 장군께서 오해하고 계십니다." 항우가 대꾸했다. "그거야 패공의 휘하인 조무상이 뭐라고 했기에 그랬던 것이지 내가 난데없이 그러겠소." 항우는 바로 술자리를 마련했다.

항우와 항백은 동향으로 앉았고 범증(范增)은 남향으로 앉았다. 패공은 북향으로 앉았고 장량은 서향으로 기립했다. 동향과 남향이 상석이었다. 범증은 여러 차례 항우에게 눈짓을 했다. 손에 들고 있던 옥결(玉玦)을 세 번이나 보이며 신호를 했지만 항우는 반응이 없었다. 범증은 속이 타서 밖으로 뛰쳐나와 항우의 이종동생 항장(項莊)을 불렀다. "항장군은 마음이 약해서 안 되겠다. 자네가 들어가서 술을 두루 권하고 칼춤을 추다가 패공을 내리치게. 실패하면 우리는 멀지 않아 그놈의 노예가 될 걸세." 항장은 즉시 들어가 술을 두루 권하고 아뢰었다. "군중이라 오락거리가 달리 없으니 칼춤을 추겠습니다." 항장은 칼을 빼들고 춤을 추기 시작했다. 항백도 따라 일어나 칼춤을 추면서 계속 몸으로 패공을 막아주어 항장이 기회를 노릴 수 없었다.

이때 장량이 슬그머니 자리에서 빠져나와 막사 밖에 대기 중인 번쾌(樊噲)를 불렀다. 번쾌가 물었다. "지금 어떻게 되어갑니까?" 장량이 다급하게 대답했다. "무척 위험한 상황이네. 항장이 칼춤을 추는데 계속 패공을 노려." 번쾌는 "난리났네. 제가 들어가겠습니다. 죽어도 같이 죽겠습니다"라고 말하며 칼과 방패를 들고 막사 쪽으로 돌진했다. 위병들이 가로막았다. 번쾌가 방패로 밀쳐버리자 위병들은 땅바닥으로 나가떨어졌다. 막사 안으로 돌진한 번쾌는 항우 쪽을 쏘아보았다. 눈가가 찢어지며 투구가 들썩거릴 정도의 기세였다. 항우는 칼자루를 쥐고 허리를 곧추세우며 물었다. "손님은 뉘시오?" 장량이 대답했다. "패공의 마부 번쾌입니다." 항우가 지시했다. "장사에게 술을 따라주라." 번쾌는 공손하게 술을 받아 한 입에 마셔버렸다. 항우가 지시했다. "돼지 어깨살을 주어라." 번쾌는 돼지 어깨살을 방패 위에 올려놓고 칼로 썩둑썩둑 썰어서 먹어치웠다. 항우가 물었다. "장사, 술을 더 하겠는가?" 번쾌가 당당하게 되받았다. "죽음도 불사하는데 그까짓 술을 사양하겠습니까. 진 제국은 포학해서 망했습니다. 초왕께서 약속하길 누구든지 먼저 함양에 입성하면 관중의 왕이 된다고 했습니다. 패공이 먼저 함양에 들어왔지만 궁실을 봉쇄하고 털 한 오라기도 손대지 않은 채 대왕께서 오시기만 기다리고 있었습니다. 함곡관을 막은 것은 도적들의 출입을 봉쇄하려는 뜻입니다. 이렇게 큰 공을 세운 패공에게 상을 주지는 못할망정 간신의 이간질에 넘어가 공신을 죽이려 하는 것은 진 제국의 뒤를 잇는 것이나 다름없기에 대왕께서 하실 일이 아닌 줄 아뢰오.” 항우는 묵묵히 듣고만 있다가 이렇게 말할 뿐이었다. “자리에 앉으시게.” 번쾌는 장량 옆에 앉았다. 잠시 후 패공은 일어나 화장실에 가면서 번쾌를 불러냈다.

패공이 자리를 한참 뜨자 항우는 진평(陳平)을 시켜 패공을 찾았다. 한편 막사 밖으로 슬그머니 빠져나온 패공은 번쾌에게 물었다. “작별 인사도 안 하고 이대로 가버려도 될까 모르겠네.” 번쾌가 대답했다. “위급한 상황에서 이것저것 가릴 처지가 아닙니다. 저들은 칼과 도마이고 우리는 도마 위에 오른 고기인데 사소한 예의범절을 따질 때가 아니라니까요.” 패공은 도주하면서 장량에게 뒷일을 부탁했다.

그 당시 항우의 군대는 홍문(鴻門) 아래에 진을 치고 있었고, 패공의 군대는 패상(霸上)에 주둔했는데 40리 길이었다. 패공은 혼자 말을 타고 번쾌 등 네 명만을 대동하고 여산 아래 지양(芷陽)을 지나 샛길로 몰래 도주했다. 패공은 떠나며 장량에게 당부했다. “샛길로 가면 20리에 불과하네. 내가 도착했을 즈음해서 막사로 들어가게.” 이윽고 장량이 막사 안으로 들어가 사죄했다. “패공이 술에 취해 작별 인사도 못 드리게 되었습니다. 대신 제가 대왕께 백벽(白璧) 한 쌍을 선물로 올리고, 대장군 범증께 옥 술잔 한 쌍을 올리겠습니다.”

항우가 물었다. "패공은 어디 계신가?" 장량이 대답했다. "대왕께서 패공을 다그치시려는 듯하여 조용히 물러가 지금은 군중에 있다 하옵니다." 항우는 선물을 받아 옆에 놓았다. 범증은 옥 술잔을 땅바닥에 놓고는 칼을 뽑아 내리치며 분노했다. "제기랄, 애들이랑은 큰일을 못해요. 대왕의 패권을 뺏을 사람은 틀림없이 패공이오. 이제 우리는 끝장이다." 패공은 군중에 도착하자마자 조무상을 죽였다.

며칠 후 항우는 함양을 쑥밭으로 만들어버리고 진 제국의 3대 황제 자영을 살해했다. 함양의 궁전에 불을 질렀는데 석 달이 지나도록 불길이 꺼지지 않았다. 항우는 금은보화와 미인들을 챙겨 고향으로 돌아가려 했다. 누군가 항우에게 권유했다. "관중 땅은 천연의 요새이고 토지도 비옥하여 이곳을 도읍지로 삼으면 황제가 될 수 있습니다." 불타버린 함양의 모습이 을씨년스러웠고 항우는 내심 고향이 그립기도 하였다. "부귀영화를 이루고도 고향에 돌아가지 않는 것은 비단 옷을 입고 밤길을 걷는 것과 같다. 누가 알아주랴." 권유했던 사람이 말을 툭 던졌다. "초나라 출신은 원숭이가 사람 옷을 입었다더니 정말 그렇군." 항우는 발끈하여 그 사람을 물에 삶아 죽였다.

항우는 초왕에게 진 제국의 멸망을 정식으로 보고했다. 그런데 초왕은 관중의 왕이 되기를 바라는 항우의 마음과는 어굿나게 "약속대로" 하라고 통보했다. 천하의 요새며 황제의 근거지가 될 관중 지역은 패공에게 돌아갈 수밖에 없었다. 홍문에서 패공을 놓쳐버린 것은 항우 일생에서 최대의 실수였다. 이렇듯 항우는 결정적인 일에는 우유부단했다. 항우는 패공에 대한 불만을 나중에 초왕에게 풀어 초왕은 결국 항우에게 살해당한다.

항우는 어쩔 수 없이 열여덟 명의 반란군 수령을 각지의 제후 왕으로 임명했다. 그중 주목되는 제후 왕은 패공 유방이었는데, 지금의 사천성에 해당하는 파촉(巴蜀) 지역 및 섬서성 남부 한중(漢中)을 떼어주며 한왕(漢王)에 임명했다. 파촉은 함곡관 서쪽으로, 전국시대에는 진나라 판도니까 억지로 짜 맞추면 관중은 관중이다. 이렇게 편법으로 패공을 억압하고는 관중 본거지로 기어오르는 것을 막으려고 관중 땅을 셋으로 나눠 투항했던 진 제국의 장군 세 명을 그곳 제후 왕에 임명했다. 한편 항우는 제후 왕을 임명하는 과정에서 자신에게 도움이 되었던 사람은 좋은 곳에 임명하고 자신을 돕지 않거나 섭섭하게 했던 사람들은 임명하지 않거나 소홀히 대했다. 훗날 제후 왕들이 서로 겸병 전쟁을 하거나 항우를 궁지에 몰아넣었던 것도 공평하게 떡을 나누지 않았기 때문이다.

항우는 아홉 개 군(郡)을 영지로 하여 팽성(彭城)에 도읍을 정하고 자신은 서초패왕(西楚霸王)이라 칭했다. 패왕이란 제후국의 맹주란 뜻이다. 옛 초나라는 남초, 동초, 서초로 구분했는데 팽성은 서초에 속했으므로 서초패왕이라 불렀다. 제후 왕들이 임명된 지역으로 부임할 때 항우는 초왕을 의제(義帝)로 추대하고 장사(長沙) 지역으로 유배 아닌 유배를 보내며 어서 떠나라고 재촉했다. 의제는 명의만 황제인 허수아비였다. 의제를 따르던 부하들이 항우에 대한 불만이 커지며 배반하려는 조짐이 엿보였다. 항우는 하수인을 시켜 의제 및 대신들을 살해해 버렸다.

항우는 반란군 장수들을 제후 왕에 임명하기만 하면 그곳에서 분수를 지켜 천하는 안정을 되찾을 것이고 자신은 영원히 패왕으로 군림할 것이라 생각했다. 그러나 제후 왕을 임명하자마자 산동성 쪽에서 벌써 문제가 터졌다. 제나라 지역의 실권은 전영(田榮)의 손아귀에 있었다. 전영은 제나라 지역을 장악하고 있었는데, 항량이 전사했던 정도(定陶) 전투에서 전혀 지원을 하지 않았다. 항우는 전영에게 원한을 품고 있었으므로 제나라를 셋으로 쪼개 전불(田市), 전도(田都), 전안(田安)을 제후 왕으로 임명해 전영을 공중분해 시켰다. 또한 하북과 하남에서 나름대로 분전했던 진여(陳餘), 팽월(彭越)을 박대했다. 그러므로 전영, 진여 그리고 팽월이 연합하여 항우를 괴롭히게 된다.

기원전 206년 6월, 이들은 노골적으로 반항우의 깃발을 들었다. 항우가 눈엣가시 전영을 토벌하기 위해 동쪽으로 진격하자 그해 8월 유방은 슬그머니 위로 치고 올라와 관중을 삼켜버린다. 이때부터 항우와 유방이 패권을 놓고 겨루는 초한지쟁(楚漢之爭)이 시작되는 것이다.

전영은 노골적으로 반항우의 깃발을 들며 전불을 내쫓고 자신이 제왕(齊王)에 올랐다. 항우는 크게 노하여 성양(城陽)에서 전영을 대파했다. 전영은 평원(平原)으로 도주했으나 그곳 주민들이 살해하여 국지전은 기본적으로 일단락되었다. 그러나 항우는 제나라 지역이 자기 말을 듣지 않고 반기를 들었다며 닥치는 대로 약탈하고 불을 질러버렸다. 이에 분노한 제나라 지역 백성들이 항우를 원망하자 이를 틈타 전영의 동생 전횡(田橫)이 전영의 아들을 제나라 왕으로 내세워 계속 항우에게 대항하게 된다.

관중 지역을 평정한 유방도 함곡관을 넘어 항우의 패권을 노리고 있었다. 유방은 항우에게 편지를 한 통 썼다. '자신은 그저 관중의 왕에 만족할 뿐 서초패왕에게 도전할 의사는 전혀 없다. 오히려 제나라 지역이 화근이므로 알아서 잘 처리하라'는 당부였다. 항우는 우직하게 그 말을 믿고 계속 제나라 지역에 주둔하며 백성들을 진압하였다. 유방은 이때 슬그머니 동쪽으로 진격하면서 의제(義帝)의 비참한 죽음을 공개적으로 애도하고 그와 동시에 모든 제후 왕들이 합세하여 포악한 항우를 제거해야 한다고 선동했다. 유방은 사절단을 각 제후국으로 보내고 팽월을 장군에 임명하여 초나라의 심장부에서 반란이 일어나도록 획책했다. 항우의 만행 및 불공평한 처사에 불만을 품었던 제후 왕들은 유방의 정치공세에 휘말려 하나 둘씩 반항우 진영으로 돌아섰다. 항우는 반대 세력을 토벌하느라 동분서주했다. 항우의 심복이었던 구강왕(九江王) 경포마저도 항우의 군사 지원 요청을 외면하며 관망하고 있었다.

기원전 205년 2월, 유방은 천하대세는 이미 자기에게 기울었다고 자신하며 초나라 궁실의 금은보화와 미녀들을 접수하여 매일같이 잔치를 벌였다. 항우는 자신의 도읍지가 유방에게 탈취 당했다는 소식을 듣자마자 제나라 지역에서 철수하여 3만 기병을 몰아 팽성 서쪽을 우회하여 서쪽에서 동쪽으로 유방을 공격했다. 유방은 팽성을 함락한 뒤에 제나라 방향 팽성의 동편만을 방어하고 있었다. 항우의 기병이 전혀 예상치 못한 방향에서 기습하자 유방의 군대는 손도 못 쓰고 그대로 무너졌다. 게다가 난데없이 엄청난 황사가 몰아쳐 유방의 군대는 아군과 적군을 구분하지도 못하고 자기편끼리 육박전을 벌이며 밀리다가 무려 10여 만 명이 수수(濉水)로 굴러 떨어져 강물이 막혀 버렸다. 이 전투가 바로 불과 3만 기병으로 유방의 연합군 56만 명을 격파한 팽성 대첩이다.

항우는 계속 유방을 추격하여 세 겹으로 포위했다. 유방은 탈출구가 전혀 없는 상황에 빠졌으며 사태는 절망적이었다. 그런데 난데없이 서북풍이 험하게 몰아치며 나무가 뽑히고 모래바람이 일어나 주위가 마치 밤처럼 어두워졌다. 항우의 군대가 갈피를 못 잡고 허둥대자 유방은 그 틈에 탈출에 성공한다. 유방은 패현(沛縣)에 들러 가족을 데리고 서쪽으로 피신하려 했으나 이미 그곳까지 항우의 군대가 쫓아왔으므로 가족은 모두 뿔뿔이 흩어져버렸다. 서쪽으로 도주하다가 우연히 길가에서 아들 효혜(孝惠)와 딸 노원(魯元)을 만나 마차에 실었다. 그러나 항우 군대의 추격이 워낙 집요하여 죽자 사자 마차를 몰아 도주했다. 유방은 마차가 무거워 속도가 느리다며 아들과 딸을 발로 차서 마차 밖으로 떨어뜨렸다. 안장을 잡고 있던 등공(滕公)이 마차를 세우고 왕자와 공주를 다시 태웠다. 이렇게 하기를 무려 세 번, 그럼에도 불구하고 천행인지 유방은 결국 탈출에 성공했다.

유방이 겨우 목숨만 건져 서쪽으로 패주했지만 그 대신 유방 휘하의 명장 한신(韓信)이 지금의 하남성 형양(滎陽) 부근에서 항우의 군대를 성공적으로 방어하여 더 이상 서쪽으로 진격하지 못하게 했다. 그 사이 유방은 형양(滎陽)과 성고(成皐) 전선을 고수하여 양군은 교착상태에 빠지게 된다. 유방은 패주하면서도 지금의 강소성 탕산현 동쪽의 하읍(下邑)에서 전략회의를 열어 지구전으로 나갈 것을 결정했다. 정면 승부는 유방이 직접 지휘하지만 일단 방어에만 전념하면서 장량의 계책을 채용하여 항우를 무력화시키는 전략을 구사했다. 첫째, 지장(智將) 한신을 북쪽으로 파견하여 하북성을 거쳐 산동성을 평정하고 이어서 남쪽으로 항우를 포위한다. 둘째, 맹장 팽월을 남쪽으로 파견하여 유격전을 지휘하며 항우의 남쪽 방어선을 교란시킨다. 셋째, 맹장 경포를 꼬드겨 항우의 왼쪽 날개를 꺾으면서 전력을 약화시킨다. 유방의 전략이 하나 둘씩 실현되면서 항우는 마침내 지금의 하남성 형양현 성고(成皐)에 주저앉고 만다.

항우와 유방이 성고에서 대치하고 있지만 유방의 군대는 수적으로 우세하되 전투력은 약했다. 반면 항우의 군대는 적었지만 용맹했다. 항우의 참모였던 범증은 필승전략을 제시했다. 병력을 집중하여 성고 전선을 돌파하고 곧장 낙양을 점령하여 관중 땅을 눈앞에 놓으면 유방의 근거지가 위급해지므로 포위 전략이 자연히 붕괴된다는 계산이었다. 팽성 대첩 이후로 제후 왕들은 모두 유방을 배신하고 항우 편으로 돌았다. 한신이 황하 이북을 평정하는 데도 시간이 걸렸다. 경포는 유방에게 투항하여 항우의 옆구리를 찔렀지만 아직은 역부족이었다.

기원전 204년 4월부터 9월까지 유방과 항우는 격전을 벌였다. 항우는 범증의 전략을 관철하여 4월 형양을 맹공하자 유방은 패주하다가 하마터면 생포될 뻔하였다. 항우는 형양을 공략하고 다시 성고(成皐)를 점령했다. 유방은 항우를 지치게 할 생각으로 남쪽으로 피신하여 항우가 추격해오자 재빨리 우회하여 성고를 탈환했다. 6월, 항우가 다시 성고를 격파했다. 유방은 황하 이북으로 탈출하여 한신의 병권을 빼앗아 수무(脩武)에 진을 친다. 그런 다음 팽월과 유가(劉賈)에게 명하여 항우의 후방을 교란시켜 17개 성읍을 빼앗는다. 항우가 후방을 평정하러 남하할 때 유방은 다시 성고와 형양을 탈환한다. 항우는 또다시 회군하여 다시금 형양의 동쪽 광무산을 사이에 두고 대치한다. 그해 9월, 한신은 산동성 쪽으로 진군하여 10월에 제나라를 공략하고 11월, 항우가 파견한 제나라 지원군을 궤멸시켜 항우를 북방에서 철저하게 압박하게 된다.

항우가 성고 방어선을 거의 돌파하여 유방에게 치명적인 타격을 주었는데도 어찌하여 유방의 전술에 말려들어 남북을 분주하며 기진맥진하게 되었을까? 유방은 진평(陳平)이 제시한 반간계를 구사하여 유언비어를 먼저 퍼뜨렸다. 범증과 종리매(鍾離昧)는 큰 공을 세웠는데도 제후 왕에 임명되지 못하자 홧김에 유방에게 투항하려 한다는 헛소문이었다.

게다가 항우가 파견한 밀사가 유방 진영을 방문했을 때 유방은 일부러 성대한 잔칫상을 차려놓았다. 밀사가 자리에 앉아 음식을 들려고 할 때 짐짓 누가 보냈냐고 물었다. 범증이 보낸 밀사인 줄 알고 음식을 풍성하게 준비했다며 항우가 보낸 사람이라면 다시 상을 차리겠다고 잔칫상을 치워버렸다. 잠시 후에 잔칫상이 나왔는데 못 먹을 음식만 내놨다. 화가 난 밀사는 항우에게 그대로 보고했다. 항우가 신임했던 자들은 대부분 친인척들인데 이들은 대부분 무능력했다. 유방의 반간계를 눈치 채지 못한 항우는 범증과 종리매를 불신하게 되었다. 범증 역시 분노하여 항우를 떠났고, 맹장 종리매도 강등 당했다. 항우 주위에는 이제 뛰어난 전략가도 없고 훌륭한 장군도 사라졌다. 자신의 용맹과 용병술 하나만으로 천하를 누비며 군웅을 제압했지만 그때마다 유방에게 농락당하며 승기를 놓쳐버린 것이다.

기원전 202년 11월, 항우는 또다시 유방의 전략에 말려들었다. 일단 휴전하고 홍구(鴻溝)를 분계선으로 천하를 양분하기로 합의했다. 합의를 마치자 항우는 군대를 이끌고 동쪽으로 향했다. 항우와 유방이 광무산을 사이에 놓고 줄다리기를 할 때부터 팽월과 한신의 군대는 여전히 항우의 경내에 있으면서 사태의 추이를 관망하고 있었다. 휴전 합의를 마치자마자 유방은 팽월과 한신에게 밀사를 보내 항우를 죽이면 항우의 관할지를 쪼개 그들에게 나눠주겠다며 지도까지 꺼내 들고 설득했다. 한신과 팽월은 유방의 회유책에 말려들어 사면팔방에서 항우를 공격한다. 항우가 동쪽으로 귀환할 때는 아직도 10만 대군이었지만, 군량미가 딸리기 시작했고 마침 12월 엄동설한이라 지치고 굶주린 군대로 전락했다. 그럼에도 항우는 거록 전투와 팽성 대첩을 통해 쌓아올린 혁혁한 전과와 명성이 있었기에 병사들은 여전히 항우를 따르고 있었다. 하지만 이미 고립무원의 군대였다. 유방을 비롯하여 한신, 팽월, 경포 등이 사방에서 항우 군대를 공격했다. 기원전 202년 12월, 항우가 이끄는 10만 병사는 패잔병의 신세로 굴러 떨어져 한신이 지휘하는 30여 만 대군의 공세에 밀리기 시작했다. 그리하여 지금의 안휘성 영벽현(靈壁縣) 동쪽 해하(垓下)에 이르러 겹겹으로 포위당하고 만다.

항우는 포위망을 뚫기 위해 사력을 다해 돌진했다. 한신은 밀리는 체하면서 방어망을 길게 늘어뜨린 다음 돌진하는 항우의 군대를 양쪽에서 공격하여 10만 병사를 소단위로 조각낸 뒤 각개격파했다. 항우는 결국 포위망을 뚫지 못했을 뿐 아니라 병사는 물론이고 군량미마저 바닥이 나버렸다. 밤이 되자 사방을 둘러싼 유방의 진영에서 초나라 노래가 울려 퍼졌다. 항우는 깜짝 놀랐다. "유방의 군대가 초나라를 모두 점령했는가? 어찌하여 초나라 사람들이 저렇게 많단 말인가."

초나라 고향 노래로 항우 병사들의 투지를 무너뜨리려는 한신의 심리전에 걸려든 것이다. 항우는 자리에서 일어나 술병을 들었다. 얼큰하게 취하자 생사고락을 함께 했던 명마와 애첩 우희(虞姬)가 눈에 들어왔다. 항우는 슬프고도 격정적인 노래를 불렀다. "힘은 산을 뽑고 기개는 세상을 뒤덮었는데, 불운하여 명마마저 달리지 않는구나. 명마가 달리지 않으니 우희여 우희여 너를 어찌할 거나." 항우는 몇 번이고 이 노래를 되풀이했고 우희도 따라 불렀다. 항우가 눈물을 주르륵 흘리자 주위 병사들도 모두 함께 울며 고개를 숙였다.

항우는 다시 말에 올랐다. 이제 휘하에 남은 병사는 기병 8백 명뿐이었다. 밤이 깊어지자 항우는 포위망을 뚫고 남쪽으로 도주했다. 이른 아침 탈출을 알아챈 유방 군대의 관영(灌嬰)이 5천 기병을 이끌고 항우를 추격했다. 항우가 회수를 건넜을 때는 이제 남은 기병은 1백여 명에 불과했다. 지금의 안휘성 정원현(定遠縣) 서북쪽에 이르렀을 때 항우는 길을 잃고 말았다. 밭을 갈고 있던 노인에게 길을 물었다. 노인이 가리킨 방향으로 도주했으나 그곳은 늪지대였다. 마침내 항우는 추격당하고 말았다. 항우가 다시 기병을 이끌고 동쪽으로 탈주하여 정원현 동남쪽에 이르렀을 때는 고작 28명만이 뒤를 따르고 있었다.

항우는 막다른 길에 몰렸다고 판단되자 부하들에게 이렇

게 선언했다. "내가 지금까지 8년 동안 70여 차례 전투를 거치며 승승장구하여 마침내 패왕이 되었다. 그런데 오늘 이 지경에 빠진 것은 하늘이 나를 망친 탓이지 전투를 못한 탓이 아니다. 나는 오늘 여기서 죽겠지만 제군들에게 보여주고 싶다. 통쾌하게 전투를 벌여 연속 세 차례 포위망을 뚫으면서 적장의 목을 베고 군기를 빼앗아 하늘이 나를 망친 것이지 내가 전투를 못한 탓이 아님을 보여주겠노라." 말을 마치자 항우는 기병 28명을 4분대로 나누었다. 아울러 3개 집합 장소를 지정하고 동서남북 사방으로 포위망을 뚫은 뒤 그곳에 모이기로 약속했다.

항우는 돌진하기 직전 부하들에게 소리쳤다. "저쪽에 서 있는 장군의 목을 베겠다." 항우의 명령이 떨어지자 기병 28명은 사방으로 흩어져 돌진했다. 항우는 적진을 돌파하면서 정말 그 장군의 목을 베어버렸다. 이때 장군 양희(楊喜)가 항우를 추격했다. 항우는 벼락 치듯 호통을 쳤다. 양희와 타고 있는 말이 모두 놀라 몇 리를 후퇴했다. 항우와 부하들은 적진을 돌파한 뒤 약속한 집합장소 세 곳에 나뉘어 모였다. 유방의 군대는 항우가 어느 곳에 있는지 파악할 수 없어 세 곳으로 흩어져 다시 포위했다. 항우는 또 돌진하여 백여 명을 죽이고 원위치로 돌아왔다. 전사한 기병은 단 2명뿐이었다. 항우는 부하들에게 물었다. "내 말이 어떤가?" 부하들은 모두 엎드리며 아뢰었다. "대왕 말씀 그대로입니다."

항우는 지금의 안휘성 화현(和縣) 동쪽의 오강(烏江)을 건너려고 했다. 마침 오강의 정장(亭長)이 나룻배를 대고 있었다. 진 제국의 행정제도에 따르면 군(郡) 아래에 현(縣), 현 아래에 향(鄕)이 있으며, 향 아래는 10리마다 정(亭)을 설치하여 치안과 소송을 담당케 했다. 그 정(亭)의 책임자가 정장이다. 정장이 항우에게 아뢰었다. "강동 지역이 비록 작지만 천리 길에 수십만 명이 살고 있으니 권토중래할 수 있습니다. 지금 나룻배는 여기 한 척뿐이오니 어서 오르십시오." 항우는 웃으며 대꾸했다. "하늘이 나를 망치는데 건너간들 무엇 하랴. 이 몸이 강동 자제 8천 명을 이끌고 강을 건너 서쪽으로 진격하여 지금 살아 돌아온 이는 아무도 없다네. 강동의 부모형제가 나를 불쌍히 여겨 아무 말 없이 왕으로 모신다 해도 내 맘이 편하겠는가. 뵐 낯이 없다네." 항우는 정장에게 자신이 타던 명마를 건네며 말을 이었다. "노인장은 후덕한 분이오. 이 말은 나와 함께 전쟁터를 누비며 하루에 천리를 달렸던 명마인데 죽이기 아까워 노인장께 드리리다."

항우는 부하들과 함께 말에서 내렸다. 그리고는 단도를 쥐고 적진으로 뛰어들어 육박전을 전개했다. 항우 혼자서만 수백 명의 적군을 죽였다. 항우 역시 십여 군데 상처를 입었다. 항우의 눈에 언뜻 여마동(呂馬童)의 얼굴이 띄었다. 항우가 소리쳤다. “자네는 바로 나의 옛 친구 여마동이 아닌가?” 여마동은 옆에 있던 왕예(王翳)에게 소리쳤다. “저기 항우가 있다!” 항우가 말했다. “유방이 내 머리에 현상금 1천 금과 1만 호(戶)의 제후왕을 걸었다며. 자네에게 덕을 베풀겠네.” 항우는 스스로 목을 베었다. 왕예가 항우의 머리를 차지하자 나머지 병사들이 항우의 시신을 차지하려고 서로 칼부림을 하여 수십 명의 사상자가 발생했다. 마침내 양희, 여마동, 여승, 양무가 사지를 차지하여 왕예와 함께 맞춰보니 항우가 분명했다. 유방은 1만 호의 봉읍지를 다섯 토막으로 나눠 다섯 명의 공신들에게 나눠주었다. 항우의 질타에 놀라 도망쳤던 양희는 적천후(赤泉侯)에 봉해졌다.

항우가 죽자 초나라 지역은 모두 투항했다. 그런데 노(魯)읍만은 끝까지 버텼다. 유방은 노읍을 짓밟아 폐허로 만들어버릴까 하다가 군주를 위해 절개를 지키는 백성들을 높이 평가하여 항우의 목을 보여주었다. 그때서야 노읍도 항복하였다. 진 제국에 반기를 들었던 초창기에 항우는 노읍의 수장을 한 적이 있었다. 그 때문에 노읍 백성들은 끝까지 유방에게 저항했던 것이다. 유방은 항우의 장례식을 성대하게 치러주고 고인을 애도하며 눈물까지 흘려주었다.

질풍노도와 같이 살았던 서초패왕 항우, 그가 자결했을 때 나이는 불과 서른 하나였다. (항우본기 끝)

효문본기(孝文本紀)

한나라 효문제는 고조 유방의 넷째 아들로 이름은 유항(劉
恒)이다. 유방이 황제에 등극한 지 11년째 되던 해, 즉 기원전
196년, 대(代) 지역에서 반란을 일으킨 진희(陳豨)를 평정하
고 유항을 대왕(代王)에 임명했다. 대(代)는 지금의 하북성과
내몽고 자치구 경계 지역, 그리고 산서성 동북부 지역에 해당
한다. 유항이 대왕에 즉위한 지 17년 되던 해 7월 여태후가
죽고, 그해 9월 여씨 일족이 반란을 도모하려다가 제압되었
다. 중앙 정부의 대신들이 후계 황제를 물색하는 과정에서
유항이 낙점되어 황제에 등극한다.

승상 진평과 태위 주발 등이 사신을 파견하여 유항을 황제
로 모시려 하였다. 유항은 측근을 불러 상의했다. 비서실장

장무(張武)가 아뢰었다. "중앙정부의 대신들은 고조 황제 시절의 백전노장들로 군사에 정통하고 권모술수에 능합니다. 그들이 신하에 만족할 인물들이 아닌데 지금까지 경거망동하지 않은 것은 단지 고조와 여태후의 위엄 때문이었지요. 고조도 돌아가시고 불과 얼마 전 여태후 및 여씨 일족도 숙청되어 수도 장안은 아직까지 선혈이 낭자합니다. 그런데 이런 때에 대왕을 황제로 모시겠다니 무슨 음모인지 알 수가 없습니다. 일단 병을 핑계로 옹립을 사양하시고 사태 변화를 관망하는 것이 좋을 줄 아뢰오." 그러나 왕궁 경비사령부의 송창(宋昌)은 다른 의견을 내놓았다. 항렬로 보나 인품으로 보나 유항의 자격이 가장 합당하여 모시는 것이니 의심할 필요가 없다고 진언했다. 유항은 답답하여 생모 박태후(薄太后)와 상의했지만 여전히 갈피를 잡지 못했다. 그리하여 거북의 등껍질을 태워 점을 쳐보았다. 거북의 등껍질이 가로로 길게 갈라졌다. 점괘는 이러했다. "가로로 길게 갈라진 것은 지위에 변동이 있을 징조이다. 나는 장차 천왕이 되어 하나라의 계(啓)처럼 아버지를 계승하여 조상의 사업을 크게 번창시키게 된다." 유항은 아리송하여 반문했다. "과인은 이미 왕인데 또 무슨 왕이 된다는 것일까?" 점쟁이가 아뢰었다. "천왕이란 천자입니다!"

유항은 그래도 안심이 안 되었다. 일단 외삼촌 박소(薄昭)

를 중앙정부로 파견하여 주발을 만나보게 하였다. 주발 등 대신들은 인선 과정과 의도를 소상하게 설명해 주었다. 박소가 귀환하여 그대로 보고하자 유항은 비로소 웃으며 송창에게 말했다. "그대 말이 맞구려." 유항은 송창, 장무 등 여섯 명의 시종을 대동하고 장안으로 향했다. 고릉현(高陵縣)에서 일단 정차하여 쉬면서 먼저 송창을 파견하여 장안의 상황을 파악토록 했다. 송창이 장안의 서북방 위교(渭橋)에 이르자 승상 이하 문무백관이 이미 도열하여 유항의 행차를 기다리고 있었다. 송창이 급히 돌아와 보고하자 유항은 비로소 위교로 향했다.

유항이 도착하자 문무백관이 순서대로 배알했으며 유항 역시 마차에서 내려 일일이 답례했다. 태위 주발이 입을 열었다. "황제 폐하와 독대하여 말씀드릴 일이 있사옵니다." 이때 송창이 가로막았다. "공적인 일이라면 공개적으로 아뢰시오. 개인적인 일이라면 황제는 개인적인 일은 청취할 수 없소!" 주발은 찔끔하여 무릎을 꿇고 머리를 조아리며 옥새와 부절(符節)을 유항에게 바쳤다. 옥새는 황제의 도장이고 부절은 군대 및 문무백관을 호령하는 증서이다. 유항은 선뜻 받아들이지 않고 사양했다. "일단 공관에 머물겠소이다. 이 문제는 천천히 상의하기로 합시다." 유항은 시종들과 함께 장안에 마련된 제후 왕의 사택으로 들어갔다. 대신들도 유항

일행을 뒤따라갔다.

승상 진평, 태위 주발, 대장군 진무, 어사대부 장창, 주허후 유장, 동모후 유흥거 등이 다시 무릎을 꿇고 머리를 조아리며 아뢰었다. "대왕께서는 고조의 장자로서 사직을 생각하여 황제에 오르셔야 합니다." 유항은 여전히 사양했다. "종묘사직을 계승하는 일은 중대한 일이라 과인의 능력이 부족하여 감당하기 어렵소이다. 대신들께서는 다시 상의하여 적당한 분을 모시도록 하십시오. 과인은 정말 부족하오이다." 대신들은 머리를 조아리며 다시금 간청했다. 유항은 또 완곡히 사양했다. 이렇게 하기를 무려 다섯 차례, 마침내 승상 진평이 아뢰었다. "저희들이 대왕께 간청하는 까닭은 대왕 이외에는 합당한 분이 없기 때문입니다. 천하 만민이 모두 합당하다고 생각하오니 부디 저희들의 간청을 들어 주십시오." 그때서야 유항은 받아들였다.

그날 밤 유항은 미앙궁(未央宮)에 들어가 송창을 위장군으로 임명하여 남군과 북군을 통솔하게 했으며, 장무를 황실비서실장으로 임명하여 황궁의 경비를 맡도록 하였다. 이어서 조정 회의를 열어 조서를 내렸다. "대사면을 내립니다. 백성들 일백 가구당 소 한 마리와 술 10석을 하사합니다. 전국의 백성들은 닷새 동안 맘껏 마시고 즐기십시오." 그 당시는 3인 이상이 뚜렷한 이유 없이 모여서 술자리를 마련하면 징계를 받았다.

효문제는 고조 유방의 능묘를 참배하고 인사를 단행했다. 우승상 진평을 좌승상으로 전직시키고 태위 주발을 우승상으로 임명했다. 태위는 대장군 관영을 임명했다. 여씨 일족의 봉읍지는 모두 원주인에게 돌려주었고, 여씨 숙청에 공을 세웠던 대신 및 장군들에게 후한 상금을 내렸다.

황제에 등극하던 해, 즉 기원전 179년 12월, 효문제는 연좌제 폐지를 지시했다. "법률이란 폭력을 금지하고 분규를 조정하여 백성들이 선량하게 살도록 유도하는 장치입니다. 그런데 한 사람이 법률을 어겼을 때 그 사람은 이미 징벌을 받았는데도 무고한 부모형제가 연대 책임을 지고 심지어 노예로 전락하기도 합니다. 짐은 옳지 않다고 생각하니 개정을 검토하십시오." 관계 장관들이 아뢰었다. "백성들은 자율적으로 행동하지 못하므로 법률을 만들어 그들을 구속하는 것입니다. 연좌제를 만든 것은 부모형제를 생각해서라도 함부로 경거망동하지 않도록 압박하는 제도입니다. 이런 제도는 그 유래가 무척 오래 되었사오니 그대로 유지하는 것이 좋을 것으로 사료되옵니다." 효문제는 동의하지 않았다. "법률이 타당하면 백성들은 성실해집니다. 법률을 공정하게 적용하면 백성들은 법을 잘 준수합니다. 백성을 다스리면서 백성이 착하게 살도록 지도하는 것이 관리의 임무입니다. 백성들이 성실하게 법률을 지키며 착하게 살도록 지도하지도 못하면서 법을 어겼다고 징벌하는 데만 힘을 쏟는다면 백성들에게 죄를 짓도록 가르치는 것이나 다를 바가 없습니다. 연좌제의 좋은 점이 무엇인지 짐은 알 길이 없소이다. 다시 상의하여 개정하도록 하시오." 관리들이 다시 아뢰었다. "우매한 저희들이 황제의 인자한 뜻을 헤아리지 못했나이다. 황제의 조서를 받들어 연좌제를 폐지하도록 하겠나이다."

그 뒤 관련 부처에서 황태자를 미리 정해놓는 것이 좋겠다는 건의가 들어왔다. 효문제는 사양했다. "황제에 오른 지 얼마 되지도 않았고, 또한 그 사이 특별히 잘한 일이 없어 백성들이 만족하지 않고 있소이다. 천하의 인재를 널리 구해 훌륭한 인품과 능력을 겸비한 분에게 황제 자리를 양보하려는데 황태자를 미리 세우라니 천하 백성들에게 어떻게 설명하란 말이오? 백성을 생각하는 것이 아니니 그런 말은 꺼내지 마시오." 관리들이 아뢰었다. "황태자를 미리 세우는 것은 정국을 안정시키는 일이므로 천하 백성들을 항상 생각하겠다는 뜻입니다." 효문제도 물러서지 않았다. "초왕(楚王)은 저의 숙부입니다. 연세도 지긋하시고 경험도 풍부하여 국정 운영에 밝습니다. 오왕(吳王)은 저의 형님입니다. 성품이 인자하고 총명하십니다. 회남왕(淮南王)은 제 동생입니다. 재주와 덕행을 겸비했지요. 이분들께 황제 자리를 인계하는 것이 좋지 않겠습니까. 게다가 종실 자제 및 대신들 중에도 재덕을 겸비한 분들이 많은데 그분들이 제가 못한 일을 해주신다면 천하 만민의 복입니다. 이렇게 많은 분들을 놔두고 반드시 과인의 아들에게 계승시킨다는 것은 천하와 백성을 생각하지 않는 일이니 받아들일 수 없소이다." 관리들이 간청했다. "옛날 은나라 주나라가 번성한 것도 모두 부자계승으로 왕위를 이었기 때문입니다. 고조 황제의 유언 역시 그러하오니 어길 수 없사옵니다. 황제 폐하의 아들 누구누구가 가장 연장이고 인품 또한 돈독하오니 황태자로 내정하여 주시옵소서." 그때서야 효문제가 받아들였다. 효문제는 황태자를 정하면서 그와 동시에 백성들 중에 아버지를 계승하는 아들 모두에게 작위(爵位) 1급씩을 하사했다.

관련 부처에서 황태자의 생모를 황후(皇后)로 추대하자고 건의했다. 효문제는 황태자의 생모 두(竇)씨 부인을 황후로 승격시켰다. 그와 동시에 백성들 중에 홀아비, 과부, 자식 없는 노인, 부모 없는 자식 및 장애인, 그리고 여든 이상 노인과 아홉 살 이하 고아들에게 일정한 양의 옷감, 쌀, 고기를 하사하였다. 효문제는 황제에 즉위하자마자 백성들에게 덕정을 베풀고 외국 이민족들과도 잘 지내서 모두들 즐거워하였다. 효문제는 대(代) 지역에서 자신을 수행하여 장안에 들어온 시종들의 공로를 치하하고 승진시켜 주었다. 또한 고조 유방과 고락을 함께 했던 제후 왕들을 위로하는 차원에서 식읍 (食邑)을 추가해 주었다.

효문제 2년, 즉 기원전 178년 11월 그믐날에 일식이 있었다. 12월 보름에도 일식이 있었다. 효문제는 조서를 내렸다. "하늘이 천하 만민을 낳으면, 백성들을 잘 다스리기 위해 임금을 둔다고 합니다. 그런데 임금이 부덕(不德)하고 시정이 공정하지 않으면 자연재해를 내려 경고한다고 합니다. 11월 그믐날에 일식이 하늘에 보였으니 이런 재난이 어디 있겠습니까. 짐이 무슨 잘못을 했기에 이런 일이 벌어지는지 모두들 곰곰이 생각하여 지적해주기 바랍니다. 또한 여러분들은 어질고 정직하여 직언을 할 수 있는 사람을 적극 추천하여 짐의 과오를 바로잡아주기 바랍니다. 관리들은 노동력 징발을 자제하여 백성들을 편하게 해주기 바랍니다. 변경의 수비대를 철수시킬 수는 없지만 황궁을 수비하는 군대는 철수시켜 비용을 절감하기 바랍니다. 궁중에 꼭 필요한 마필만 남겨놓고 나머지는 모두 역참으로 돌려서 사용하기 바랍니다."

그해 정월 효문제가 말했다. "농사는 천하의 근본이니 짐이 직접 농사를 지어서 종묘 제사의 음식을 마련하겠습니다." 그해 3월 효문제는 조서를 내렸다. "옛 제왕들이 천하를 다스릴 때 궁실 앞에 깃대와 목판을 세워 누구나 자유롭게 의견을 밝히도록 하였습니다. 그러므로 직언을 하는 사람들이 몰려들었지요. 지금 법령에는 비방 및 유언비어 죄목이 있어 관리들이 감히 불만을 꺼내지 못하므로 황제는 옳은 소리를 듣지 못합니다. 이렇게 되어서야 인품과 능력을 갖춘 인재가 먼 곳에서 찾아올 수 있겠습니까? 이런 법령은 폐지하도록 하시오. 백성들이 황제를 저주하다가 서로 의견이 안 맞아 관가에 밀고하는 일도 있습니다. 관리들은 대역죄로 단죄하고 있습니다. 혹은 빗나간 소리라도 하게 되면 비방 죄로 처형합니다. 이런 일로 무지한 백성들이 영문도 모르고 죽어갑니다. 이런 처벌이 있어서는 안 된다고 짐은 믿으며 앞으로는 이런 일로 잡혀오는 백성은 결코 처벌하지 마시오.”

효문제 13년, 즉 기원전 167년 여름, 효문제는 조서를 내렸다. “문무백관의 잘못은 짐의 부덕 탓입니다. 하늘에 복을 기원하는 관리가 기도를 할 때 좋은 일은 짐에게 돌리고 나쁜 일은 관리들 탓으로 돌리는데 그런 기도는 짐의 부덕을 가중시키는 일입니다. 짐은 수치스러우니 그런 기도는 폐지토록 하시오.”

그해 5월, 제(齊)나라 태창령(太倉令) 순우공(淳于公)이 죄를 지어 장안으로 이송되어 체형을 당하게 되었다. 태창공은 아들이 없고 딸만 다섯이었다. 태창공이 체포될 때 그는 딸들에게 욕설을 퍼부었다. “자식을 낳아도 아들이 없으니까 이런 일이 생겨도 뭐 하나 도움이 안 된단 말이다!” 막내 딸

제영(緹縈)은 아비의 말에 억장이 무너졌다. 아비를 뒤쫓아 장안까지 달려가 탄원서를 올린다. "소녀의 아비는 관리를 하면서 청렴공정하다고 소문이 났습니다. 그런데 한순간의 실수로 체형을 당하게 되었습니다. 사람이란 목숨이 죽으면 다시 살아날 수 없고, 몸이 망가지면 회복할 수 없는 것이 슬픕니다. 비록 회개하고 새롭게 살아가려고 해도 방법이 없사옵니다. 원하옵건대 소녀가 관청의 노비가 되는 것으로 아비의 죄를 사하여 주셔서 아비가 새롭게 살아갈 수 있도록 허락해 주옵소서." 탄원서가 황제에게 전해졌다.

효문제는 그 뜻을 갸륵하게 여겨 조서를 내린다. "순(舜) 임금 시절에는 의복에 표시를 하거나 특정한 색깔의 옷을 입게 하여 수치심을 느끼게만 하여도 백성들이 법을 어기지 않았는데 그 이유는 무엇입니까? 정치가 청명하여 높은 경지에 올라갔기 때문입니다. 지금은 얼굴에 먹물을 입히고 코를 베고 발목을 자르면서까지 처벌을 해도 간악한 범죄가 그치지 않는 이유는 무엇입니까? 짐이 부덕하여 백성을 제대로 교도하지 않은 탓이 아니겠습니까? 생각이 여기에 미치면 나는 무척 부끄럽습니다. 제대로 백성을 인도하지 못하여 백성들이 법망에 빠지고 있습니다. 『시경』에도 이르듯 '자상한 군자는 백성들의 부모 같다' 고 했습니다. 백성들이 죄를 범했을 때 제대로 교도하지 않고 체형부터 가한다면 반성하고 새롭게 살고자 해도 길이 없는 것입니다. 짐은 너무도 애달프게 생각합니다. 팔다리를 자르거나 피부를 손상시키는 형벌은 평생토록 회복될 수 없으니 그 얼마나 괴롭고 잔인한 일입니까. 어떻게 백성의 부모 된 자로서 그런 비극을 바라겠습니까. 체형을 폐지하도록 하시오.”

그해 효문제는 농업 문제에 대하여 이렇게 선포했다. “농사는 천하의 근본이므로 가장 힘을 써야 합니다. 지금 백성들은 애써 농사를 지어도 세금을 내야 하는데 상업이나 수공업에 종사하는 것과 별 차이가 없습니다. 농업을 장려하는 제도가 제대로 마련되지 않았다고 봅니다. 앞으로 농업세를 면제토록 하시오.”

효문제 15년, 즉 기원전 165년, 조나라 사람 신원평(新垣平)이 구름을 보고 길흉을 예측하는 재주로 황제의 환심을 샀다. 그로부터 2년 뒤 옥팔찌가 출토되었는데 “인주연수”(人主延壽)” 넉 자가 새겨져 있었다. ‘임금님 오래 사세요’의 뜻이다. 이를 기념하는 의미에서 효문제는 연호를 새롭게 시작하여 이 해를 새로운 원년으로 삼았다. 아울러 백성들이 닷새 동안 맘껏 마시며 즐기도록 허락했다. 그런데 그해 옥팔찌 사건은 신원평이 농간을 부린 것으로 밝혀져 삼족을 멸했다.

이듬해 효문제는 북방 기마민족 흉노와 관련하여 조서를

내렸다. "짐이 부덕한 탓에 덕정이 멀리 미치지 못하여 외국 민족들이 소란을 피우고 있습니다. 그리하여 사방 국경선이 불안스럽고 수도 주위도 안정을 못 찾고 있습니다. 짐의 수양이 부족한 탓에 덕정이 멀리 미치지 못하기 때문이지요. 짐은 천하와 백성 생각에 항상 걱정하여 사신을 줄지어 보내 흉노족 수장 선우에게 짐의 뜻을 전했습니다. 그런데도 선우는 침탈을 계속하고 있습니다. 이에 짐은 사직의 안전과 천하 만민의 평안을 위하여 선우와 함께 과거의 잘잘못은 모두 묻어버리고 형제의 의를 맺어 화목하게 사는 상생의 길로 나아가고자 합니다. 오늘부터 사이좋은 형제가 되기로 합시다." 그해 가뭄이 들고 메뚜기 떼가 기승을 부렸다. 효문제는 제후들이 바치는 공물을 면제시켰고 산과 호수의 자원 채취 금지령을 해제했다. 또한 황제 개인의 의복, 마차 및 오락을 줄이고 비서실을 축소시켰으며 황실 전용 양식 창고를 열어 빈민을 구제했다. 여유가 있는 백성들은 양식을 관가에 바치고 관직을 살 수 있도록 허가했다.

효문제가 23년 동안 황제를 하면서 궁실, 정원, 마차, 그리고 개인적인 오락물은 처음 즉위할 때보다 늘어난 것이 없었다. 오히려 백성들에게 이롭겠다 싶으면 개인적으로 불편을 감수하더라도 기꺼이 희생했다. 한번은 관리들이 황제 전용 누각을 만들기 위해 기술자를 불러 예산을 짜봤더니 1백 금

(金)이 필요했다. 효문제는 소식을 듣고 기겁했다. "1백 금이면 중산층 백성의 열 가구 일년 소득입니다. 제가 선조의 궁실에서 편안히 살고 있어 항상 불안하고 죄스러운 마음인데 전용 누각까지 만들어서 뭐 하겠습니까." 효문제는 거친 옷감으로 옷을 만들어 입었고, 총애하는 신(愼)부인의 치마마저도 땅에 닿을 정도로 길게 만드는 것을 불허했다. 뿐만 아니라 궁전의 커튼은 자수를 못 놓게 하여 근검절약을 솔선수범했다. 자신의 침릉(寢陵)을 조성할 때도 모두 기왓장으로 덮었을 따름이며 금이나 은, 혹은 구리, 주석 등 금속으로 장식하는 것을 허용하지 않았고 땅을 파서 조성했을 뿐 봉분을 높게 쌓지 않았다. 뭐든지 간소하게 하여 백성들의 부담을 조금이라도 줄이려고 하였다.

남월왕(南越王) 위타(尉佗)가 독립하여 스스로 무왕(武王)으로 칭하며 한 제국과 대등하게 교류하려고 했다. 효문제는 응징하기는커녕 오히려 위타의 형제들을 불러 관직을 하사하고 더욱 잘해 주었다. 위타는 덕정에 감동하여 스스로 황제의 칭호를 버리고 제후 왕으로 복귀했다. 흉노족과 화해했지만 흉노족은 수시로 맹약을 깨고 변경 지역을 침탈했다. 그러나 효문제는 가급적 방어하는 방향으로 참았으며 원정군을 파견하여 응징한다든가 하는 행위는 극도로 삼갔다. 전쟁이 일어나면 백성들이 힘들어할까 걱정했기 때문이다. 오왕(吳王)이 노환을 핑계 삼아 당시 예법에 따라 응당 수행해야 하는 정기적인 알현을 회피하자 효문제는 진노하기는커녕 오히려 지팡이를 하사하여 스스로 느끼는 바가 있게끔 유도했다. 원앙(袁盎)과 같은 신하들이 직설적이고도 각박하게 말을 꺼내도 효문제는 항상 관대하게 일을 처리해 주었다. 핵심 측근이던 장무(張武) 등이 뇌물을 받았다가 발각되었을 때도 효문제는 오히려 황실의 금고를 열어 거금을 하사하였다. 법관에게 넘겨 처벌하지 않고 스스로 부끄러운 마음이 들게끔 했던 것이다. 요컨대 효문제의 통치는 인격과 덕망으로 백성을 교화시키고자 하였다. 그러므로 효문제 통치 기간은 국내외가 평화롭고 백성들의 생활은 윤택해졌다. 생활에 여유가 생기므로 백성들은 예의와 염치가 있었다.

기원전 157년 6월, 효문제(孝文帝)는 미앙궁에서 서거했다. 유서를 내렸는데 그 내용은 이러하다. "생명은 태어나면 반드시 죽는 법이니 이것은 자연의 이치로서 슬퍼하고 말고가 없습니다. 세상 사람들은 모두 삶을 좋아하고 죽음을 괴롭다고 여겨 부모형제 친척이 죽으면 그들을 위해 장례를 후하게 치르는데 그렇게 하다보면 재산을 탕진하기도 하고 오랫동안 상복을 입는 탓에 건강마저 해치기도 합니다. 나는 옳지 않다고 봅니다. 짐은 부덕한 사람으로 생전에 백성들에게 큰 도움도 못 되었는데 죽는 마당까지 또 백성들에게 오랫

동안 상복을 입히고 통곡을 하게 만들며 춥고 더운 날씨에 남녀노소 백성들을 애달프게 하고 먹고 마시는 것을 삼가게 하고 집안 제사도 못 올리게 하는 것은 나의 부덕함을 가중시키는 일입니다. 그렇게 하는 것이 과연 백성을 생각하는 일이겠습니까? 짐이 종묘를 모시며 하찮은 능력으로 천하 군왕 위에 군림한 지가 벌써 20여 년이나 되었습니다. 하늘과 땅이 보호해 주시고 사직이 복을 내려 주셔서 그 동안 나라가 편안했고 전쟁도 없었습니다. 짐은 애당초 부족한 사람이었기에 행여 잘못하여 고조의 명예를 더럽히지 않을까 항상 걱정했습니다. 재위 기간이 길어서 혹시나 끝까지 마무리를 잘할 수 있을까 두려웠는데 이제 다행히 천수를 누리고 종묘에 들어가 고조를 모실 수 있게 되었으니 짐의 우매함에 비추어 축하했으면 했지 슬플 일이 뭐가 있겠습니까.

천하 만민에게 명하노니 발상하고 사흘 지나면 상복을 벗을 것이며, 장가 시집 보내고 제사 올리고 술 마시고 고기 먹는 일 등은 결코 자제할 필요가 없습니다. 짐의 장례식에 응당 참가해야 할 사람을 제외하고는 맨발로 땅을 밟으며 통곡하지 마십시오. 복상 중에 머리나 허리에 매는 마대는 3촌을 넘지 말 것이고 마차를 진열하고 병기를 들어가며 의장 행렬을 하지 마십시오. 백성들을 궁전 앞으로 동원하여 곡을 하게 하지 마십시오. 궁중에서 예법상 응당 곡을 해야만 하는 사람들은 일률 조석으로 열다섯 번 곡을 하는 것으로 예의를 끝내십시오. 조석으로 정해진 시각 이외에는 함부로 곡을 하는 것을 금지시키십시오. 짐을 땅에 묻고 나면 멀고 가까운 촌수를 따져서 아무리 길어도 보름, 짧으면 이레 만에 상복을 벗게 하십시오. 그 외에 짐이 유언하지 않은 내용은 모두 짐의 취지에 준하여 처리하기 바랍니다. 천하에 널리 짐의 뜻을 알려주시기 바랍니다. 짐의 침릉 패릉(覇陵) 근처의 산과 내는 원래 모습 그대로 유지할 것이지 좋게 꾸민다고 백성들을 번거롭게 하지 마십시오. 짐의 후궁들은 모두 부모 품으로 돌려보내십시오.”

효문제가 서거하자 대신들은 무릎을 꿇고 머리를 땅에 대며 효문황제의 존호(尊號)를 올렸다.

태자 유계(劉啓)가 고조묘에서 즉위하여 ‘황제’의 호칭을 계승했다. 효경(孝景)황제 원년 10월, 즉 기원전 156년 10월 효경황제는 부친을 기리며 아래와 같이 조서를 내렸다. “예부터 조(祖)라는 칭호는 창업자에게 바치고, 종(宗)의 칭호는 덕정을 베푼 자에게 바쳤다. 의식과 찬송가를 만드는 이유가 있는데 찬송가는 덕행을 찬송하기 위함이고 춤은 업적을 기리기 위함이다. 효문황제께서 천자에 오르신 후 통행증을 없애시고 천하 만민을 사랑하셨다. 비방죄를 없애고 체형을 폐지하고 연좌제를 없애고 후궁 비빈들을 돌려보내고 무슨 일이든 백성 편에서 생각하셨다. 황제 본인은 자신의 기호나 개인적인 욕심을 극도로 억제하셨다. 이런 인격과 덕행은 설령 상고시대의 전설적인 제왕이라 하더라도 실행하기가 힘들었을 텐데 효문황제께서는 친히 실천하셔서 천하 만민이 그 은혜를 입었다. 황제의 광휘는 해와 달과 같은데 제사를 올릴 때 그에 합당한 가무가 없다면 짐이 불안해서 견딜 수 없다. 효문황제를 위하여 '밝은 덕행'(昭德)의 가무를 제작하여 황제의 아름다운 덕행을 찬미하고 그 공덕이 만세도록 전해지도록 하여라."

승상 신도가(申屠嘉) 등이 아뢰었다. "폐하께서 효도를 영원히 생각하시는 마음은 저희 우매한 신하들이 감히 짐작할 바가 아니옵니다. 저희들이 삼가 상의하였는 바, 만세의 창업은 고조 황제보다 더 큰 분이 없고, 덕정의 훌륭함은 효문황제보다 더 큰 분이 없사옵니다. 고조 황제께서는 태조묘로 봉안되시고, 효문황제께서는 태종묘에 봉안되는 것이 마땅할 줄 아뢰옵니다. 후세 천자들은 제후와 후작들을 거느리고 해마다 조종(朝宗)의 묘에 제사를 올리도록 법전에 명기하여 온 세상에 선포하겠나이다." (효문본기 끝)

2장

표(表)편

표는 「진초지제월표」 한 편을 선택했다. 표는 가로 세로 박스인데 MS Office의 엑셀을 상기하면 대충 감이 잡힐 것이다. 여기서는 「진초지제월표」의 서문을 한글로 옮기고 표의 모습과 내용을 파악할 수 있게 비교적 상세하게 해설했다.

진초지제월표 해설

　「진초지제월표」란 진 제국으로부터 초나라 멸망까지의 월별 기록표란 뜻이다. 기원전 209년 진섭이 진 제국에 반기를 든 이후로 항우가 한때 득세했다가 자살하고, 마침내 기원전 202년 유방이 한 제국의 초대황제에 등극할 때까지의 8년 기간을 월 단위로 표로 짠 것이다. 사마천은 「진초지제월표」의 작성 취지를 「태사공자서」에서 이렇게 설명했다. "8년 사이에 무려 정권이 세 번 바뀔 정도로 격변을 겪어 월 단위로 자세하게 작성하였다." 그런데 정작 표의 서문에서는 "5년 사이에 호령이 세 번 바뀌었다"고 했는데 왜 3년의 차이가 날까? 진섭이 반기를 든 이후 3년째 되던 해 항우가 함양에 입성하여 진 제국의 마지막 황제 자영을 살해하면서 진 제국이 정식으로 멸망했기 때문이다. 정권이 세 번 바뀌었다거나 호령이 세 번 바뀌었다는 것은 진섭, 항우, 유방이 순서대로 주도권을 잡으며 진 제국에서 진섭으로, 진섭에서 항우로, 항우에서 유방으로 정권이 넘어간 것을 가리킨다.

「진초지제월표」는 두 부분으로 구성되어 있다. 첫 부분은 진 제국을 기록한 진표(秦表)며 둘째 부분은 초나라를 기록한 초표(楚表)이다. 진섭이 반기를 들자 전국시대 여섯 제후국의 후예들이 앞 다투어 봉기했으므로 진표는 전국시대「육국연표」의 뒤를 잇도록 설계했다. 그러므로 세로로는 위로부터 진 제국을 게시하고, 바로 밑에 순서대로 초(楚), 항(項), 조(趙), 제(齊), 한(漢), 연(燕), 위(魏), 한(韓) 등 8개 반란군 세력을 나열하며 월별로 중요한 사건을 박스 안에 기록했다. 한편 둘째 부분의 초표는 항우가 서초패왕에 등극하면서 반란 세력의 수장들을 각기 연고지의 제후 왕에 봉한 내용부터이다.

진표는 진 제국의 2대 황제 호해 원년을 기원으로 삼았으나 제3대 황제 자영이 죽자, 그 뒤를 이은 초표는 의제(義帝) 원년을 기원으로 삼아 천하의 대권이 초나라로 넘어간 것을 표시했다. 의제가 항우에게 살해당한 이후 초표는 공란으로 표기했을 뿐 항우를 윗 칸으로 승격시키지 않은 이유는 무엇일까? 항우는 단지 맹주에 그쳤을 뿐 황제를 칭하지 않았기 때문이다. 그러나 그 당시 실권은 항우에게 있었으므로 항(項)표 박스에 "항우가 맹주가 되어 천하를 장악하고 18명의 제후 왕을 임명했다"고 기록했다. 그 뒤 한왕 5년, 유방이 황제에 즉위했는데도 가장 상단으로 승격시키지 않고 원래 그 자리 한(漢)표에 기록한 이유는 무엇일까? 항우의 멸망까지만 기록하려고 했기 때문이다. 요컨대 진 제국 말기로부터 초나라 항우의 멸망까지를 월표로 짰으므로 「진초지제월표」라 명명한 것이다.

진 제국 말기부터 초나라 항우의 멸망까지는 8년에 불과하지만 격동의 세월이므로 월 단위로 기록하지 않을 수 없었다. 진섭은 왕을 칭한 지 불과 6개월 만에 살해되었고, 무신(武臣)은 조나라 왕을 칭한 지 불과 4개월 만에 살해되었다. 위구(魏咎)와 전담(田儋) 역시 10개월 만에 살해되었다. 모두 1년을 못 넘긴 것이다. 항량이 반기를 든 지 13개월 만에 전사하자 항우가 뒤를 이어 항(項)표의 기원을 새롭게 시작했다. 이렇게 본다면 이 시기는 월별로 기록하지 않으면 안 될 정도로 상황이 급박하게 전개되었던 것이다.

진표는 진섭으로부터 시작하여 항우가 함양에 입성할 때까지 3년을 기록했지만 햇수는 없고 달수만 표기되었다. 초표는 항우가 18명 제후 왕을 봉한 이후 유방이 황제에 등극할 때까지 5년을 기록하면서 햇수와 달수를 모두 기록했다.

단지 초표는 항우 및 17명의 제후 왕을 표기하면서 햇수는 표기했으되 '정월'과 같은 표기는 일체 없었다. 그러나 유방이 함양에 입성하자 곧바로 '한나라 원년'으로 표기했고 이어서 '정월'까지 표기했으며, 자영이 죽은 달보다 두 달 앞당겨 바짝 당겨놓아 한나라 유방이 진 제국을 정식으로 계승했다는 뜻을 담았다. 이렇게 본다면 '진한지제'(秦漢之際)라고 해도 좋은데 굳이 '진초지제'(秦楚之際)라 한 이유는 무엇일까? 진 제국을 붕괴시킨 진섭과 항우의 공로를 부각시키려 했기 때문이다.

「진초지제월표」의 서문은 하-은-주 이래 천하를 통일하는 일이 얼마나 어려웠는지 설명하면서 진 제국이 멸망하고 정권이 세 번씩이나 뒤바뀌었던 원인을 분석한 뒤 진 제국의 잔인한 고압통치가 오히려 호걸들이 봉기할 자본이 되어 버렸다는 의미심장한 결론을 내리고 있다. 다음은 「진초지제월표」의 서문이다.

진초지제월표(秦楚之際月表) 서문

진 제국 말기로부터 초나라 초기의 파일을 열람하고 느낀 점을 말해보련다. 처음 봉기한 것은 진섭이나 포악하게 진 제국을 붕괴시킨 것은 항우였다. 유방이 일어나 난폭한 국면을 진압하고 천하를 평정하여 황제에 등극하자 마침내 한 제국이 탄생했다. 불과 5년 사이에 호령이 세 번 바뀌었는데 역사상 이토록 격변을 겪은 시기는 일찍이 없었다.

옛날 순임금, 우임금이 왕위에 오를 때는 인격을 도야하고 공적을 쌓기를 무려 수십 년, 은덕이 백성에게 흡족하게 미치고 왕권을 대행하며 하늘의 검증을 받은 이후에 비로소 왕위를 넘겨받았다. 탕왕, 무왕이 왕이 되기까지도 우선 그들의 시조였던 설 및 후직이 각기 인격을 도야하고 덕정을 행하기를 무려 십여 대, 약속하지도 않았는데 포악한 천자를 토벌하고자 맹진(孟津)으로 몰려든 8백 제후, 그래도 아직 부족하다 하여 덕정을 계속 행하다가 마침내 걸주(桀紂)를 몰아내거나 죽였다. 진 제국만 해도 양공(襄公) 시절부터 부상하기 시작하여 진문공, 진목공, 진헌공, 진효공을 거치며 차츰차츰 함곡관 동쪽의 제후국을 잠식하다가 1백여 년 뒤에 진시황제에 이르러 비로소 중원 6개 국을 합병하게 되었다. 저렇게 덕행을 쌓고 이렇게 공을 들였던 것으로 보아 천하 통일은 결코 쉬운 일이 아니었다.

진시황제가 천하를 통일한 후 세상에 전쟁이 그치지 않는 이유는 제후 때문이라고 생각하여 한 뼘의 땅도 봉하지 않고 유명한 성곽을 무너뜨리고 병기를 녹이고 호걸들을 제거하여 만세토록 편안한 세상이 되기를 바랐다. 그러나 호걸들이 민간에서 봉기하여 이합집산을 거듭하며 맹공하는 그 기세는 하—은—주 삼대보다 더욱 극심하였는 바, 그 전에 진 제국의 가혹한 고압통치는 오히려 호걸들이 난관을 극복하고 봉기하는 자본이 되었을 뿐이다. 그러므로 유방은 분발하여 천하의 주도권을 쥐었으니 꼭 영토가 있어야만 비로소 왕이 될 수 있을 손가. 이것이 바로 옛 책에서 말하는 위대한 성인이런가. 하늘의 뜻이로세, 하늘의 뜻이로세. 위대한 성인이 아니라면 어떻게 이런 상황에서 하늘의 뜻을 받아 황제가 될 수 있었을까. (진초지제월표 끝)

3장

서(書)편

10편의 서 중에서 「봉선서」를 선별하여 발췌했다. 사마천 부자의 직책이 태사령이었다는 점, 그리고 사마천과 동시대를 살았던 한무제의 행적을 알 수 있기 때문이다. 사마천의 『사기』는 한무제의 일생 행적과 긴밀하게 맞물려 있기도 하다

봉선서(封禪書)

한무제가 즉위하던 해 기원전 140년, 한 제국이 수립된 지도 어언 60여 년이 지났다. 대신들은 역법을 개정하고 복식 제도를 바꾸고 하늘과 땅에 제사를 올릴 때가 되었다고 황제에게 건의하였지만 한무제의 조모 두태후(竇太后)가 황로사상에 심취하여 유가적 전통이었던 역법, 복식, 봉건 등의 행사를 못마땅하게 여겼으므로 한무제와 그의 대신들은 공개적으로 말을 꺼내지 못했다. 그로부터 6년 뒤 두태후가 죽자 그 이듬해부터 한무제는 제사에 몰입하게 된다.

기원전 133년, 한무제는 처음으로 섬서성 봉상현에 해당하는 옹(雍)으로 행차하여 각각 동쪽, 남쪽, 서쪽, 북쪽, 중앙을 지배한다는 5명의 상고시대 제왕―청제, 적제, 백제, 흑제, 황제에게 제사를 올렸다. 특정한 다섯 군데 장소를 가리켜 오치(五畤)라 하였고, 교외에서 지내는 제사라 하여 교사(郊祀),혹은 간단하게 교(郊)라 하였다. 그 후로 삼 년마다 교를 행하였다.

이때 한무제는 신군(神君)을 황제의 개인 별장 상림원 안의 예배당 제씨관(蹏氏觀)에 봉안했다. 신군이란 신령님의 뜻이다. 어린 아들이 죽자 충격으로 사망한 어느 여인의 혼이 동서였던 완약(宛若)에게 자꾸 나타나자 완약이 사당을 세워 모셨던 신령이다. 그 뒤로 일반 백성들도 찾아가 제사를 올렸다. 심지어 한무제의 외할머니까지 찾아가 제사를 지냈는데 그 후로 자손들이 모두 부귀영화를 누렸다고 한다. 이런 사연이 있었으므로 한무제가 즉위하자 그 신령을 봉안했던 것인데 혼이 나타날 때마다 목소리는 들렸지만 모습은 보이지 않았다고 한다.

그와 동시에 이소군(李少君)도 부뚜막 신령, 장생불사 처방으로 한무제에게 접근하여 총애를 받았다. 이소군은 나이와 고향을 숨겼는데 항상 자신의 나이는 일흔이라고 했으며 귀신을 부리고 노화 증세를 막을 수 있다고 떠벌이고 다녔다. 한번은 그 당시의 실세 무안후 전분(田蚡)과 술자리를 가졌는데 좌중에 아흔 살 먹은 노인이 있었다. 이소군은 그 노인의 조부와 놀러갔던 곳을 이야기했다. 그 노인은 어린 시

절을 기억했으므로 맞다고 하자 사람들이 모두 경악했다. 이
소군이 한무제를 알현했을 때 마침 궁중에 청동 항아리가 있
었다. 한무제는 이소군에게 청동 항아리를 보여 주었다. 이
소군이 대답했다. "이 항아리는 제 환공 10년 백침(柏寢)에
진열되었던 물건입니다." 각인된 글자를 확인하자 정말 제
환공 때의 물건이었다. 이 사건으로 궁중 사람들은 이소군이
수백 살 먹은 신선이라고 수군거렸다.

이소군은 한무제에게 권유했다. "부뚜막 신령을 모시면
신선을 모실 수가 있습니다. 신선을 모셔오면 단사를 황금으
로 바꿀 수 있습니다. 그 황금으로 식기를 만들어 식사를 하
면 수명이 늘고, 수명이 늘면 황해 바다의 봉래산 신선을 볼
수 있습니다. 신선을 만나고 봉선 의식을 거행하면 장생불사
하는데 황제(黃帝)가 바로 그런 분입니다. 소인이 바다를 거
닐다가 안기생(安期生)을 만난 적이 있는데 소인에게 대추를
주었습니다. 그런데 그 대추가 참외 크기였지요. 안기생은
신선인데 봉래산을 자유롭게 들락거리며 뜻이 맞으면 나타
나고 뜻이 맞지 않으면 숨어 버립니다." 이때부터 한무제는
부뚜막 신령에게 제사를 지내기 시작했고 황해 바다로 봉래
산 신선도인 안기생 등을 찾아다녔으며, 단사며 이런저런 약
제를 황금으로 만드는 일에 심취하게 되었다.

한참 뒤에 이소군은 병사하였다. 그런데 한무제는 이소군

이 신선이 되어 승천한 것이지 죽었다고 생각하지 않았다. 제사관 관서(寬舒)에게 명하여 이소군의 처방전을 받아오도록 하였다. 이런 사건이 있은 이후로 봉래산의 안기생을 찾으려 해도 어떻게 해야 할지 아무도 몰랐지만, 황해 연안에서 활동하던 무당 및 도사들은 너도나도 이소군의 흉내를 내며 황당무계한 이야기를 하기 시작했다.

유기(謬忌)가 태일(泰一) 신령을 모셔야 한다고 상소를 올렸다. "하늘의 신령 중에 가장 존귀한 분이 태일 신령이옵니다. 태일 신령을 보좌하는 제왕이 오제(五帝)지요. 옛날 천자는 봄가을에 동남쪽 교외에서 태일 신령께 소, 돼지, 양으로 제사를 올렸습니다. 일주일 뒤에 흙으로 단을 쌓고 주위 여덟 군데에 계단을 만들어 귀신이 왕래할 수 있도록 길을 만들었다 하옵니다." 그리하여 한무제는 제사장 태축(太祝)에게 명하여 유기가 말한 그대로 장안 동남쪽 교외에서 제사를 올리도록 하였다. 그 뒤 또 누군가가 상소했다. "옛날 천자는 삼 년에 한 번씩 소, 양, 돼지로 제물을 갖춰 삼일(三一)께 제사를 올렸습니다. 삼일이란 천일(天一), 지일(地一), 태일(泰一)입니다." 한무제는 태축에게 명하여 태일 제단 옆에서 제물을 그대로 갖춰 제사를 올리도록 하였다. 또 누군가 상소를 올렸다. "옛날 천자는 매년 봄가을에 재앙을 없애고자 제사를 올렸습니다. 황제에게 제사를 올릴 때에는 효(梟)와 경

(獍)을 제물로 삼습니다. 효는 어미를 잡아먹는 날짐승이고, 경은 아비를 잡아먹는 들짐승입니다. 명양(冥羊) 신령께 제사를 올릴 때에는 양을 제물로 삼습니다. 마행(馬行) 신령께 제사를 올릴 때는 청색 수컷 말을 제물로 삼습니다. 태일 신령, 고산산군 신령, 지장 신령께 제사를 올릴 때는 소를 제물로 삼습니다. 무이군 신령께 제사를 올릴 때는 건어물을 제물로 삼습니다. 음양사자께 제사를 올릴 때는 소를 제물로 삼습니다." 한무제는 제사관에게 그대로 준비하여 태일 신단 옆에서 제사를 올리도록 하였다.

그 후 상림원에 흰 사슴이 나타났으므로 그 가죽으로 화폐를 만들어 하늘의 축복에 보답했고 또한 주석과 은을 합금하여 백금 화폐를 주조하기도 하였다. 그 이듬해 옹에서 교사 의식을 진행할 때 뿔이 하나인 사슴 같은 동물을 잡게 되었다. 관리가 아뢰었다. "폐하께서 엄숙하고 공손하게 교사를 올리셔서 하늘이 흠향하고 외뿔 짐승을 내려주셨으니 그것이 기린이 아닌가 싶사옵니다." 그리하여 그 짐승을 제물로 오치(五畤)에서 제사를 올리며 다섯 군데 제단마다 소 한 마리씩을 추가하고 장작을 태우는 요(燎) 행사로 마무리하였다. 그와 함께 제후들에게 은(銀)을 하사하여 하늘의 뜻에 부응한다는 점을 은근히 알려 주었다.

산동성 평음 및 태안 지역에 봉해졌던 제북왕(濟北王) 유호(劉胡)는 한무제가 곧 봉선 의식을 거행하리라 생각하고 태산 및 그 인근 마을을 헌납하였다. 한무제는 흔쾌히 받아들이고 다른 지역으로 보상해 주었다. 상산왕(常山王) 유발(劉勃)이 죄를 지어 유배되었으므로 유발의 동생을 진정(眞定)에 봉하여 선조의 제사를 잇도록 하고 상산은 군(郡)으로 편입시켰다. 이렇게 하여 천하의 오악(五嶽)은 한무제의 직접 통치권 아래 놓이게 되었다. 오악이란 오대 명산을 가리킨다. 즉 동쪽의 태산(泰山), 서쪽의 화산(華山), 남쪽의 형산(衡山), 북쪽의 항산(恒山) 그리고 중앙의 숭산(嵩山)을 가리킨다. 한무제의 조부 한문제의 이름이 유항(劉恒)이므로 같은 글자를 피하여 항산이라 하지 않고 상산(常山)이라 불렀다. 항(恒)과 상(常)은 같은 뜻이다.

그 이듬해 제나라 출신 소옹(少翁)이 귀신을 부리는 술수로 한무제에게 접근했다. 한무제가 총애하던 왕부인이 죽었는데 소옹은 밤에 왕부인과 부뚜막 귀신을 불러내어 한무제가 휘장 뒤에서 바라볼 수 있도록 하였다. 그리하여 한무제는 소옹을 문성장군(文成將軍)에 임명하고 선물을 푸짐하게 하사하면서 예우하여 주었다. 문성장군이 또 아뢰었다. "폐하께서 신선과 교류를 하시려거든 궁실이며 복장이 신선과 같지 않으면 신선이 찾아오지 않습니다." 그리하여 마차에 구름을 그려 넣었고 일진이 좋은 날에 마차를 몰아 악귀를 물리쳤으며 또한 감천궁(甘泉宮)을 짓게 하였다. 감천궁은 지금의 섬서성 순화현 감천산에 그 유적이 있다. 감천궁의 중앙 궁실에는 천신, 지신, 태일 등 신선들을 그려 넣었고 제기를 마련하여 신령들께 제사를 올렸다. 한 해가 다 가도록 소옹이 신통력을 보여주지 못하여 신선이 왕림하지 않았다. 이에 소옹은 비단에 글씨를 써서 소에게 먹이고 소의 뱃속에 뭔가 신기한 것이 있다고 선전했다. 소를 잡아 배를 가르자 글씨가 나왔다. 한무제는 미심쩍어 하였다. 필체를 구분할 줄 아는 사람에게 명하여 검증한 결과 위조로 판명되었다. 한무제는 문성장군을 처형하고 그간 있었던 일을 은폐했다.

그 후 한무제는 향나무 대들보로 백량대(柏梁臺)를 건조하고 또한 구리 기둥 꼭대기에 신선의 손바닥─선인장(仙人掌)을 만들어서 새벽이슬을 받아와 옥가루로 버무려 수시로 음복했다. 그렇게 하면 장생불사한다고 믿었던 것이다.

문성장군이 사기죄로 처형되었던 이듬해 한무제는 중병이 들었다. 용하다는 무당과 의사를 다 불렀지만 효험이 없었다. 그 전에 유수발근(游水發根)이 아뢰었다. "병이 크게 났다가 귀신 들린 무당이 상군(上郡)에 있다 하옵니다." 한무제는 그 무당을 불러 감천궁에 안치하고 모신 적이 있었다. 그리하여 한무제는 상군의 무당에게 문의했다. 무당이 아뢰었다. "천자께서는 걱정하시 마십시오. 병이 조금 나으면 저와 함께 억지로라도 감천궁에서 만납시다." 한무제는 병세가 호전되어서 감천궁을 들르자 정말 병이 나았다. 한무제는 기쁜 마음에 전국적으로 대사면령을 내렸다. 한무제는 신들린 무당의 이야기를 받아 적게 하고는 화법(畫法)이라 명명했다. 화법의 내용을 보면 세상 사람들이 다 아는 이야기인데도 한무제는 혼자 좋아하였다. 그 사건은 극비라서 세상 사람들이 모른다.

그로부터 삼 년 뒤 관련 부서의 관리가 으뜸 원(元)이란 글자를 사용해야 하늘의 축복에 부응한다며 일(一)이나 이(二)와 같은 숫자는 사용하지 말 것을 건의하였다. 그리하여 첫 번째 으뜸이 되는 해를 건원(建元)이라 정하고, 두 번째 으뜸이 되는 해에는 혜성이 나타났으므로 원광(元光), 세 번째 으뜸이 되는 해에는 역법을 개정하여 초하루를 정했으므로 원삭(元朔), 네 번째 으뜸이 되는 해에는 기린을 잡았으므로 원수(元狩)라 정하였다. 이상 건원, 원광, 원삭, 원수 등은 한무제의 연호(年號)며 특히 건원은 중국 최초의 연호가 된다.

그 이듬해 겨울 한무제는 옹에서 교사 의식을 거행하며 하늘뿐 아니라 땅의 신령께도 제사를 올리겠다고 선포했다. 이 해부터 한무제는 즉위한 후 처음으로 전국의 군현을 순시했으며 태산에 올라 봉선 의식을 거행하려는 마음이 더욱 간절해졌다.

그해 봄 한경제의 아들 교동왕 유기(劉寄) 밑에서 약사로 근무하던 난대(欒大)는 문성장군과 함께 같은 스승을 사사했는데 사람을 통해 한무제에게 접근하게 되었다. 한무제는 문성장군을 죽여 약방문을 모두 전수받지 못한 것을 아쉬워하였는데 마침 난대를 만나게 되자 너무 기뻐하였다. 난대는 훤칠한 키에 미남이었고 언변과 계략을 갖추었으며 능청스럽고도 태연스럽게 큰소리를 쳤다.

난대가 아뢰었다. "소인은 황해 바다를 왕래하며 안기생, 선문고와 같은 신선을 만나곤 했지요. 그런데 소인이 미천한 신분이라 소인을 신뢰하지 않았습니다. 게다가 제가 모시던 분은 제후에 불과하여 약방문을 전수하기는 아깝다고 하더이다. 소인이 수차례 교동왕께 말씀을 드렸지만 교동왕은 소인을 믿지 않았습니다. 소인의 사부는 이렇게 말했지요. '황금을 만들 수 있다. 황하의 범람을 막을 수 있다. 불사약을 얻을 수 있다. 신선을 불러올 수 있다.' 문성장군의 최후를 밟을까 두려워 도사들이 모두 입을 다물고 있는 마당에 소인이 무슨 배짱으로 큰소리를 치겠나이까." 한무제가 대답했다. "문성장군은 말의 간을 먹고 죽은 것이지. 자네가 정말 그런 약방문을 만들 수 있다면 내가 뭘 아끼겠나." 난대가 아뢰었다. "소인의 스승은 사람들에게 구걸하지 않습니다. 사람들이 찾아가 구걸하지요. 폐하께서 반드시 신선을 모시고자 한다면 우선 신선의 사신을 존귀하게 만들어 주서야 합니다. 그리고 친인척 관계를 맺어 정중하게 예우해 주시고 아울러 신분을 보증할 수 있는 인장을 차게 해주서야 비로소 신선에게 말을 붙여볼 수 있사옵니다. 그래도 신선이 받아줄지 안 줄지는 모르는 것이지요. 요컨대 신선의 사신을 존귀하게 만들어줘야 신선을 모실 수 있사옵니다." 그리하여 한무제는 먼저 간단하게 능력을 시험해보았다. 난대는 바둑알을 나란히 놓았다. 바둑알이 마치 자석처럼 서로 튕기거나 마구 달라붙었다. 한무제는 신임했다.

그때 한무제는 마침 황하가 범람하여 걱정이었고 또한 단사와 납 그리고 주석을 섞어 제련하여 황금을 만드는 일도 여의치 않아 우울하였다. 그리하여 난대를 오리장군(五利將軍)에 임명하였다. 한 달 남짓 지나서 난대는 황금 인장 네 개를 차게 되었다. 천사장군(天士將軍), 지사장군(地士將軍), 대통장군(大通將軍), 천도장군(天道將軍)이 그것이다. 한무제는 비서실에 조서를 내려 아래와 같이 명했다. "짐이 즉위한 지 28년 만에 하늘이 인재를 내려 우리나라가 대통(大通)하게 되었다. 이에 난대를 낙통후(樂通侯)에 봉하노라." 한무제는 난대에게 대저택을 하사하고 노비 천 명을 주었으며 모든 살림을 마련하여 저택에 가득 채워 주었다. 또한 한무제의 부인 위황후의 장녀를 아내로 주어 사위로 삼았고 황금 만 근을 보태주고 난대의 봉읍지 명칭을 당리공주(當利公主)로 바꾸어 경사를 기념하였다.

한무제는 친히 오리장군의 저택에 왕림하였다. 난대의 저택에 부족한 물건이 없는지 파악하려는 한무제의 특사가 길에 끊이지 않았으며 한문제의 딸, 즉 한무제의 고모부터 문무백관까지 모두 난대의 저택에 술과 음식을 보내어 축복해 주었다. 한무제는 또한 옥돌에 '천도장군' 넉 자를 새겼다. 그런 다음 깃털 옷을 입은 사신에게 명하여 깊은 밤 순백의 띠풀 숲에서 깃털 옷을 입은 오리장군에게 '천도장군' 옥돌 인장을 증정하도록 하였다. 깃털 옷은 신선의 복장이었다. 굳이 이렇게까지 했던 이유는 난대를 신하로 대하지 않고 존귀하게 예우하겠다는 의도였다. 난대가 목에 걸었던 옥돌의 글자 '천도'란 천자 한무제를 위하여 하늘의 신선을 인도한다는 뜻이다. 길 도(道)가 아니라 이끌 도(導)의 뜻이다.

그리하여 오리장군은 밤마다 제사를 올리며 신선을 모시려 하였다. 그런데 오라는 신선은 강림하지 않고 오만 잡귀신만 몰려들었다. 그렇지만 난대는 잡귀신을 제법 부릴 줄 알았다. 그 후 봇짐을 싸고 동쪽 바다로 스승을 뵙겠다고 떠나버렸다. 난대가 한무제를 알현한 지 불과 몇 개월 사이에 여섯 개 인장을 차게 되자 세상 사람들이 경악했다. 황해 연안의 도사와 무당들이 그 소식을 듣고 너도나도 주먹을 불끈

쥐면서 비전의 약방문으로 한무제를 신선으로 만들어 주겠노라 나섰다.

그해 여름 6월 중에 분음(汾陰)에 사는 무당이 땅에서 청동 항아리를 발굴했다. 한무제는 특사를 파견하여 위조품 여부를 검증한 뒤 감천궁 안에 천신(天神)을 모시던 궁실에 안치하였다. 황해 바다로 봉래산 신선도를 찾아 나섰던 도사 및 무당들이 봉래산은 멀지 않은데 정확한 위치를 몰라 번번이 상륙에 실패했다고 하자 한무제는 운기(雲氣)를 관찰하는 관리를 파견하였다고 한다.

그해 가을 한무제가 옹에 왕림하여 하늘과 땅에 제사를 올리려고 하자 도사 공손경(公孫卿)이 아뢰었다. "올해 귀한 청동 항아리를 발굴했는데 그것은 황제(黃帝) 때의 상황과 똑같습니다. 황제는 전쟁을 하면서도 수련을 계속했는데 백성들이 비난할까봐 귀신을 모욕하는 자들은 모조리 처단하였습니다. 그렇게 백여 년을 수련한 후에 비로소 신선과 통하게 되었습니다. 황제는 수산(首山)의 구리를 채취하여 형산 아래에서 구리 항아리를 주조했지요. 구리 항아리가 완성되자 용 한 마리가 하늘에서 수염을 늘어뜨리며 강림하여 황제를 맞이했습니다. 황제가 용의 등 위에 올라타자 신하와 후궁들이 따라 올라간 자가 무려 70여 명이나 되었지요. 용이 승천하기 시작하자 남은 말단 관리들이 너도나도 용의 수염을 붙잡았습니다. 용의 수염이 뽑히고 황제의 활이 떨어졌습니다. 백성들은 고개를 들어 황제가 승천하는 모습을 바라보며 그 활과 수염을 끌어안고 울부짖었습니다. 후세 사람들은 황제가 용을 타고 승천한 곳을 일컬어 정호(鼎湖)라 부르고 그 활을 일컬어 오호(烏號)라고 합니다." 한무제가 장탄식 하였다. "맙소사! 내가 진정 황제(黃帝)와 같이 된다면 처자식을 헌신짝 마냥 던져버릴 텐데." 그리하여 한무제는 공손경을 비서관으로 임명하고 동쪽으로 숭산(嵩山)에 파견하여 신선의 족적을 살피도록 하였다.

마침내 한무제는 옹에서 교사 의식을 거행하고 지금의 감숙성 동남부에 해당하는 농서(隴西)를 거쳐 서쪽으로 공동산(崆峒山)에 올랐다가 다시 감천궁으로 돌아왔다. 제사관에게 명하여 태일(泰一) 제단 밑에 오제(五帝) 제단을 빙 둘러 세우고 오제 중에서도 황제(黃帝)의 서남쪽으로 여덟 곳을 뚫어놓아 귀신들이 왕래할 수 있게 했다. 제사를 마치면 남은 고기는 모두 불살라 버렸다. 제물로 올린 소는 백색이며 소의 뱃속에 사슴을 넣고, 사슴의 뱃속에 돼지를 넣어 촉촉하게 물에 담가놓았다. 소를 제물로 태양에게 제사를 올리고, 양과 돼지를 제물로 달에게 제사를 올렸다. 태일에게 제사를 지낼 때 제사장은 자주색 비단옷을 입었으며 오제(五帝)의 제사장은 각각 청색, 적색, 백색, 흑색, 황색의 옷을 입었다.

태양에 제사를 지낼 때 제사장은 적색의 옷을 입었고, 달은 백색의 옷을 입었다. 그해 11월 신사일 초하루 새벽에 한무제는 처음으로 교외에서 태일에게 제사를 올렸다.

그해 가을 반란을 일으켰던 남월(南越)을 진압하기 위하여 먼저 태일에게 제사를 올렸다. 그런 다음 깃발에 해와 달 그리고 북두칠성 및 비룡(飛龍)의 모습을 그려 넣어 '영험한 깃발'(靈旗)이라 명명했다. 태사(太史)가 깃발을 들고 원정 대상국이 있는 방향을 가리켰다. 승전을 축원하는 의식이었다. 한편 오리장군은 바다로 들어갈 생각은 하지 않고 태산 쪽으로 갔다는 첩보가 입수되었다. 한무제는 몰래 뒷조사를 하였으나 신선의 그림자도 찾을 수 없었다. 오리장군은 자신의 사부를 만났다고 했지만 이미 술수가 탄로 나서 앞뒤 말이 맞지 않았다. 한무제는 오리장군을 처형했다.

이듬해 겨울, 기원전 111년, 공손경은 신선을 찾다가 하남에서 신선의 족적을 발견했는데 꿩 같은 뭔가가 구씨성(緱氏城) 상공을 날아다녔다. 한무제도 구씨성으로 왕림하여 모습을 확인하고는 공손경에게 물었다. "자네는 설마 문성장군이나 오리장군처럼 거짓말을 하지는 않겠지?" 공손경이 아뢰었다. "신선이 폐하를 찾는 게 아니라 폐하께서 신선을 찾는 것입니다. 간발의 차이로도 신선은 왕림하지 않습니다. 신선을 찾는 일은 이해하기 힘든 일이라 몇 년을 두고 공을 들여야 성공할 수 있사옵니다." 그리하여 전국적으로 도로를 대청소하였고 각지의 궁실 및 명산의 사당을 수리하여 신선이 왕림하기를 바랐다.

그해 남월을 멸하였다. 광대 이연년(李延年)이 탁월한 가무 솜씨로 한무제의 총애를 받았다. 한무제가 대신들에게 문의했다. "백성들이 제사를 올릴 때도 가무가 있는데 지금 천자가 하늘과 땅에 제사를 지내며 음악이 없다면 되겠는가?" 대신들이 아뢰었다. "옛날에 하늘과 땅을 제사지낼 때 모두 음악이 있었습니다. 그래야만 신령님께 예의를 갖추게 되는 것이옵니다." 이때 누군가 거들었다. "태일 신령께서 소녀(素女)에게 명하여 오십 줄의 거문고를 타게 했습니다. 그런데 곡조가 너무 슬펐다지요. 태일 신령께서 그치게 할 수 없었으므로 50줄을 25줄로 줄였다고 하옵니다." 남월을 제압할 수 있도록 도와준 태일과 후토(后土) 신령에게 감사의 제사를 올리며 노래와 춤을 처음으로 사용하였다. 또한 가수의 숫자도 확충하였다. 스물다섯 줄의 거문고와 공후(箜篌)가 유행하게 된 것도 바로 이때부터이다.

이듬해 겨울 한무제가 의견을 물었다. "옛날에는 군대를 해산하고 평화로운 세상이 된 다음에 봉선을 했다고 하던데 맞는고?" 한무제는 북쪽으로 내몽고 하투 지역의 삭방(朔方)을 순시하면서 10만 대군을 통솔했으며, 돌아오는 길에 교산의 황제릉(黃帝陵)에서 제사를 올리고 수지(須知)에서 군대를 해산하였다. 제사를 마치고 한무제가 물었다. "황제는 죽지 않았다는데 지금 무덤이 있는 것은 무슨 까닭인고?" 누군가 아뢰었다. "황제는 이미 신선이 되어 하늘로 올라갔사옵니다. 대신들이 그 의관을 묻어놓았다 하더이다." 한무제는 감천궁으로 돌아온 후 태산에 올라 봉선을 하기 위하여 미리 태일에게 제사를 올렸다.

청동 항아리를 발굴한 이후 한무제는 대신 및 박사들과 봉선 의식에 대하여 수차례 논의하였다. 그런데 봉선 의식이 끊긴 지 워낙 오래 되어 그 방법과 절차를 소상히 아는 자가 없었다. 유생들은 황당무계한 행사는 감히 착수할 생각이 없었으므로 한무제는 맘에 들지 않아 모두 퇴출시켜 버렸다. 그 후 한무제는 동쪽으로 순시에 나서 황해 연안에서 여덟 명의 신선께 제사를 올렸다. 산동성 지역에서 활동하는 도사나 무당들이 기괴한 약방문으로 한무제에게 접근하려는 자가 수만 명을 헤아렸지만 실효성이 있는 것은 하나도 없었다. 또한 봉래산 신선도의 신선을 찾아 나선 도사나 무당들도 수천 명을 헤아렸다. 그해 4월 한무제는 측근만 대동하고 태산에 올라 봉선을 거행했다. 그날 저녁 봉선을 행한 곳에서 빛이 번쩍거렸고 낮에는 뭉게구름이 피어올랐다.

한무제는 봉선을 마치고 내려와 태산 동북쪽 산록의 명당에 앉았다. 대신들이 돌아가며 축하를 하였다. 한무제는 조서를 내려 백성들 일백 가구마다 소 한 마리와 술 10석씩을 하사하고 대사면령을 내렸다. 한무제가 태산에서 성공적으로 봉선 의식을 마치자 도사와 무당들이 봉래산에 사는 신선을 모셔올 수 있다고 유혹하기 시작했고, 한무제도 은근히 신선을 만나고 싶어 했다. 그리하여 다시 동쪽으로 순시하여 황해 연안에서 바다 저쪽 봉래산을 하염없이 바라보았다. 청동 항아리가 출토된 해의 연호가 원정(元鼎)이므로 봉선 의식을 거행한 올해의 연호는 원봉(元封)으로 정하자고 관련 부서의 관리가 건의하였다.

그해 가을 혜성이 하늘에 보였다. 그 후 열흘 쯤 지나서 또 혜성이 나타났다. 관련 부서 관리가 아뢰었다. "폐하께서 한나라 최초로 봉선을 거행하시니 하늘이 혜성을 보내어 응답하옵니다." 그해 가뭄이 들었다. 한무제는 특별히 순시에 나설 만한 명분이 없었으므로 지금의 산동성 초원현 만리사(萬里沙)의 사당에서 기도를 올리고 지나가는 길에 태산에서 제사를 올렸다. 지금의 하남성 복양현 서남쪽에 해당하는 호자(瓠子)의 황하 둑이 무너졌다. 한무제는 귀환 길에 그곳에서 친히 둑을 쌓아주고 이틀 머물다가 백마와 옥벽을 황하에 던져 황하의 신에게 제사를 지냈다.

남월의 무당 용지(勇之)가 아뢰었다. "월나라 사람들은 귀신을 잘 믿습니다. 사당에는 귀신들이 곧잘 나타나기도 하지요. 제사를 지내면 효험이 꼭 있었죠. 옛날 동구왕(東甌王)도 귀신을 잘 모셔서 백육십 살까지 살았답니다. 후세로 갈수록 태만해져서 쇠락한 것입니다." 그리하여 월나라 사당이 건립되었는데 누대만 만들고 단은 없었다. 하늘과 오만 잡귀를 다 모셨으며 삶은 닭의 눈자위 뼈의 열흔을 가지고 길흉을 점쳤다. '닭점'은 월나라 사당에서 이렇게 시작된 것이다.

공손경이 아뢰었다. "신선을 만날 수 있는데 폐하께서 총망하게 다니시므로 못 만나게 된 것입니다. 폐하께서는 사당이나 누각을 만들어 육포와 대추 등을 비치하면 신선을 불러들일 수 있습니다. 게다가 신선들은 웅장한 누각을 좋아하지요." 그리하여 한무제는 장안에 비렴각과 계관을 신축하였고 감천궁에는 연수관을 증축했으며 공손경에게 천자의 특사 자격으로 제물을 장만하여 신선을 기다리도록 하였다. 한편 통천대(通天臺)를 건조하여 제기와 제물을 그 아래 나열하고 신선을 맞이하였다. 그해 여름 영지가 감천궁 궁실에 자랐다. 한무제는 조서를 내려 대사면을 단행했고 복역 중인 죄수들의 형구를 풀어주도록 하였다.

기원전 104년 여름, 역법을 개정하여 정월을 일 년의 시작으로 삼았고 황색을 으뜸 색으로 정하였으며, 관직의 명칭 및 인장은 모두 5자로 규정하였다. 이렇게 모든 것을 바꾸어 새롭게 처음부터 시작한다는 뜻에서 연호를 태초(太初)로 정하였다. 이 해가 바로 태초 원년이다. 이 해에 서쪽의 대원(大宛)을 정벌하였다. 메뚜기 떼가 심하게 날아다녔다. 무당 정부인 및 우초 등이 무술(巫術)로써 흉노와 대완을 저주하였다. 이듬해 한무제는 황해 해안을 순시하면서 신선의 행적을 조사하였지만 허탕을 쳤다. 그 후 5년 뒤 한무제는 다시 태산에 올라 봉선 의식을 거행하였다.

한무제가 귀신을 섬겼던 내용을 정리해본다. 태일, 후토가 있고, 삼 년에 한 번씩 친히 교외로 나가 교사 의식을 행했고, 한나라의 국가적인 제례인 봉선 의식을 5년에 한 번꼴로 수행했다. 유기(謬忌)가 건의한 태일 및 삼일 그리고 명양, 마행, 적성 등의 다섯 신령이 있고 제사관이 건의한 신령들도 철에 맞춰 제사를 올렸다. 위에서 언급한 여섯 신령은 제사장 태축(太祝)이 행사를 담당하였다. 그 밖에 기타 잡다한 신령들은 한무제가 지나치는 길목에 있으면 제사를 올리고 떠나면 그치는 식으로 하였다. 무당들이 세운 사당은 무당들이 살아있을 때는 각자 알아서 책임지고 관리했으며 무당이 죽으면 그것으로 끝났다.

한무제가 봉선 의식을 거행한 이후 지난 12년을 돌이켜 보면 5대 명산과 4대 강과 못의 신령을 두루 제사지냈다. 한편 무당 및 도사들이 신선에게 제사를 올리고 또한 황해의 봉래산 신선도를 찾아갔지만 성공한 이는 아무도 없었다. 그리하여 한무제는 무당 및 도사들의 황당무계한 언행에 염증을 느끼기 시작했지만 그렇다고 끊어버리지는 못하고 언젠가 신선을 만나게 되기를 바랐다. 이때부터 신선을 이야기하는 도사들이 점점 많아졌지만 그 결과는 묻지 않아도 대략 짐작할 수 있을 것이다.

나는 한무제를 모시고 전국을 순시하며 천하 명산대천에 제사를 올렸으며 태산에서 거행했던 봉선 의식에도 참석하였다. 또한 귀신을 모신 사당에 들어가 제사관들의 축사도 들었기 때문에 도사들과 제사관들의 의도가 무엇인지 파악하였다. 이제 뒤로 물러서 예로부터 지금까지 귀신에게 제사를 올렸던 사건을 순서대로 기록하여 그 겉과 속을 모두 여기에 밝혀놓았으므로 후세의 지식인들은 열람하기 편할 것이다. 제사를 지낼 때 사용되는 제기와 옥 그리고 비단 등에 관한 규정 및 진행 절차에 관해서는 관계 부처의 관리들이 기록하여 보관하고 있다. (봉선서 끝)

4장

세가(世家)편

진 제국 이전의 제후국은 지방자치처럼 독립적으로 운영되었으므로 기록 형태에 있어서 본기와 별 차이가 없다. 그러나 「공자세가」, 「진섭세가」 및 「외척세가」 그리고 한 제국 이후의 세가들은 진 제국 이전의 제후국들처럼 광대한 영토와 백성을 통치하지도 못했고 역사 또한 짧기에 기록 형태는 오히려 열전에 가깝다. 진 제국 이전과 이후의 세가 모습을 살피기 위하여 30편 세가 중에 제1편 「오태백세가」 및 장량을 다룬 제25편 「유후세가」를 선별하여 발췌하였다.

오태백세가(吳太伯世家)

오태백과 둘째 동생 중옹(仲雍) 그리고 막내 동생 계력(季歷)은 모두 주(周)나라 고공단보의 아들이다. 계력에게는 아들 창(昌)이 있었다. 고공단보는 막내 손자의 성스러움을 발견하고 계력에게 왕위를 넘겨서 창이 계승하였으면 했다. 아버지의 심중을 읽은 오태백과 중옹은 남쪽 미개지로 도주하여 문신을 하고 머리를 밀어 야만인의 모습으로 계력을 피해 다녔다. 그리하여 계력이 왕위를 계승하였는 바 그가 곧 왕계(王季)며, 창은 문왕(文王)이 되었다.

남쪽 미개지로 도주했던 오태백은 스스로를 구오(句吳)라 불렀다. 주변 미개인들이 오태백의 숨은 뜻을 알아채고는 그 뜻을 우러러 천여 가구가 귀의하여 오태백을 수령으로 모셨다. 태백은 아들 없이 죽었으므로 동생 중옹이 뒤를 이었다. 그 후 부자세습으로 중옹, 계간, 숙달, 주장(周章)이 뒤를 잇게 된다. 주장 당시는 주나라 무왕이 은나라를 전복하고 새롭게 주 왕조를 출범시켰던 때였다. 그리하여 주장의 동생 우중(虞仲)을 주나라 근거지의 북쪽 하허(夏虛)에 봉했다. 우중은 이때부터 주 왕실의 제후가 되었다. 주장이 죽고 부자세습으로 19대 수몽(壽夢)에 이르자 오나라는 점차 세력이 커지며 왕의 칭호를 사용하였고 아울러 중원 제후국들과 교류하기 시작했다.

태백이 오나라를 세운 이후로 5대째에 이르러 무왕이 은나라를 정복했고, 주 왕실은 태백의 두 갈래 후손을 봉했는데 중원 지역의 우(虞)나라와 미개 지역의 오나라가 그것이다. 그 뒤로 12대 구비(句卑) 때에 진(晉)나라가 괵국을 정벌하기 위해 중원 지역의 우(虞)나라를 멸했다. 중원의 우나라가 멸망한 지 2대째 수몽에 이르러 오나라는 강성해지기 시작했다. 수몽이 왕위에 오른 이듬해 기원전 584년, 초나라 대부 무신(巫臣)이 진(晉)나라로 망명했다가 오나라로 출장을 왔다. 무신은 오나라 사람들에게 작전과 전차 모는 방법을 전수해 주었다. 수몽은 무신의 아들에게 행인(行人)의 벼슬을 내렸다. 행인은 의전실장에 해당한다. 이때부터 오나라는 중원의 제후국들과 교류하기 시작했던 것이다.

　수몽은 즉위한 지 25년 만에 죽었다. 수몽에게는 아들 넷이 있었는데 순서대로 제번(諸樊), 여제(餘祭), 여매(餘昧), 계찰(季札)이었다. 이 중에 막내 계찰이 가장 돈후하고 총명했다. 수몽은 계찰을 후계자로 삼으려 했으나 계찰은 극구 사양했다. 수몽은 어쩔 수 없이 장남 제번에게 왕위를 물려주었다.

　제번이 왕위에 오른 뒤 복상 기간이 지나자 아버지 수몽의 뜻을 받들어 계찰에서 자리를 넘기려고 하였다. 계찰은 장남이 응당 계승해야 한다며 한사코 사양했다. 백성들도 계찰이 왕위에 오르기를 바랐다. 계찰은 집을 나와 농사를 지었다. 계찰이 이렇게까지 고사하자 백성들은 더 이상 강요하지 않았다. 제번이 죽으며 바로 둘째 동생 여제를 계승자로 지명하면서 차례대로 대를 이어 막내 동생 계찰에게 왕위가 이어지도록 당부했다. 끝내 왕위를 사양하는 계찰의 청렴한 뜻을 기리며 아버지 수몽의 유지를 받들기 위해서였다. 계찰은 연릉(延陵)에 봉해져서 연릉계자(延陵季子)라 불렀다. 연릉은 지금의 강소성 상주시(常州市)에 해당하며, 자(子)는 옛날 남자에 대한 존칭이었다.

　여제가 왕위에 오른 지 4년째 되던 해 오나라는 계찰을 사절단장으로 하여 중원 각국을 순방하도록 하였다. 계찰은 먼저 노나라를 방문하여 주 왕실의 춤과 노래를 관람하였다.

주 왕실의 성왕(成王)이 주공 단(周公旦)의 공훈을 높이 평가하여 천자만이 향유할 수 있는 가무를 노나라에 하사했던 것이다. 주공 단은 노나라의 시조였다. 그러므로 노나라는 일개 제후국에 불과했지만 주 왕실의 가무를 연출할 수 있었다. 계찰은 『시경』의 풍아송(風雅頌)을 두루 감상하며 음악과 가사에 담긴 뜻을 섬세하게 느끼면서 매우 적확한 코멘트를 하였다. 계찰의 깊고도 넓은 문화적 소양이 찬란하게 드러나는 순간이다.

노나라를 떠나 제나라로 갔다. 제나라의 재상 안영(晏嬰)을 만나자 충고했다. "정치에서 손을 떼고 봉읍을 국고에 반납하지 않으면 화를 입을 것입니다." 안영은 계찰의 충고를 받아들인 덕분에 제나라 실권자 사이의 권력다툼에서 희생되지 않았다. 제나라를 떠나 정나라로 갔다. 대정치가 정자산(鄭子産)을 만났는데 초면인데도 죽마고우처럼 서로 반가워했다. 계찰은 정자산에게 충고했다. "집정자들이 사치스러워서 정나라는 위기에 처할 것이고 실권은 선생께서 쥐게 될 것입니다. 선생께서 정치를 하게 되면 본분을 넘어서지 않는 것이 좋겠습니다. 그렇지 않으면 정나라는 위험해질 것입니다." 정나라를 떠나 위(衛)나라로 갔다. 그곳에서 거원(蘧瑗), 사구(史狗), 사추(史鰍) 등을 만나 말했다. "위나라에는 군자가 많아서 걱정이 없습니다."

위나라를 떠나 진(晉)나라로 향했다. 위나라 손문자(孫文子)의 관할지 척읍(戚邑)에서 하루를 묵는데 종소리가 들려왔다. 계찰은 중얼거렸다. "이상하다. 똑똑하기만 하고 후덕하지 않으면 패가망신한다던데. 손문자는 자기 멋대로 군주를 밀어내고 끌어오고 하면서도 후환을 두려워하지 않고 한가하게 음악을 즐기는가? 손문자는 지금 커튼에다 제비집을 짓고 있는 격이구나. 군주가 죽어 안장하지도 않았는데 음악을 즐기다니." 말을 마치고는 그곳을 서둘러 떠났다. 손문자가 계찰의 경고를 듣고는 평생토록 음악을 멀리하였다.

진(晉)나라에 도착하여 진나라 대신 조문자, 한선자, 위헌자에게 말했다. "앞으로 진나라는 조씨, 한씨, 위씨가 득세할 것이오." 떠나기 전에 숙향(叔向)을 격려했다. "친구여 힘내게. 군주는 사치스럽지만 좋은 신하들이 많구려. 대부들이 부유하여 정권은 그들에게 돌아갈 것 같소이다. 친구는 정직하니 위기가 와도 잘 피하도록 하시게."

계찰이 처음 순방길에 나설 때 북쪽으로 서(徐)나라의 군주를 알현한 적이 있었다. 서나라의 군주는 계찰이 차고 있던 보검을 갖고 싶어 했으나 차마 입을 열지 못했다. 계찰은 그 마음을 읽었으나 중원 제후국을 방문하려면 예의상 검을 패용해야 했으므로 선물하지 못했다. 귀국 길에 서나라에 들렀으나 서군은 이미 작고한 뒤였다. 계찰은 보검을 풀어 서나라 군주의 묘소 옆 나뭇가지에 걸어놓았다. 수행비서가 물었다. "이미 죽었는데 누구한테 주시는 겁니까?" 계찰이 대답했다. "그렇지 않다네. 그때 내 마음은 이미 선물하기로 작정했지. 사람이 죽었다고 내 마음을 속일 수 있겠는가?"

여제는 왕위에 오른 지 17년째 되던 해 죽었다. 아래 동생 여매가 왕위를 계승했다. 그로부터 4년 뒤 여매가 죽기 전에 계찰에게 왕위를 넘기려고 했다. 그러나 계찰은 사양하고 어디론지 사라져버렸다. 오나라 백성들은 어쩔 수 없이 여매의 아들 요(僚)를 왕으로 옹립했다. 그가 곧 오왕(吳王) 요(僚)이다.

오왕 요 2년, 공자 광(公子光)이 초나라를 공격했다가 패하여 왕주(王舟) 지역을 빼앗겼다. 처벌이 두려웠던 공자 광은 초나라를 다시 습격하여 왕주를 탈환하여 귀국했다. 오왕 요 5년, 초나라 평왕이 오자서(伍子胥)의 아버지와 형을 살해했다. 오자서는 탈출하여 오나라로 망명했다. 공자 광은 오자서를 식객으로 안치했다. 공자 광은 오왕 요의 큰아버지 제번의 아들이다. 공자 광은 항상 불만스러워 했다. "아버지 형제가 네 명인데 막내 작은 아버지 계찰께서 왕위를 고사하셨다면 응당 우리 아버지가 가장 먼저 왕위에 올랐으므로 그 아들인 내가 왕위를 계승해야 옳다." 공자 광은 몰래 군사를 양성하면서 기회를 엿봐 오왕 요를 제거하려고 했다. 오자서는 망명하자마자 초나라 정벌을 오왕 요에게 권유했다. 그러나 공자 광은 만류했다. "오자서는 복수를 하려고 초나라 정벌 운운하는데 우리나라에 득이 될 일이 하나도 없습니다." 오자서는 공자 광의 관심사가 다른 곳에 있음을 직감하고는 용맹한 자객 전제(專諸)를 발굴하여 공자 광에게 소개했다. 그 일로 공자 광은 오자서를 식객으로 받아들였던 것이다. 오자서는 조용히 밭을 갈며 전제가 움직이기만 기다렸다.

오왕 요 12년 겨울, 초 평왕이 죽었다. 이듬해 봄, 오나라는 초나라가 국상인 틈을 타 공격에 나섰다. 오왕 요의 아들 개여와 촉용이 군대를 이끌고 초나라의 육(六)과 첨(灊) 지역을 포위했다. 한편으로 계찰을 진(晉)나라로 보내 중원 제후국의 동정을 살피도록 했다. 이에 초나라는 개여와 촉용의 배후를 차단하여 고립시켰다. 공자 광은 때가 왔음을 직감하고는 전제를 불렀다. "누워 있으면 감이 떨어지나? 원칙대로라면 내가 왕이 되어야 옳지. 거사할 생각이네. 막내 작은 아버지 계찰이 오셔도 나를 어떻게 하지는 못할 것이고." 전제도 맞장구를 쳤다. "절호의 기회입니다. 두 아들이 군대를 이끌고 나가 외지에 고립되어 있고 국내에는 충신이 없습니다." 공자 광이 부추겼다. "그대와 나는 한 몸이라네." 그해 4월 병자일, 공자 광은 지하실에 군사를 잠복시키고 오왕 요를 초대했다. 오왕 요는 궁실로부터 공자 광의 집까지 군사를 배치했을 뿐 아니라 심지어 계단 및 술좌석 주변에도 모두 측근을 풀어 단도를 들고 경계를 서도록 했다. 술상이 차려지자 공자 광은 발목이 아프다는 핑계로 슬그머니 자리를 빠져나와 지하실로 내려갔다. 대기 중이던 전제에게 살해를 지시했다. 전제는 생선 접시를 들고 오왕 요 앞으로 다가갔다. 구운 생선 속에는 비수가 숨겨져 있었다. 접시를 내려놓는 순간, 전제는 번개처럼 생선의 배를 후벼 비수를 빼내어 오왕 요를 찔렀다. 주위 병사들이 몰려들어 전제의 가슴을 마구 난자질했음에도 전제는 끝내 오왕 요를 죽이고야 말았다. 이렇게 하여 공자 광은 마침내 왕위에 올랐다. 그가 바로 오왕 합려(闔閭)이다. 합려는 전제의 아들을 경(卿)에 임명하였다. 경(卿)은 고위직이다.

계찰이 귀국하여 입을 열었다. "조상의 제사가 끊기지 않고 백성들에게 잘해주는 분이라면 우리의 임금입니다. 내가 누구를 원망하랴. 죽은 자를 애도하고 살아 있는 자를 모시며 하늘의 뜻을 기다리렵니다. 나는 공연한 생각을 하지 않으렵니다. 왕이 된 분을 모시는 것이 우리의 전통입니다." 계찰은 귀국 보고를 마치고 요의 묘소를 참배하고 곡을 했다. 곡을 마치고 다시 제자리로 돌아와 합려의 명령을 기다렸다. 초나라 군대에 포위되었던 요의 두 아들은 합려가 왕위에 오르자 초나라에 투항해 버렸다.

합려가 즉위하자 오자서를 불러내 의전실장에 임명하고 국사를 논의했다. 초나라 영왕이 백주리(伯州犁)를 죽이자 그의 손자 백비(伯嚭)가 오나라로 망명했다. 합려는 백비를 대부로 임명했다. 합려 3년, 합려는 오자서와 백비에게 명하여 초나라를 공격하도록 하였다. 오자서와 백비는 초나라 서(舒) 지역을 함락시키고 요의 두 아들을 살해했다. 내친 김에 합려는 초나라 수도 영(郢)까지 진격하려고 했으나 손자병법의 저자이자 장군 손무(孫武)가 말렸다. "군사들이 지쳤으니 안 됩니다. 좀더 기다리십시오." 합려 4년, 다시 초나라를 공격하여 육과 첨 지역을 함락시켰다. 합려 5년, 월(越)나라를 공격하여 승리했다. 합려 6년, 초나라가 보복성 공격을 하자 오나라가 응전하여 예장(豫章)에서 대파했다.

합려 9년, 합려는 오자서와 손무를 불러 초나라에 대한 대대적인 공세를 제안했다. 오자서와 손무는 계략을 제시했다. "초나라 장군 자상(子常)이 탐욕스러워 당성공(唐成公)과 채소후(蔡昭侯)가 원망하고 있습니다. 초나라를 일거에 소멸하려면 당성공과 채소후의 지원이 필요합니다." 합려는 경내 군사를 모두 동원하고 당성공 및 채소후와 연합하여 초나라 정벌에 나섰다. 동생 부개(夫槪)가 선봉장으로 나서서 초나라 군대를 대파하자 전군을 동원하여 총공세를 펼쳐 마침내 수도까지 함락시켰다. 초나라 소왕(昭王)은 외부로 도주했다. 마침내 초나라는 완전히 함락되고 말았다. 오자서와 백비는 초나라 평왕의 묘지를 파헤쳐 시신을 꺼내고 채찍으로 후려쳐 원수를 갚았다.

합려 10년 봄, 오나라 군주와 장수들이 모두 초나라에 있었으므로 국내는 텅 비어 있다시피 했다. 이때를 틈타 월나라가 오나라를 공격했다. 합려는 군대 일부를 빼내 월나라에 응전했다. 합려의 군대가 분산되자 초나라는 진(秦)나라에 구원을 요청했다. 진나라는 군대를 파견하여 오나라를 공격하여 격파했다. 진나라와 월나라가 오나라를 연이어 공격하여 차례로 격파하고 합려는 초나라에 묶여 있게 되자 합려의 동생 부개가 슬그머니 오나라로 돌아와 왕위를 차지했다. 합려는 소식을 듣자 남은 병사를 모두 이끌고 돌아와 부개를 공격했다. 부개는 패하여 초나라로 망명했다. 오나라에 자중지란이 일자 초 소왕은 다시 수도로 돌아왔고 귀순한 부개를 당계(堂谿)에 봉했다. 합려 15년, 공자가 노나라의 재상 직무를 대행했다.

합려 19년 여름, 오나라가 월나라를 공격하자 월왕 구천(句踐)은 취리(檇李)에서 응전하게 되었다. 월나라는 필사대를 뽑아 3열종대로 도열한 뒤 오나라 군대 앞으로 다가가 '얍!' 기합소리와 함께 3명이 동시에 자기 목을 그었다. 오나라 군사들은 황당하고도 공포스러운 표정으로 구경하는 데

여념이 없었다. 월나라는 오나라 군대의 해이함을 틈타 지금의 강소성 상주시에 해당하는 고소(姑蘇)에서 대파해 버렸다. 전쟁 통에 오왕 합려는 발뒤꿈치에 큰 상처를 입었다. 오나라는 7리나 퇴각하였고 합려는 상처가 아물지 않아 전사하게 된다. 합려는 죽기 전에 태자 부차(夫差)를 후계자로 임명하며 물었다. "너는 구천이 네 애비를 죽인 것을 잊을 테냐?" 부차가 대답했다. "결코 잊지 않겠나이다."

부차 원년, 부차는 대부 백비를 태재(太宰)에 임명하여 기필코 월나라에 복수하고자 전쟁 준비에 박차를 가했다. 태재는 훗날 승상과 비슷한 직위이다. 이듬해 부차는 정예병을 전원 출동시켜 월나라를 공격했다. 지금의 절강성 소흥현에 해당하는 부초(夫椒)에서 월나라를 대파하여 저번 고소의 패배를 설욕했다. 월왕 구천은 병사 5천 명을 이끌고 회계산(會稽山)으로 퇴각했다. 이어서 백비에게 뇌물을 주고 화해를 요청했으며 오나라의 신하가 되겠다고 간청했다. 오왕 부차는 허락하려고 하였다. 그러나 오자서는 반대했다. "뿌리를 뽑아야지 불쌍하다고 살려주면 화근이 됩니다. 게다가 구천은 어떤 굴욕도 견뎌낼 수 있는 인간입니다. 화해를 거절하고 화근을 제거해야 합니다." 부차는 듣지 않고 백비의 감언이설에 넘어가 마침내 월왕 구천의 굴복을 받아들여 목숨을 살려주었다.

　그로부터 7년 뒤, 오왕 부차는 제(齊)나라에 내분이 터지자 군대를 이끌고 북진하여 제나라를 정벌하려 했다. 이때 또 오자서가 탄원했다. "월왕 구천은 먹고 입는 것을 극도로 억제하면서 죽은 자를 위문하고 병든 자를 위로하며 휘하 백성들의 마음을 사로잡고 있습니다. 구천이 살아있는 한 오나라는 반드시 대가를 치르게 될 것입니다. 지금 월나라는 오나라의 암적인 존재인데도 무시해 버리고 북쪽 저 멀리 제나라에만 신경을 쓰시다니 대왕께서는 문제의 경중을 모르시나이까?" 오왕 부차는 듣지 않고 마침내 제나라 정벌에 나서서 지금의 산동성 태안시 동남부의 애릉(艾陵)에서 제나라 군대를 대파하고 내친 김에 노나라 애공까지 소환하여 공물을 요구했다. 부차 9년부터 11년까지 두 차례 더 제나라를 정벌했다.

　오나라가 북방으로 진출하는 데 전력을 기울이는 동안 월왕 구천은 백성들을 이끌고 오왕 부차를 알현하면서 공물을 잔뜩 안겨주었다. 오왕은 희희낙락했지만 오자서만은 두려움에 떨었다. "하늘은 오나라를 버리려는가? 대왕께서 제나라 땅을 점령했다 해도 모두 자갈밭이라 쓸모가 없습니다. 옛말에도 이르듯 못된 놈은 씨를 말려야 한다고 했습니다." 오왕은 여전히 무시하고 오자서를 제나라로 파견했다. 오자서는 자신의 아들을 제나라 대부 포씨(鮑氏)에게 맡기고 귀

국하였다. 오자서가 귀국하자 그 소식을 전해들은 오왕은 대
노하여 오자서에게 자살을 명했다. 오자서는 죽음에 앞서 중
얼거렸다. "내 무덤 옆에 가래나무를 심어주오. 오왕의 관짝
에 필요하게 될 것이오. 내 눈을 파서 동문에 걸어주오. 월나
라가 오나라를 멸하는 모습을 보고 싶구려."

제나라 대부 포씨가 제나라 도공(悼公)을 죽였다. 오왕이
소식을 듣고 군대 막사 밖에서 사흘을 곡하는 것으로 그 당시
제후국 사이의 예의를 마치고는 황해 연안을 끼고 북상하여
제나라를 정벌했다. 그러나 이번만은 제나라도 호락호락 물
러서지 않고 응전하여 오나라는 패전하고 말았다. 오왕은 군
대를 이끌고 귀국할 수밖에 없었다.

부차 13년, 오왕은 노나라와 위(衛)나라 군주를 탁고(橐
皐)로 호출하여 자신이 강대국임을 과시했다. 이듬해 봄, 오
왕은 제후들을 황지(黃池)로 소집하여 중원의 맹주가 되려고
하였다. 황지는 지금의 하남성 봉구현(封丘縣) 서남쪽이다.
그해 6월 병자일, 월왕 구천은 드디어 오나라를 공격했다. 을
유일, 월나라 오천 병사가 오나라와 접전을 벌였다. 병술일,
월왕 구천은 오나라 태자를 생포했다. 정해일, 월왕 구천은
오나라 국경을 넘어섰다. 월왕 구천의 연승이 이어지자 사태
의 심각성을 눈치 챈 오나라 장수들이 황지로 나가 있던 부차
에게 패전 소식을 긴급 보고했지만 부차는 듣고 싶지 않았

다. 무심결에 패전 소식을 흘렸다가 오나라 막사에서 처결된 자가 일곱 명이나 되었다.

7월 신축일, 월왕 구천이 오나라 국경을 넘어 유린하는데도 오왕 부차는 황지 교외에서 진(晉)나라 정공(定公)과 서로 맹주를 차지하려고 옥신각신하였다. 오왕은 이렇게 주장했다. "오나라의 선조 오태백은 고공단보의 큰 아들이오. 진나라의 시조는 숙우(叔虞)인데 주나라 성왕의 아우라오. 그러므로 주 왕실의 항렬로 따지면 우리가 어른이오." 진나라 정공이 반박했다. "우리의 선조 진문공(晉文公) 이후로 양공, 도공, 평공께서 줄줄이 중원의 맹주가 되셨소. 주 왕실의 후손 중에 맹주가 된 나라는 우리 진(晉)나라뿐이오." 오왕이 물러서려 하지 않자 진나라 승상 조간자가 오나라를 공격하려 했다. 오나라는 월왕 구천에게 짓밟히고 있었으므로 진나라 정공을 맹주로 인정하고 물러섰다. 오왕 부차는 별 재미를 못보고 귀국하였다. 그러나 태자는 이미 구천에게 생포되었고 부차는 동분서주하며 정벌을 일삼았기 때문에 군사들은 모두 탈진상태였다. 그리하여 귀한 물건을 다 바치며 월왕 구천에게 화해를 간청했다.

월나라는 더욱 강대해져 부차가 왕위에 오른 지 23년 만에 마침내 오나라를 정복했다. 월왕 구천은 용동(甬東)에 부차의 거처를 마련하고 여생을 마치도록 안배했다. 용동은 지금의 절강성 주산도(周山島)이다. 부차는 한숨을 쉬었다. “나도 이젠 늙어서 더 이상 구천을 모실 수가 없소이다. 그때 오자서의 충언을 듣지 않아 오늘날 이런 꼴이 되었다오.” 부차는 스스로 목숨을 끊었다. 월왕 구천은 오나라를 멸하고는 백비(伯嚭)를 색출하여 처단하였다. 군주에게 충성을 다하지 못하고 자신과 내통했다는 죄목이었다. (오태백세가 끝)

유후세가(留侯世家)

　　장량의 선조는 한(韓)나라 왕족과 같은 희(姬)씨로서 귀족
이었다. 장량의 할아버지 희개지(姬開地)는 한소후, 선혜왕,
양애왕 시절의 승상으로서 3대에 걸쳐 군왕을 보좌하였고,
아버지 희평(姬平)은 이왕, 도혜왕 시절의 승상으로서 2대에
걸쳐 군왕을 보좌하였다. 장량의 할아버지, 아버지가 한(韓)
나라 군왕을 도합 5대에 걸쳐 약 80여 년을 보좌했으므로 이
변이 없는 한 장량도 그 뒤를 이을 가능성이 무척 높았다.
　　그러나 아버지가 죽고 20년 뒤, 진나라는 한(韓)나라를 멸
해 버렸다. 장량은 어린 나이라서 관직에 진출하지도 못하고
조국이 사라진 것이다. 그러나 장량은 고관의 후손이었으므
로 조국은 망했지만 집안에 하인이 3백 명이나 있었다. 그 당

시 불행하게도 하나밖에 없던 동생마저 죽었다. 장량은 동생을 적당히 매장하고 가산을 모두 정리하여 그 돈으로 진시황제를 암살할 자객을 물색하러 다녔다. 할아버지와 아버지 때부터 5대에 걸쳐 한(韓)나라 군왕을 모셨으므로 조국을 위하여 복수하는 것이 곧 할아버지와 아버지의 복수를 하는 것이나 다름없기 때문이다. 화끈하게 가산을 정리했다느니, 동생이 죽었는데도 더욱 큰일을 위하여 적당히 매장해버렸다느니, 형가처럼 진시황제를 암살하려고 했다느니 하는 일련의 행동으로 보아 그 당시 장량은 혈기 넘치는 20대 초반이었을 것이다.

장량은 기회를 엿보기 위하여 우선 회양(淮陽)으로 들어가 예(禮)를 공부하였다. 그 당시 예(禮)란 에티켓이 아니라 국가를 경영하는 데 필요한 각종 제도를 가리킨다. 암살 행동과 제도는 그다지 밀접한 관계가 없으므로 아마도 사람들의 이목을 피하려는 연막술이었을 것이다. 회양은 지금의 강소성 패현(沛縣)이다. 그곳에서 별다른 성과를 거두지 못하자 장량은 다시 짐을 챙겨 지금의 산동성 쪽으로 들어갔다. 그곳에서 우연히 은자 창해군(倉海君)을 알게 되었고 창해군의 소개를 받아 역사(力士)를 구하였다. 역사는 힘이 세어 그 당시 무게 단위로 120근짜리 철퇴를 장난감처럼 휘둘렀다. 진나라 시절의 120근은 현재 단위로 약 60여 근인데 대략

30kg 정도이다.

기원전 218년, 진시황제가 천하를 통일한 지 3년 째 되던 해, 진시황제는 세 번째 전국 순시에 올라 지금의 하남성 원양현(原陽縣) 동남쪽 박랑사(博浪沙)에 이르렀다. 근처에 미리 매복하고 있던 장량과 역사는 진시황제의 행렬이 사정권에 들어서자 30kg 철퇴를 날려 진시황제의 마차를 내리찍었다. 그런데 진시황제는 암살에 대비하여 순시에 나설 때마다 황제 전용 마차를 여러 대 만들었으므로 최측근이 아니고서는 진시황제가 과연 어느 마차에 타고 있는지 알 수 없었다. 역사가 날린 철퇴는 불행히도 빈 수레를 찍고 말았다. 진시황제는 진노하여 대수색을 명하였고 전국적으로 10일 동안 대대적인 검문검색이 벌어졌지만 주모자는 체포되지 않았다. 한(韓)나라가 망한 지 14년 만의 일이므로 장량은 무려 14년 동안 암살을 준비했던 셈이며 이때 나이는 대략 30대 중반이었다.

거사에 실패한 장량은 성명을 바꾸고 하비(下邳)로 도피했다. 하비는 지금의 강소성 수녕현(睢寧縣)이다. 진시황제 암살과 관련하여 전국적인 수배령이 내렸고 대대적인 검거가 열흘씩이나 진행되었음에도 불구하고 장량 일행은 체포되지 않았다. 이 점은 무엇을 의미할까? 일반 백성들은 진 제국의 관리들에게 협조를 하지 않았다는 뜻이다. 그만큼 진 제국의 통일과 통치에 대하여 일반 백성들은 불만이 많았다는 증거이며, 또 한편으로는 통일제국을 건립한 지 불과 3년밖에 되지 않아 전국을 완전히 장악하지는 못했다는 뜻도 된다.

장량은 암살에 실패하자 하비에 은거하며 고민스러웠을 것이다. 개인적인 역량으로는 진 제국을 붕괴시킬 수 없다는 사실도 깨달았을 것이다. 그 즈음하여 장량은 이미 중년의 나이로 접어들었으므로 젊은 시절의 혈기는 다소 누그러지는 대신 생각이 훨씬 깊어져 있었다. 그러던 어느 날 장량은 바람이나 쏘일 생각으로 교외로 나가 한가하게 다리 위를 산보하고 있었다. 그때 마침 웬 노인장 한 분이 맞은편에서 다가왔다. 노인장은 허름한 옷차림이었는데 장량과 마주치자 짚신을 다리 밑으로 던져놓고 명령하듯 소리쳤다. "어이 젊은이, 가서 주워와!" 장량은 황당했다. 한 대 쥐어박을까 하다가 워낙 연로한 영감탱이라서 꾹 참고 다리 밑으로 내려가 짚신을 주워왔다. 노인장은 맨발을 들이대며 또 명령했다. "신겨봐!" 장량은 기가 막혔지만 이미 짚신을 주워왔으므로 내친 김에 한 번 더 참고 무릎을 꿇은 채 짚신을 신겨드렸다. 노인장은 다리를 쭉 뻗어 짚신을 받아 신고는 껄껄대며 다리를 지나갔다.

비록 하찮은 망명객의 신분이지만 그래도 명문귀족의 후손이었고 진시황제까지 암살하려고 노심초사하며 10여 년을 준비했던 열혈남아 장량으로서는 노인장의 개념 없는 행동거지에 머리가 혼란스러웠다. 장량은 멍한 표정으로 시야에서 멀어져가는 노인장의 뒷모습을 바라보고 있었다. 그런데 노인장은 뒤도 안 돌아다보고 느릿느릿 한참을 걷다가 발길을 되돌려 이쪽으로 오고 있지 않은가. 노인장은 장량 앞으로 다가오더니 비로소 입을 열었다. "젊은 친구가 쓸 만 하군. 닷새 후 아침에 여기서 다시 보세." 장량은 귀신 들린 듯 엉겁결에 무릎을 꿇고 아뢰었다. "네, 알겠사옵니다."

닷새가 흘렀다. 장량은 아침에 다리 위로 나갔다. 노인장은 이미 나와 기다리고 있었다. 장량이 모습을 드러내자 노인장을 버럭 화를 내며 소리쳤다. "어른과 약속하고도 늦게 나오다니 뭐 하는 짓이야!" 노인장은 자리를 뜨며 말을 던졌다. "닷새 후 이른 아침에 다시 오게." 닷새 후 새벽닭이 울기가 무섭게 장량은 다리로 달렸다. 그런데 이번에도 노인장은 이미 나와 있었다. 헐레벌떡 달려오는 장량을 보고 노인장은 또 꾸짖었다. "또 늦다니 정신이 있는가!" 노인장은 자리를 박차고 일어나며 또 한 마디를 던졌다. "닷새 후에 새벽같이 나오게."

닷새 후, 장량은 안 되겠다 싶어 컴컴할 때 일어나 다리 위로 나갔다. 조금 있으려니 저쪽에서 노인장이 느릿느릿 걸어오는 것이 아닌가. 노인장은 장량을 발견하고는 그때서야 흐

뭇한 표정으로 격려했다. "암, 당연히 그래야지." 이어서 노인장은 책을 건네주며 일렀다. "이 책을 읽으면 군왕의 사부가 될 수 있어. 10년 후에 대성할 수 있을 것이고, 13년 후에 제수(濟水)의 북쪽 곡성산(穀城山) 아래에서 황색의 돌멩이를 발견할 터인즉 그게 바로 나일세." 말을 마치자 노인장은 입을 다물고 총총걸음으로 사라져 버렸다. 날이 밝아오자 장량은 책을 펼쳐 보았다. 『태공병법』(太公兵法)이었다. 『태공병법』은 강태공의 전설적인 병법 책이다. 강태공은 중국 역사상 유명한 정치가이자 전략가로서 주(周) 왕실의 개국 공신이자 제(齊)나라의 시조며 산동 지역을 철저한 현지화 전략으로 지역적 특성에 맞게 개발 성공한 CEO였다. 장량은 귀한 보물을 얻은 듯 『태공병법』을 정독하였으며 이때부터 물불을 가리지 않던 열혈청년에서 침착하고도 교활한 전략가로 거듭나게 된다.

그로부터 10여 년이 지났다. 기원전 209년, 진승과 오광이 진 제국에 반기를 들자 장량도 하비에서 청년 1백여 명을 규합하여 반란을 일으켰다. 훗날 한(漢) 제국의 개국 황제가 되었던 유방도 반란군을 이끌고 마침 하비의 서쪽을 공략하였다. 장량은 유방 진영에 투신하였고 그때부터 『태공병법』으로 연마한 전략을 선보였다.

장량은 직접 전방으로 달려가 전투에 참여하거나 지휘하

지는 않았지만 유방이 곤경에 처할 때마다 적절한 전략을 제시하여 마침내 유방이 천하를 잡는 데 결정적으로 공헌했다. 유방은 장량의 공훈을 높게 평가하여 산동성 지역의 알짜배기 3만 가구를 맘대로 골라잡게 하여 제후 왕에 임명하려 했다. 그러나 장량은 『태공병법』을 독파한 전략가답게 스스로 낮춰 강소성 패현 동남쪽 유현(留縣)에 만족하였다. 장량을 유후(留侯)라 부르는데 유현을 봉읍지로 후작에 임명되었기 때문이다. 장량은 자신의 공훈보다 낮은 포상에 만족했을 뿐 아니라 한걸음 더 나아가 건강을 핑계로 정계에서 일찍 은퇴하여 부러 신선술에 탐닉하는 등 세상을 등진 것처럼 꾸며 권력투쟁의 회오리로부터 자신을 안전하게 지켰다. 장량을 뛰어난 전략가에 그치는 것이 아니라 처세술에 있어서도 교활할 정도의 달인이라 부르는 이유가 바로 여기에 있다.

하비 교외의 다리 위에서 신비의 노인장을 만난 지 어언 13년이 흘렀다. 장량은 한나라 개국 황제 유방을 모시고 제수 북쪽을 지나게 되었는데 정말 노인장의 말 그대로 곡성산 아래에서 황석(黃石)을 발견했다. 곡성산은 지금의 산동성 동아현(東阿縣) 동북쪽에 있으며, 황석으로 인하여 황산(黃山)이라 부른다. 장량은 황석을 보물처럼 안아들고 사당에 모셨다. 장량이 죽자 후손들은 장량과 함께 그 황석도 함께 매장하였으며 매년 복날과 동짓날 성묘를 할 때마다 황석에도 제사를 올렸다.

장량에게 병법 책을 건네준 노인장의 이야기가 과연 사실인지 여부는 알 길이 없다. 아마도 재야에 은거하던 병법의 고수가 장량의 사람됨을 시험해보고 필생의 저술을 전수해준 것이 아닌가 싶다. 현재 우리가 보는 『황석공삼략』(黃石公三略)은 『수서경적지』(隋書經籍志)에 '하비신인'(下邳神人)이라 기록되어 있어 독자로 하여금 미소 짓게 만들지만 후세 사람들이 그 노인장의 이름에 의탁하여 저술한 위서이다. (유후세가 끝)

5장

열 전 (列傳) 편

열전 70편에서 몇 편을 선별하기란 쉽지 않다. 가급적 사마천의 사상이나 감정이 가탁된 작품이나 흥미로운 내용 위주로 선정하여 발췌하겠다. 백이열전, 관안열전, 오자서열전, 염파인상여열전, 자객열전, 화식열전 등 6편이다. 열전의 마지막 편 「태사공자서」는 무척 중요한 글인데 본서의 해설 부분에서 수시로 언급하면서 내용을 소개한 바 있으므로 여기서는 생략하도록 한다.

백이열전(伯夷列傳)

학자들이 기록한 책은 극히 많으나 사람들은 오로지 육경(六經)―『시경』, 『서경』, 『역경』, 『예경』, 『악경』, 『춘추』의 기록을 판단의 기준으로 삼는다. 『시경』과 『서경』의 기록이 비록 완벽하지는 않아도 요임금, 순임금 및 우왕 등에 관한 내용을 살필 수는 있다.

요임금은 자신의 아들을 제쳐두고 현자에게 왕위를 양보하고자 신중하게 고르고 골라 순임금을 후계자로 선택하고 다양한 방법으로 자질을 시험해 보았다. 그 뒤로 순임금이 우왕에게 왕위를 양보할 때는 우선 동서남북 사방의 수령 및 열두 지방 장관들의 만장일치 추천을 받고 아울러 실무 능력까지 철저하게 검증하였다. 그렇게 하기를 무려 수십 년, 확실한 업적이 드러난 후에야 비로소 왕위를 넘겨주었다. 이런 점들은 무엇을 의미하는가? 천하의 대권은 아무나 넘볼 수 없고 또한 대권을 넘길 때는 신중에 신중을 기했다는 것이다.

그런데 이런 이야기도 전한다. 요임금이 허유(許由)에게 천하의 대권을 넘기려 하자 허유는 받아들이기는커녕 오히려 수치스럽게 여기고 도망쳐 숨어버렸다는 것이다. 또한 하나라 때는 변수(卞隨)와 무광(務光)이란 이가 있었는데, 이들에게도 역시 대권 제의가 들어왔으나 이들은 역시 허유처럼 그렇게 수치스럽게 여기고 은거했다는 것이다. 이런 소문은 대체 어떻게 이해해야 좋단 말인가? 내가 기산(箕山)에 올랐는데 산 위에 무덤이 하나 있었다. 소문으로는 허유가 묻혀 있다고 한다. 공자는 오태백이나 백이숙제와 같은 옛 현인, 성인들을 자세히 기록하였다. 내가 듣기로 허유나 무광 등은 고결한 뜻을 품은 훌륭한 분들인데 왜 경전에는 그분들을 기록한 내용이 단 한 줄도 없단 말인가?

공자가 말했다. "백이숙제는 앙심을 품지 않았기에 남을 원망하는 일이 거의 없었다." 또한 이런 말을 하였다. "자신이 뜻한 바를 추구하여 마침내 뜻한 바를 이루었는데 무슨 원망이 있겠느냐." 그러나 나로서는 백이의 일생이 너무도 안타깝던 차에 『시경』에 미수록된 가사를 접하게 되었는 바 공자가 했던 말과는 다른 내용이었다.

경전에는 기록되어 있지 않으나 이런저런 잡서에 백이숙제와 관련된 이야기를 종합하여 정리하자면 다음과 같다.

"백이와 숙제는 고죽군(孤竹君)의 두 아들이다. 아버지는 막내 아들 숙제를 후계자로 삼으려 했다. 아버지가 죽자 동생 숙제는 형님 백이에게 후계자 자리를 양보했다. 그러자 백이는 아버지의 엄명이라며 사양하고 사라져 버렸다. 숙제 역시 후계자 자리를 팽개치고 백이의 뒤를 좇아 은거해 버렸다. 백성들은 어쩔 수 없어 둘째 아들을 왕으로 옹립하였다. 그 뒤 백이와 숙제는 서쪽의 맹주 서백창(西伯昌)이 노인들을 잘 모신다는 소문을 듣고는 그에게 귀의하였다. 백이와 숙제가 도착할 즈음 마침 서백창은 죽고 그의 아들 무왕(武王)이 아비의 신주를 모시고 문왕(文王)이라 칭하며 동쪽으로 은나라 폭군 주왕(紂王)을 정벌하러 나서던 중이었다. 백이숙제는 문왕의 말고삐를 끌어당기며 만류했다. '아비가 죽었는데 매장도 안 하고 전쟁을 일으키다니 효도라고 할 수 있습니까? 신하로서 군주를 죽이려 하다니 어진 사람이 할 도리입니까?' 좌우 군사들이 백이와 숙제를 죽이려 하였다. 무왕의 군사고문 여상(呂尙)이 말렸다. '이분들은 의인(義人)이시다.' 그러면서 부축하여 길을 비키게 하였다.

무왕이 은나라를 전복시키자 천하 만민은 주나라를 종주국으로 받들게 되었다. 그러나 백이와 숙제는 주나라 세상에 사는 것을 부끄럽게 여겼다. 주나라 치하에서는 결코 관직을 맡지 않겠다고 다짐하고 수양산(首陽山)으로 도주하여 고사리를 캐먹으며 연명하였다. 그러다 마침내 허기져 죽음이 임박하자 슬픈 노래를 불렀는데 그 가사는 이러했다. '저기 수양산에 올라 고사리를 캐먹었네. 폭력으로 폭력을 제압하면서도 그것이 잘못인지 모른다네. 신농씨·요·순·우임금의 시절은 홀연히 사라졌지, 이제 내가 귀의할 곳은 어디매뇨. 어흑, 죽어 버리련다, 하늘도 무심하시지!' 마침내 두 사람은 수양산에서 굶어죽었다."

이렇게 본다면 백이가 원망을 품은 것인가 품지 않은 것인가?

이런 말을 하는 사람도 있다. "하늘은 편애하지 않는다. 혹시 편애한다면 착한 사람만을 도와준다." 백이와 숙제 같은 분이면 착한 사람이라고 할 수 있다. 그렇지 않은가? 그토록 고결한 인격과 품행을 갖추었는데도 굶어죽고 말았다. 게다가 수제자 70명 중에 공자는 오로지 안회만이 배움을 좋아한다고 칭찬하였다. 그런데 안회는 수차례 양식이 끊겨 술지게미와 쌀겨도 실컷 먹은 적이 없을 뿐더러 결국 요절하고 말았다. 하늘이 착한 사람 편이라는데 과연 이럴 수가 있는가? 도척(盜蹠)은 무고한 사람을 매일같이 죽이고 사람의 간을 회쳐 먹고 포악하게 날뛰며 수천 명씩 무리를 지어 천하를 횡행했는데도 천수를 누리고 편안하게 죽었다. 도대체 무슨 덕을 쌓았길래 그렇단 말인가? 지금까지 예로 든 것은 특히 두드러진 사례일 뿐이다. 최근 이야기를 하자면, 못된 짓만 저지르고 범행을 골라 하면서도 평생토록 무사하고 심지어 부귀영화가 자손까지 이어지는 경우를 숱하게 보았다.

그런 반면 걸을 때도 조심스럽게 발길을 내딛고 말할 때가 아니면 입을 열지 않고 길을 걸어도 샛길로 질러가지 않고 옳은 일이 아니면 분발하지 않는 정말 정직하고 순수한 사람들이 화를 입은 경우를 또한 이루 헤아릴 수 없이 많이 보았다. 나는 정말 혼란스럽다. 만일 이것이 하늘의 뜻이라면, 하늘의 뜻은 과연 옳은 것인가 틀린 것인가? 하늘의 뜻을 정녕 믿을 수 있는가?

공자는 말했다. "노선이 다르면 함께 일할 수 없다." 말하자면 소신대로 산다는 뜻이다. 그러므로 공자는 또 이렇게 이야기했다. "부귀영화가 노력해서 되는 일이라면 나는 마부라도 기꺼이 하겠다. 노력해서 되는 일이 아니라면 나는 차라리 내가 원하는 일을 하련다." "날씨가 추워져야 소나무 잣나무가 푸르다는 것을 안다." 세상이 더러워야 비로소 고고한 선비가 드러난다. 그런데 고결한 인품의 그들은 어찌하여 자신의 뜻을 그렇게 중시하면서 부귀영화를 이렇게 하찮게 보았는가?

　"군자는 죽은 후에 자기 이름이 칭송되지 않음을 부끄럽게 여긴다." 한나라 초기의 정론가 가의(賈誼)도 이렇게 말했다. "욕심쟁이는 재물에 목숨을 걸고, 열사는 명예에 목숨을 건다. 과시욕에 불타는 자는 권력에 목숨을 걸고, 일반 백성들은 그저 생명에 연연할 따름이다." 비슷한 색깔이 서로 어울리듯 비슷한 부류가 끼리끼리 모이듯, 용이 비상하면 구름이 따라오듯 호랑이가 포효하면 바람이 몰아치듯, 성인이 나설 때 비로소 만사만물이 분명하게 드러나는 법이다.

　백이와 숙제가 비록 고매해도 공자의 칭찬 한 마디로 그 명성이 더욱 드러났다. 안회가 비록 배움을 좋아했지만 천리마의 꼬리에 붙었기에 독실한 행동이 더욱 멀리까지 전해졌다. 심산유곡에 은거하며 고결하게 살아가는 분들이 설령 백이와 숙제 그리고 안회처럼 언행이 고매하고 독실하다 하더라도 그 이름이 묻혀 세상 사람들이 몰라주는 경우가 많아 애통하기 그지없다. 일반 사람으로서 학문과 덕행을 닦아 마침내 대성했다 해도 공자와 같은 분의 단 한 마디 추천을 받지 못한다면 어떻게 후세에 그 이름을 전할 수 있으리요. (백이 열전 끝)

관안열전(管晏列傳)

관중은 영수(潁水) 근방 사람인데 영수는 지금의 하남성 동쪽 및 안휘성 서북쪽을 흐르는 강이다. 관중은 어릴 적부터 포숙아와 친구였다. 포숙아는 귀족의 아들이었고 관중은 평민의 아들이었다. 포숙아는 관중이 똑똑하다는 것을 잘 알고 있었다. 관중은 가난하여 포숙아를 속여먹을 때가 많았지만 포숙아는 탓하지 않고 항상 잘 대해 주었다.

제나라 양공(襄公)이 죽자 내란이 일어났다. 양공의 동생 중에 소백(小白)과 공자 규(公子糾)가 서로 왕권을 차지하려고 다투었다. 그런데 얄궂게도 포숙아는 소백을 모셨고, 관중은 공자 규를 모셨다. 마침내 소백이 왕위를 차지하게 되었다. 소백이 바로 제환공(齊桓公)이다. 공자 규는 살해되었고 관중은 체포되었다. 이때 포숙아는 제 환공에게 관중의 재능을 열거하며 강력하게 추천하였다. 제 환공은 과거를 묻어버리고 관중을 발탁하여 재상에 임명하였다. 관중은 의욕적으로 개혁을 추진하여 제나라를 강성하게 만들었으며 그 결과 제 환공은 제후국의 맹주가 되었다.

관중은 훗날 이렇게 회고했다. "내가 가난할 때 포숙아와 함께 사업을 했었다. 이익을 남기면 내가 꼭 더 가졌는데 포숙아는 나를 탐욕스런 인간이라고 생각하지 않았다. 내가 가난하다는 것을 알았기 때문이다. 내가 포숙아를 위하여 무슨 일을 한 적이 있었는데 잘못 되어 포숙아를 난처하게 만들었다. 그러나 포숙아는 나를 못난 놈이라고 생각하지 않았다. 사람에게는 운이 있다는 것을 알았기 때문이다. 내가 관직에 세 번 진출하여 세 번 모두 명퇴를 당했지만 포숙아는 나를 무능한 놈이라고 생각하지 않았다. 내가 때를 못 만난 탓이라고 생각했기 때문이다. 내가 세 번이나 병사를 이끌고 전쟁터에 나갔지만 모두 참패하고 도망쳤다. 그러나 포숙아는 나를 비겁한 놈이라고 무시하지 않았다. 나에게는 노모가 있다는 것을 알았기 때문이다. 공자 규와 소백이 정권을 다투다가 공자 규가 패하자, 공자 규를 따르던 소홀(召忽)은 군주를 따라 자결했지만 나는 뻔뻔하게도 살아남았다. 그러나 포숙아는 나를 염치없는 놈이라고 생각하지 않았다. 내가 사소한 모욕을 견뎌내고 결국은 천하에 명성을 날리게 될 것임을 믿었기 때문이다. 나를 낳은 분은 부모지만 나를 진정 알아준 친구는 포숙아였다.”

포숙아는 제 환공에게 관중을 추천하고 자신은 관중보다 낮은 지위에 있으면서도 전혀 개의치 않고 관중을 상전으로 모셨다. 포숙아의 자손들은 대대로 제나라의 관록을 받았으며 봉읍지까지 하사받으며 십여 대까지 이어졌다. 봉읍지란 군왕이 공신에게 하사하는 땅이다. 포숙아 집안은 대대로 훌륭한 대신을 배출했다. 세상 사람들은 관중의 능력을 칭찬하기보다는 사람을 볼 줄 아는 포숙아를 칭찬하였다.

관중은 농업과 수산업을 진흥시켜 경제를 살렸으며 충실한 국고를 바탕으로 빈곤을 해결하고 능력 있는 인재를 계속 발탁하여 제나라를 강성하게 만들었다. 관중이 시행한 정책의 핵심은 민심에 순응하는 것이었다. 그러므로 관중은 이렇게 말했다. “창고가 가득 차야 예절을 안다. 의식이 족해야 체면을 안다. 윗물이 맑아야 아랫물이 맑다. 예의염치를 버리면 나라는 멸망한다.” “정책은 물이 흐르듯 오로지 민심에 따를 뿐이다.” 관중의 정책은 간명했고 시행하기 편했다. 백성들이 원하면 해주고 원치 않으면 폐지했다. 그리고 정치나 외교의 요령은 “주는 것이 받는 것”이라고 주장했다.

관중의 재산은 국왕에 버금갔고 군왕만이 거둘 수 있는 장터의 사업세를 거두며 군왕만이 갖출 수 있는 연회 설비를 꾸밀 정도로 호사롭게 살았지만 백성들은 관중의 사치를 탓하지 않았다. 백성들도 잘 살게 해주었기 때문이다. 관중이 죽은 후에도 관중의 정치 및 경제 정책이 계속 시행되었으며 그리하여 제나라는 줄곧 강대국으로 군림했다.

관중이 죽고 1백여 년 뒤 안영이 등장했다. 안영은 지금의 산동성 고밀현(高密縣) 사람으로 제나라 영공·장공·경공 등 세 명의 군주를 모시며 솔선수범과 근검절약으로 백성들의 존경을 받았다. 안영은 재상이 된 후에도 식탁에는 고기 반찬은 단 하나밖에 올라오지 않았으며 집안의 아낙들은 비단옷을 입지 않았다. 조정에서 국사를 논할 때 군왕이 물어보면 정직하게 대답했고 군왕이 묻지 않은 일을 할 때도 오로지 정직하게 처리할 뿐이었다. 군왕의 현명한 명령은 그대로 수행했지만 군왕의 무리한 명령에 대해서는 큰 탈이 없는 것만 시행하였다. 그러므로 안영은 세 명의 군왕을 삼대에 걸쳐 보좌하면서도 명재상으로 천하에 이름을 날렸다.

어느 날 안영이 출장길에 오르게 되었다. 그 당시 월석보라는 현자가 있었는데, 마침 죄를 지어 길가에서 강제노동을 하고 있었다. 안영은 타고 있던 사두마차의 좌측 마필을 풀어 보석금으로 삼아 월석보를 사면시키고 마차에 태워 함께 귀가하였다. 집에 도착하자 하인에게 월석보를 맡기고는 온

다간다 말도 없이 안방으로 들어가 버렸다. 얼마 뒤 월석보는 안영을 찾아가 떠나겠다고 선언했다. 안영은 당황하여 의관을 고쳐 입고 물었다. "제가 비록 덕망이 없사오나 선생을 고통 속에서 구해드렸는데 어찌하여 이렇게 빨리 저를 떠나시겠다는 것이오?" 월석보가 아뢰었다. "그렇지 않답니다. 제가 들은 바로는, 군자는 자기를 몰라주는 사람에게는 모욕을 당해도 자기를 알아주는 사람에게는 당당하다고 했습니다. 제가 죄인이 된 것은 그들이 저를 몰랐기 때문이지요. 재상께서는 제가 어떤 사람인지 알기 때문에 저를 구출하였으니 저의 지기(知己)입니다. 지기로부터 무례한 대접을 받는다면 차라리 죄인으로 돌아가는 것이 낫지요." 안영은 월석보를 귀한 손님으로 모시었다.

안영이 재상의 신분으로 출근할 때 일이다. 마부의 아내가 문틈으로 남편을 훔쳐보고 있었다. 마부는 안영의 전용 마차를 몰고 있었는데 큰 파라솔을 들고 사두마차를 채찍질하며 득의양양한 표정을 지었다. 안영이 퇴근하자 마부도 집으로 돌아왔다. 아내는 마부에게 이혼을 요구하였다. 마부가 이유를 묻자 아내가 대답했다. "안영은 채 140cm도 안 되는 키지만 제나라 재상으로서 천하에 명성이 자자합니다. 오늘 아침 안영이 출근하는 모습을 보았더니 무언가 골똘히 생각에 잠겼으며 겸손한 태도가 몸에 배어 있더이다. 그런데 당신의

키는 180cm가 넘고 허우대도 멀쩡한 사람이 노예처럼 남의 마차나 몰면서 희희낙락하며 만족하는 표정을 짓더군요. 이런 남편을 따라 일생을 살아봐야 비전이 없어 떠나려는 것입니다.” 그 뒤로 마부는 신중하고 겸손해졌다. 안영은 마부의 언행이 평소와 다르자 이유를 물었다. 마부는 이실직고 하였다. 안영은 마부를 추천하여 대부(大夫)로 발탁시켰다. 제후왕 아래로 가장 존귀한 직위가 경(卿)이며, 경 바로 아래가 대부(大夫)였다.

관중과 안영의 일생을 기록하고 개인적인 느낌을 적는다.

관중의 작품으로 전해지는 「목민편」, 「산고편」, 「승마편」, 「경중편」, 「구부편」 및 안영의 작품으로 전해지는 『안자춘추』를 읽었는데 참 자세하게 치국의 방략이 서술되어 있었다. 그들의 저서를 읽은 상황에서 그들은 실제로 어떻게 행동했는지 살펴보고자 그들의 일생을 정리해 보았다. 그들의 저서는 세상에 많이 있으므로 이 자리에서는 생략하고 에피소드 위주로 엮어 보았다. 세상 사람들은 관중을 명재상이라 칭찬하지만 공자는 포부가 작다고 비평한 바 있다. 봉건제도가 무너질 때 제 환공과 같은 인물을 보좌했으면 왕도 정치를 구현해야지 고작 제후국의 맹주에 그쳤기 때문일까? 그러나 『효경』에도 나오다시피 “군주의 미덕을 살리고 군주의 잘못을 교정해주면 나라가 화목해진다”고 했는데 관중을 일컫는 말이겠지? 제 장공은 최저(崔杼)의 아내를 탐하다가 최저의 심복들에게 살해당했다. 안영은 장공의 시신에 엎드려 기본적인 예를 갖추는 것으로 조문을 마쳤다. 음란하여 살해당한 군주를 위해 목숨을 바치지도 않았고 그렇다고 최저의 서슬이 시퍼런 상황이라고 일신상의 안위만을 고려하여 몸을 사리지도 않았다. 만약 안영이 지금 살아있다면 그의 마부가 되라고 해도 나는 흔쾌히 하고 싶구나. (관안열전 끝)

오자서 열전(伍子胥列傳)

오자서(伍子胥)는 초나라 사람으로 아버지는 오사(伍奢), 형은 오상(伍尙)이다. 오자서의 선조는 초 장왕에게 목숨을 걸고 간언하여 명성을 날렸으며 그 후로 오자서 가문은 초나라의 명문으로 부상하였다.

초나라 평왕(기원전 528~516) 시절의 일이다. 평왕에게는 태자 건(建)이 있었는데 오사를 사부로 임명하고 비무기(費無忌)를 부사부로 임명하였다. 그런데 비무기는 태자를 충심으로 모시지 않았다. 평왕은 비무기를 진(秦)나라로 파견하여 태자비를 영접하도록 명했다. 그런데 막상 태자비를 보니까 미인이었다. 비무기는 심복을 시켜 밤새 달려가 평왕에게 아뢰었다. "태자비가 절세가인입니다. 대왕께서 취하시고 태자에게는 따로 구해 주시지요." 평왕은 태자비로 내정된 처녀를 보자 반해 버렸고 아들 진(軫)까지 낳았다. 물론 태자에게는 다른 처녀를 구해 주었다.

비무기는 태자비 문제로 평왕의 환심으로 샀으므로 태자를 떠나 평왕을 모시기 시작했다. 그러나 평왕이 죽으면 아무튼 태자가 왕이 될 텐데 보복이 두려웠으므로 틈만 나면 평왕 앞에서 태자를 헐뜯었다. 그리하여 평왕은 태자를 멀리하기 시작했고 마침내 변경으로 방출하여 국경을 수비토록 명했다. 비무기는 그래도 마음이 안 놓였으므로 낮밤을 가리지 않고 태자의 험담을 늘어놓았다. "태자는 태자비 문제로 불만이 대단하다지요. 대왕께서는 미리 대비하셔야 할 겁니다. 게다가 국경에서 대군을 통솔하며 주변 제후들과 각별하게 지낸다고 하오니 언제 쳐들어와 난리를 피울지 모르지요." 평왕은 사실 여부를 확인하고자 오사를 소환하여 심문했다. 오사는 비무기의 농간을 간파했으므로 간곡하게 아뢰었다. "대왕, 좀팽이 같은 비무기의 이간질을 듣고 부자지간의 혈육의 정을 끊으려 하시나이까." 비무기는 고삐를 늦추지 않았다. "당장 처단하지 않으면 대왕께서 당하십니다." 평왕은 격분하여 오사를 수감하고 태자를 죽이도록 명했다. 태자는 소식을 듣고 급히 탈출하여 송나라로 망명했다.

비무기는 내친 김에 한마디를 덧붙였다. "오사에게는 아들 둘이 있습니다. 다들 똘똘하지요. 뿌리를 뽑으셔야 합니다. 아비를 인질로 삼아 소환하십시오." 평왕은 사자를 보내 오사에게 명했다. "아들 둘을 불러오면 살려준다. 불러들이지 못하면 죽음이다." 오사가 아뢰었다. "오상은 마음이 순해서 이 애비가 부르면 올 겁니다. 그러나 오자서는 성격이 모질고 끈질겨서 큰일을 저지를 놈이라 와봐야 함께 죽을 것을 알기에 결코 오지 않을 겁니다." 평왕은 아랑곳하지 않고 사람을 보내 오상과 오자서를 불렀다. "아비를 살려줄 테니 순순히 잡혀라. 반항하면 애비를 죽이겠다." 오상은 순순히 따라가려 했다. 그러나 오자서가 말렸다. "우리 형제가 간다고 아버지를 살려주겠나. 후환이 두려워 뿌리를 뽑으려는 수작이라고. 가봐야 아버지와 함께 모두 죽을 텐데 아버지에게 무슨 도움이 되겠어. 그러느니 다른 나라로 망명하여 그 나라 힘을 빌려 복수합시다. 따라가봐야 개죽음이라니까." 그러나 오상은 완강했다. "내가 가서 설령 아버지와 함께 죽는다 하더라도 아버지가 부르는데 어떻게 안 가랴. 설령 망명한다 해도 복수를 못한다면 결국 세상에 웃음거리가 될 것을." 오상은 오자서에게 당부했다. "어서 도망가라. 너는 아버지의 복수를 할 수 있을 거다. 나는 아버지를 따라 죽으련다." 오상은 순순히 체포되었다. 그러나 오자서는 화살을 당기며 반항했고 마침내 탈출에 성공했다. 태자 건이 송나라에 있다는 소식을 듣고 송나라로 달렸다. 오자서가 탈출했다는 소식을 듣자 오사가 한숨을 쉬었다. "이제 초나라는 피곤하게 되었소이다." 평왕은 오상과 오사를 죽였다.

오자서가 송나라에 입국했을 때 마침 송나라는 정변이 일어났다. 오자서는 태자 건과 함께 정나라로 탈출했다. 정나라는 태자 건 일행에게 잘 대해 주었다. 태자 건은 다시 진(晉)나라로 들어갔다. 진 경공이 제의했다. "정나라와 친하신데 태자께서 안에서 도와주고 내가 밖에서 공격하면 정나라를 먹을 수 있지요. 그렇게 되면 태자를 그곳에 봉해드리겠습니다요." 태자 건은 정나라로 돌아와 준비 공작을 하였다. 공작을 준비하던 중 개인적인 일로 하인을 죽이려 하였다. 하인은 태자 건의 음모를 눈치 채고 정나라 군주에게 고발해 버렸다. 정나라 정공과 자산(子産)은 선수를 쳐서 태자 건을 살해했다.

태자 건에게는 아들 승(勝)이 있었다. 오자서는 승을 데리고 탈출하여 오(吳)나라로 향했다. 초나라와 오나라 접경지대 관문이었던 소관(昭關)에 당도했다. 소관은 지금의 안휘성 함산현(숨山縣) 서북방 소현산(小峴山)에 있다. 소관의 수문장이 눈치를 채고 오자서 일행을 체포하려 했다. 오자서와 승은 마차를 버리고 샛길로 탈출했으나 초나라 병사들은 뒤를 쫓아왔다. 오자서 앞에는 강물이 나타났다. 마침 강가에 어부가 나룻배를 젓고 있었다. 허겁지겁 달려오는 오자서를 보더니 배를 대고 건너게 해주었다. 오자서는 감격하여 차고 있던 보검을 풀어주며 아뢰었다. "이 검은 1백 금이 나간답니다. 노인장께 올립니다." 어부는 사양했다. "이 사람아, 지금 방문이 붙었는데 오자서를 잡으면 5만 석의 상금과 함께 후작에 봉하겠다고 한다네. 그까짓 1백 금이 문제인가." 어부는 끝내 사양하였다. 오자서는 승과 함께 오나라로 향하던 중 큰병에 걸려 도중에 주저앉고 말았다. 노상에 쓰러져 걸식하며 버티다가 겨우겨우 발길을 옮겨 마침내 오나라로 들어가게 되었다. 그 당시 오나라는 오왕 요(僚)가 정권을 잡았으며 공자 광(公子光)이 장군이었다. 오자서는 공자 광을 통하여 오왕 요에게 접근하려 했다. 오왕 요와 공자 광은 사촌 간이었다.

한참 시간이 흘렀다. 초나라와 오나라 국경에 뽕밭이 있었는데 누에를 치던 양국의 처녀들이 뽕잎을 서로 따려다 언쟁이 붙었고 마침내 초나라와 오나라 사이의 전쟁으로까지 비화되었다. 초나라가 공격하자 오나라는 공자 광에게 명하여 응전하도록 했다. 공자 광은 초나라 국경지역의 두 개 마을을 점령하고 개선했다. 오자서는 이때다 싶어 오왕 요에게 건의했다. "내친 김에 공자 광을 다시 파견하여 초나라를 대대적으로 공격하십시오. 초나라를 제압할 수 있습니다." 그러나 공자 광은 반대했다. "저 친구의 아버지와 형이 초나라 평왕에게 살해되었지요. 대왕께 공격을 권유하는 이유는 우리 힘을 빌어서 복수를 하려는 것입니다. 초나라를 제압하기는 힘듭니다." 오자서는 직감적으로 공자 광이 큰뜻을 품었음을 알아챘다. 그리하여 자객 전제(專諸)를 추천하고 자신은 태자 건의 아들 승과 함께 초야에 묻혀 조용히 밭을 갈며 때가 오기만을 기다렸다.

그로부터 5년 뒤 초나라 평왕이 죽었고 원래 태자비였던 여자와의 사이에 태어난 아들 진(軫)이 왕위를 계승했는데 그가 곧 초나라 소왕(昭王)이다. 초나라가 국상을 맞아 어수선하자 오왕 요는 자신의 두 아들에게 명하여 대군을 이끌고 초나라를 습격토록 하였다. 초나라는 격분하여 퇴로를 차단하고 맹공을 퍼부어 두 아들은 퇴각조차 할 수 없었다. 오나라 국내는 텅 비다시피 하였다. 공자 광은 절호의 기회라 판단하고 자객 전제를 시켜 오왕 요를 죽이고 왕위에 올랐는데, 그가 곧 오왕 합려(闔廬)이다. 합려가 즉위하자 그제서야 오자서를 불러들여 의전실장에 임명하고 국사를 논의하기 시작했다.

한편 그 사이 초나라에서는 대신 백주리(伯州犁)가 살해되자 그의 손자 백비(伯嚭)가 오나라로 망명했다. 오나라는 백비를 대부(大夫)에 임명했다. 그 당시 군왕 아래 경(卿), 대부

(大夫), 사(士) 계급이 있었는데 대부는 고급관리에 속한다. 그 전에 초나라 국상을 틈타 초나라를 습격했던 오왕 요의 두 아들은 합려가 오왕 요를 살해하고 왕위에 오르자 군대를 이끌고 초나라에 투항해 버렸다. 초나라는 두 아들을 서(舒)에 봉하였다. 서(舒)는 지금의 안휘성 여강현 서남방이다.

합려가 오왕에 즉위한 지 3년째 되던 해, 오자서 및 백비를 대동하고 초나라를 공격하여 서(舒) 지역을 함락하고 오왕 요의 두 아들을 생포하였다. 내친 김에 초나라 수도 영(郢)까지 함락시키려 했으나 장군 손무(孫武)가 시기상조라고 반대하여 귀환하였다. 영(郢)은 지금의 호북성 강릉현(江陵縣) 동북방이다. 그로부터 4년 뒤에 오나라는 또 초나라를 공격했으며 그로부터 1년 뒤 남쪽의 월(越)나라를 공격하여 격파했다. 그로부터 1년 뒤 초나라는 오나라를 공격하였다. 오나라는 오자서에게 반격을 지시했고 오자서는 예장(豫章)에서 초나라 군대를 대파했다.

그로부터 3년 뒤 합려는 주변국의 지원을 약속 받고 초나라에 대한 대대적인 군사 행동을 개시했다. 합려의 동생 부개(夫概)가 개인 병력 5천 명을 이끌고 선봉대로 나서 초나라 군대를 격파했다. 오나라는 전군을 동원하여 대대적인 공세를 펼쳤으며 다섯 차례에 걸친 접전을 모두 승리로 이끌면서 마침내 초나라의 수도까지 점령해 버렸다. 초나라 소왕은 수도를 탈출하여 운성(鄖城)으로 도주했다. 운성의 성주 동생이 이를 갈았다. "초나라 평왕이 우리 아버지를 죽였으니까 내가 그의 아들을 죽인다 한들 누가 탓할 수 있으랴!" 운성의 성주는 동생 말이 겁나서 초나라 소왕을 모시고 수(隨)나라로 도주했다. 수나라는 서주 초기 주나라 천자가 봉한 제후국이었으나 국력이 미미하여 그 당시 초나라의 속국이었다.

당초 오자서와 신포서(申包胥)는 절친한 사이였다. 오자서가 초나라를 탈출할 때 신포서에게 다짐했다. "나는 기필코 초나라를 멸해버릴 것이다." 신포서가 대답했다. "나는 기필코 초나라를 지킬 것이다." 오나라 군대가 초나라 수도를 점령했을 때 오자서는 소왕을 생포하려 했다. 그러나 소왕은 이미 탈출했으므로 오자서는 초나라 평왕의 묘소를 파헤치고 시신을 꺼내 채찍으로 3백 번을 후려치며 분을 풀었다. 당시 신포서는 산 속으로 숨었는데 소식을 듣고 사람을 보내어 오자서를 비난했다. "아무리 복수한다지만 너무 심하지 않은가. 인간이 힘을 합치면 하늘을 이길 수도 있다지만 그러나 하늘의 뜻이 확고하면 인간을 무력하게도 만든다네. 자네는 원래 평왕의 신하로서 평왕을 군주로 모셨던 사람으로서 이미 죽은 자를 그토록 모욕하다니 하늘이 두렵지도 않은가?" 오자서가 대꾸했다. "신포서에게 전해주게. 날은 저물고 갈 길은 멀어 무리한 초강수를 썼다오." 신포서는 진

(秦)나라로 달려가 구원을 요청했으나 진나라 애공은 외면했다. 신포서는 진나라 조정에서 이레 낮밤을 쉬지 않고 울어 댔다. 진 애공은 감동했다. "초나라는 망할 나라지만 저런 신하가 있다니 망할 수는 없겠군." 그리하여 사두마차 5백 량을 급파하여 오나라를 공격했다.

오나라는 합려로부터 일반 사병까지 초나라에 주둔하면서 초나라 소왕을 색출하고 있었는데 그 사이에 동생 부개(夫槪)가 살그머니 오나라로 돌아와 왕위에 올랐다. 소식을 듣자 합려는 즉시 군대를 이끌고 오나라로 돌아와 부개 일당을 진압했다. 부개는 패하여 초나라로 도주했다. 오나라에 내분이 일자 초나라 소왕도 살그머니 수도 영으로 돌아왔으며 망명해온 부개를 당계(堂谿)에 봉하였다. 당계는 지금의 하남성 서평현(西平縣) 서쪽이다.

그로부터 2년 뒤 합려는 태자 부차(夫差)에게 명하여 초나라를 공격토록 했으며 그 결과 번(番)을 빼앗았다. 번은 지금의 강서성 파양현(波陽縣)이다. 계속되는 오나라의 공세에 밀려 초나라는 언(鄢)으로 천도했다. 언은 지금의 호북성 의성현(宜城縣) 동남방이다. 그 당시 오나라는 오자서와 손무 덕분에 서쪽의 강대국 초나라를 굴복시키고 북쪽의 제(齊)나라 및 진(晉)나라까지 위협했으며 남쪽으로는 월(越)나라를 제압하여 초강대국으로 부상하였다.

그로부터 5년 뒤 오나라는 또 월나라를 정벌했다. 이때 월왕 구천(勾踐)이 응전하여 고소(姑蘇)에서 오나라를 격파했고 그와 동시에 합려의 발가락에 상처까지 입혔다. 오나라 군대는 퇴각했으며 합려는 병세가 급속히 악화되어 목숨이 위태로웠다. 합려는 죽음이 임박했음을 알고 태자 부차(夫差)를 불러 당부했다. "너는 네 애비를 죽인 자를 잊을 것이냐?" 부차가 대답했다. "결코 잊지 않겠나이다." 그날 저녁 합려가 죽었다.

부차가 뒤를 이어 왕위에 올랐으며 백비를 비서실장으로 발탁하여 전쟁 준비에 박차를 가했다. 그로부터 2년 뒤 부차는 월나라에 대규모 공세를 퍼부어 대파했고 월왕 구천은 패잔병 5천 명을 이끌고 회계산(會稽山)으로 퇴각했다. 구천은 대부 종(種)을 시켜 백비에게 보물을 안기며 휴전을 부탁했고 오나라의 속국이 되겠다고 약속했다. 오왕 부차는 허락하려 했으나 오자서가 반대했다. "월왕 구천은 역경을 능히 극복할 인물입니다. 이번 기회에 화근을 제거하지 않으면 나중에 반드시 후회합니다." 그러나 오왕 부차는 백비의 말만 듣고 휴전하고 말았다.

그로부터 5년 뒤, 제(齊)나라 경공이 죽으며 내분이 일자 오왕 부차는 북쪽으로 제나라를 정벌하려 했다. 이때 오자서가 또 말렸다. "월왕 구천은 음식마저 절제하며 백성들의 병

문안 및 문상까지 다닌다고 합니다. 뭔가 일을 저지를 인간
이 틀림없습니다. 이 자가 죽지 않으면 결국 오나라가 불행
해집니다. 월나라는 오나라의 암적인 존재인데 대왕께서는
월나라를 뒤로 하고 제나라를 정벌하신다니 앞뒤가 뒤바뀐
것이 아니겠습니까!" 오왕 부차는 듣지 않고 정벌을 강행하
여 애릉(艾陵)에서 제나라를 대파했다. 애릉은 지금의 산동
성 태안시 동남부이다. 오왕 부차는 오자서를 멀리 하기 시
작했다.

그로부터 4년 뒤, 오왕 부차는 또 북쪽의 제나라를 정벌하
려 했다. 월왕 구천은 백성들을 이끌고 오왕 부차의 출정을
축원하면서 백비에게 보물을 또 잔뜩 안겨주었다. 백비는 틈
만 나면 오왕 앞에서 월왕 구천의 충성을 늘어놓았다. 오왕
은 희희낙락했다. 그러나 오자서만은 두려움에 떨었다. "월
나라는 암적인 존재입니다. 대왕께서 제나라 땅을 점령했다
해도 모두 자갈밭이라 쓸모가 없습니다. 옛말에도 이르듯 못
된 놈은 씨를 말려야 한다고 했습니다. 제나라는 신경을 끄
시고 속히 월나라를 제압하도록 하십시오." 오왕 부차는 오
자서의 간언을 묵살하고 제나라 동정을 살피기 위해 오자서
를 제나라로 파견했다. 오자서는 아들에게 일렀다. "몇 번이
고 오왕에게 진언했으나 오왕은 듣지 않는다. 이제 곧 오나
라는 망할 텐데 네가 따라서 죽을 필요는 없지." 오자서는 아

들을 제나라 대부 포씨(鮑氏)에게 맡기고 귀국하였다.

　오자서가 귀국하자 백비는 오왕 부차에게 모함하였다. "오자서란 인간은 포악하고 잔인하고 시기 질투가 심합니다. 그대로 놔두었다가는 무슨 짓을 꾸밀지 모릅니다. 저번에 대왕께서 제나라를 정벌할 때 오자서는 극구 반대했지요. 그런데 대왕께서는 대성공을 거두셨습니다. 오자서는 자기 책략이 실패하니까 오히려 원망만 하면서 대왕의 일이 어긋나 자기 말이 맞기를 바라고 있습니다. 그리고 제가 이번에도 사람을 미행시켜 살펴본 결과 제나라에 가서 자기 아들을 그곳 대부에게 맡겨놓고 귀국했더군요. 국내에서 안 풀린다고 밖으로 나가 외부인들과 쑥덕거리면서 선왕의 참모였다고 뻐기며 항상 불만에 가득한 그 표정. 대왕께서는 주의하셔야 합니다." 오왕 부차도 맞장구를 쳤다. "그대 말이 아니더라도 나도 의심하고 있었다오." 오왕 부차는 오자서에게 칼을 내려 자살을 명했다.

　오자서는 하늘을 우러러보며 탄식했다. "맙소사. 간사한 백비가 나라를 말아먹는데 왕은 도리어 나를 의심하는구나. 나는 네 애비를 제후국의 맹주로 만들어 주었다. 네가 태자가 되기 전에 여러 아들이 서로 태자가 되려고 다투었지. 그때 내가 목숨을 걸고 너를 태자로 옹립했지. 네가 왕위에 오르자 나한테 오나라를 나눠주겠다고 했지만 내가 사양했었지. 그런데 지금 너는 간사한 놈의 말에 녹아 이 어른을 죽이 겠다고!" 오자서는 자살에 앞서 저주하였다. "내 무덤 옆에 가래나무를 심어라. 오왕의 관짝에 필요하게 될 것이다. 내 눈을 파서 동문에 걸어라. 월나라가 오나라를 멸하는 모습을 봐야겠다." 말을 마치자 오자서는 스스로 목줄을 그었다. 오 왕 부차는 오자서의 저주를 듣고 격분하여 오자서의 시신을 가죽가방에 넣어 강물에 던져버렸다. 오나라 사람들은 오자 서를 가엾게 여겨 강가에 사당을 세우고 서산(胥山)이라 이 름 붙였다.

오왕 부차는 오자서를 제거하고 제나라에 정벌에 나섰다. 그러나 이번만은 제나라도 호락호락 물러서지 않고 응전했 으며 마침내 오나라는 패하여 퇴각하였다. 그 이듬해, 오왕 부차는 노(魯)나라, 위(衛)나라 군주를 탁고(橐皐)로 호출하 여 자신이 강대국임을 과시했다. 이듬해 봄, 오왕 부차는 제 후들을 황지(黃池)로 소집하여 중원의 맹주가 되려고 하였 다. 황지는 지금의 하남성 봉구현(封丘縣) 서남쪽이다.

그해 여름 월왕 구천은 드디어 오나라를 공격했고 오나라 태자까지 생포했다. 이어서 월왕 구천은 오나라 국경선을 돌 파했다. 월왕 구천의 연승이 이어지자 오왕 부차는 황지에서 서둘러 귀국했으나 이미 대세는 기울었다. 그로부터 9년 뒤, 월왕 구천은 마침내 오나라를 점령했으며 오왕 부차는 자살하고 말았다. 월왕 구천은 오나라를 멸한 뒤 백비를 색출하여 처형했다. 모시던 군왕에게 충성을 다하지 않고 자신과 내통한 죄목이었다.

오자서의 일생을 기록하고 개인적인 느낌을 아래와 같이 적는다. "원한은 사람을 이렇게 지독하게 만드는구나. 그러므로 군주라 하더라도 신하에게 함부로 대할 것이 아닌데 하물며 같은 레벨에서랴! 그때 오자서가 아버지를 따라 함께 죽었더라면 땅강아지나 개미 목숨과 무엇이 달랐으랴. 부자지간의 작은 의리를 버리고 크게 복수하여 이름을 후세에 남겼으니 너무 감동적이다. 당시 오자서가 강가에서 궁지에 몰렸을 때 그리고 노상에서 걸식하면서도 초나라 수도를 잊은 적이 있었으랴. 그러므로 꾹 참고 견디어 과업을 이루었으니 열혈대장부가 아니라면 어떻게 가능했으랴!" (오자서열전 끝)

염파인상여열전(廉頗藺相如列傳)

　염파와 인상여는 전국시대 조나라의 대신이다. 진심으로
협력하고 충성으로 조국을 보위한 두 사람의 이야기는 지금
까지도 미담으로 전해진다.

　염파는 혁혁한 전공을 세웠던 노장으로서 제나라와 위나
라 군대를 여러 차례 격파했다. 조(趙) 혜문왕(惠文王) 시절
에 염파는 그간의 공로를 인정받아 상경(上卿)에 임명되었
다. 상경이란 전국시대의 작위로서 훗날 승상에 해당한다.
승상이란 국무총리이다. 그러므로 염파는 명성은 물론이고
지위 또한 높은 국제적 명사가 되었다.

　한편 인상여는 그 당시 조나라 환관 우두머리 무현(繆賢)
의 가신으로 하찮은 존재였다. 그런데 진(秦)나라와의 외교

교섭에서 화씨벽(和氏璧)을 온전하게 가져왔고 또한 섬서성 동부 황하 서안의 민지(澠池)에서 진나라 왕과의 평화 회담 석상에서 조 혜문왕의 위신을 한껏 세워 주었다. 그로 인해 조 혜문왕은 인상여의 외교 능력을 인정하여 상경으로 파격 승진시키고 염파보다 더욱 존귀하게 대하였다. 인상여는 외교 전략가로 명성을 날리게 된다.

염파는 기분이 상했다. 주위 사람만 보면 불만을 터뜨렸다. "나는 장군으로서 목숨을 걸고 전쟁터를 누비며 오늘에 이르렀다. 그런데 인상여는 그저 주둥이를 몇 번 놀리더니 나보다 더욱 대접받고 있다. 게다가 인상여는 천했던 놈이 아닌가. 정말 기분이 잡친다. 그런 인간보다 밑에 있다는 사실이 견딜 수 없다." 염파는 급기야 인상여 들으란 듯이 선언했다. "인상여를 보기만 하면 대놓고 모욕을 주겠다."

인상여는 소문을 듣고 가급적 피해 다녔다. 조정 회의가 있을 때는 매번 병을 핑계로 불참하여 염파의 신경을 건드리지 않으려 했다. 한번은 집을 나서는데 저쪽에서 염파의 행렬이 보였다. 인상여는 급히 마차를 돌려 골목으로 들어갔다. 그간 옆에서 지켜보던 시종들이 인상여에게 아뢰었다. "소인들이 부모형제를 떠나 대감을 모시는 이유는 대감의 정정당당함을 흠모하기 때문이옵니다. 지금 대감과 염 장군은 같은 직위인데 염 장군은 공개적으로 폭언을 하고 다녀도 대감께서는 행여 죽음이라도 당할 듯이 겁을 내며 피신하십니다. 일반 사람도 수치스러운 노릇인데 하물며 대감 같은 분이 그러실 수 있는지요. 소인들은 못나서 이제 대감께 사직을 고하렵니다."

인상여는 간절히 만류했다. 그리고 되물었다. "자네들 생각에 염 장군과 진나라 왕 중에 누가 더 겁나는가?" 시종들이 아뢰었다. "진나라 왕이지요." 인상여가 말을 이었다. "진나라 왕처럼 겁나는 사람도 내가 조정에서 가차없이 꾸짖었으며 그들의 대신들을 욕보였다네. 이 몸이 비록 미천하나 염 장군을 두려워하겠는가? 그러나 생각해보면 강대국 진나라가 감히 우리나라를 넘보지 못하는 까닭은 염 장군과 내가 버티고 있기 때문이라네. 호랑이 두 마리가 싸우게 된다면 두 마리 모두 틀림없이 회복불능의 상처를 입게 될 것이야. 요컨대 내가 이렇게 피해 다니는 이유는 위급한 국가를 먼저 생각하고 개인적인 불만은 덮으려는 뜻이라네."

소문이 전해지자 백전노장 염 장군은 크게 감동했다. 또 한편으로는 개인적인 명예와 직위에 집착한 자신이 부끄러워졌다. 이튿날 아침, 염파는 그 당시의 사죄 관례에 따라 상의를 벗어 허리를 드러내고 가시나무를 둘러맨 다음 가신의 안내를 받아 직접 인상여의 저택으로 향했다. 염파는 인상여를 보는 순간 땅에 엎드려 자신의 과오를 뉘우치며 용서를 구했다. "이 못난 늙은이가 대감의 깊은 뜻을 헤아리지 못하고 망언을 하며 돌아다녔나이다. 부디 매질을 하여 주옵소서."

인상여는 급히 다가가 노장군을 일으켜 세웠다. 이때부터 염파와 인상여는 서로 양보하고 존중하며 생사를 함께 하는 친구가 되었다. 군대를 통솔하는 장군과 정치 외교를 담당하는 외교관이 이렇게 합심하여 국난을 헤쳐 나가자 조나라는 더욱 강성해졌다. 동쪽으로 제나라를 공략하고 남쪽으로 위(魏)나라를 공략하고, 또한 강성해지던 서쪽의 진(秦)나라를 격파하여 조 혜문왕 당시 조나라는 중원의 맹주를 넘보게 되었다.

선공후사(先公後私)를 진정으로 실천했던 인상여는 당연히 훌륭하다. 그러나 과오를 인정하고 즉시 참회한 염파가 더욱 훌륭하지 않겠는가. 무관(武官)과 문신(文臣)의 알력으로 국가가 무너져버린 실례가 적잖은데 중국 역사상 최고의 전성기 대당제국 역시 그러했다. 그러므로 염파와 인상여의 이야기는 소중하다.

이상의 스토리를 무대에 올린 「장상화」(將相和)는 북경 오페라 경극의 주요 레퍼토리로서 중국인들 사이에 여전히 인기 있다. '장상화'는 장군과 승상의 화해. (염파인상여열전 끝)

자객열전(刺客列傳)

형가는 위(衛)나라 사람이다. 그의 선조는 제(齊)나라 사람이었는데 무슨 이유인지는 알 길 없으나 위나라로 이주하여 정착했다. 위나라 사람들은 형가를 경경(慶卿)이라 불렀다. 형가가 연나라에서 활동할 때 연나라 사람들은 형가를 형경(荊卿)이라 불렀다. 뒷자 경(卿)은 존칭으로 선생이라는 뜻이다. 형가의 이름은 왜 이렇게 많을까? 같은 이름인데 방언 때문이거나 혹은 비밀이 많은 사람이었기 때문이리라.

형가는 독서와 검술을 좋아하여 위(衛)나라 원군(元君)에게 검술로 접근했지만 주목 받지 못했다. 위나라는 전국시대로 접어들면서 국력이 더욱 약해져 왕의 칭호도 공(公)에서 후(侯)로 전락했고, 후(侯)에서 또 군(君)으로 강등되어 위

(魏)나라의 속국이 되었다. 그 후 진(秦)나라가 위(魏)나라를 정복하여 동군(東郡)을 설치하면서 형가의 조국 위나라의 원군 및 왕실 귀족들을 야왕(野王)으로 이주시켰다. 야왕은 지금의 하남성 심양현(沁陽縣)이다. 형가는 이렇듯 주변 강대국에 밀려다녔던 서러운 약소국 출신이었다.

형가가 조나라 유차(楡次)에 놀러간 적이 있었다. 유차는 지금의 산서성 유차현이다. 그곳에서 개섭(蓋聶)과 검술을 토론한 적이 있었는데 개섭이 격분하여 째려보았다. 형가는 찍소리 안 하고 그대로 물러나왔다. 누군가 형가를 다시 불러오려고 하자 개섭이 말렸다. "가보나 마나야. 아까 의견이 안 맞아 내가 노려보았지. 가 봐요, 그 놈은 내뺐을 것이다." 사람을 시켜 형가를 찾았으나 종적이 묘연했다. 형가는 이미 사라졌다고 보고하자 개섭은 당연하다는 듯 말했다. "거봐. 내가 아까 눈빛으로 제압했다니까."

형가는 조나라 도읍지 한단을 유람하다가 노구천(魯句踐)과 바둑을 두게 되었다. 바둑돌을 살리기 위하여 치열하게 접전했는데 궁지에 몰린 노구천이 버럭 화를 내며 윽박질렀다. 형가는 찍소리 안 하고 그대로 물러나와 사라져 버렸다.

형가는 연나라로 들어갔다. 그곳에서 개고기 장사꾼 고점리(高漸離)를 만나게 되었는데 첫눈에 마음이 통했다. 고점리는 시장바닥에서 개를 잡아 팔았지만 거문고의 달인이었다. 형가는 술을 좋아하여 매일같이 고점리와 연나라 시장바닥에서 통음했다. 술이 얼큰해지면 고점리는 거문고를 타고 형가는 곡조에 맞춰 즐겁게 노래를 불렀다. 연주와 노래를 마치면 두 사람은 주위에 아랑곳하지 않고 서로 얼싸안으며 통곡하곤 하였다.

형가는 술꾼들 사이를 전전했지만 속이 깊었고 독서를 좋아했다. 각 제후국을 유람하며 사귀는 사람마다 모두 호걸이었다. 연나라에 갔을 때 전광(田光) 선생을 알게 되었는데, 전광 선생은 연나라의 애국지사였다. 전광은 형가가 범인이 아님을 알아보고 예우하였다.

얼마 후, 연나라 태자 단(丹)이 진나라에 인질로 묶여 있다가 탈출하여 귀국하였다. 태자 단은 그 전에 조나라에 인질로 가 있었다. 그때 훗날 진시황제가 되었던 정(政)이 조나라에서 태어났다. 어릴 적에 단과 정은 절친하게 지냈다. 그 후 정이 본국으로 귀환하여 진나라의 왕이 되자, 연나라는 단을 진나라에 인질로 보냈다. 그런데 정은 옛정을 생각하지 않고 단을 박대하였다. 단은 실망하고 분노하여 몰래 귀국해버린 것이다. 그런데 왜 태자를 적대국의 인질로 보냈을까? 그 당시 제후국들은 상대국과 친선 관계를 맺게 되면 물론 합의서를 작성하기도 했지만 워낙 약속을 잘 깼기 때문에 태자를 서로 교환하여 인질로 잡고 있었다. 왕위를 계승하게 될 태자가 상대국에 있으므로 상호간에 경거망동할 수 없도록 고안한 외교적 장치였다.

태자 단은 진나라 왕이 된 정에게 복수하려고 했다. 그러나 약소국 연나라의 힘으로는 정면승부가 불가능했다. 그런데 진나라는 진나라대로 계속 군대를 파견하여 제나라, 초나라 및 위·조·한나라를 공격하여 영토를 잠식했다. 그 다음 차례는 동북방에 위치한 연나라였으므로 연나라 사람들은 불안과 공포에 휩싸였다. 태자 단은 초조하여 사부 국무(鞠武)와 대책을 논의했다. 국무가 아뢰었다. "진나라 세력은 천하를 뒤덮고 있습니다. 한나라, 위나라, 조나라를 압박하면서 동서남북으로 천혜의 요새와 비옥한 토지를 장악하고 있을 뿐만 아니라 엄청난 인구에 강력한 군사력마저 보유하고 있지요. 이제 공략할 국가는 만리장성 이남과 역수 이북의 우리 연나라가 남았을 뿐입니다. 이런 판국에 개인적으로 무시를 당했다고 격분하여 초강대국 진나라와 대적하겠다니 무모한 일입니다." 태자 단은 초조했다. "그러면 어떡해야 좋겠습니까." 국무가 대답했다. "일단 곰곰이 생각해 보도록 하지요."

얼마 후, 진나라 장군 번오기(樊於期)가 진나라 왕에게 죄를 지어 연나라로 망명 왔다. 태자 단은 번오기를 받아들여 예우하였다. 국무가 반대했다. "안 됩니다. 평소의 진왕 성격으로도 연나라가 위험한데 번오기가 우리나라로 망명했다는 소식을 들으면 난리가 날 겁니다. 고기 덩어리를 굶주린 호랑이가 출몰하는 길목에 걸어놓은 꼴이라 우리나라는 이제 망했습니다. 어서 번오기를 흉노 쪽으로 추방하여 꼬투리를 없애도록 하고, 이어서 서쪽으로 위나라, 조나라, 한나라와 연합하고, 남쪽으로 제나라, 초나라와 제휴하고, 북쪽으로 흉노와 힘을 합쳐야 그나마 진나라와 대적이 됩니다." 태자 단이 탄식했다. "사부님의 계책을 시행하려면 너무 시간이 걸립니다. 제가 지금 초조하여 잠시도 기다릴 수가 없습니다. 게다가 번오기 장군은 궁지에 몰려서 저에게 투신했는데 제가 아무리 진나라의 위세에 눌렸다고 해도 궁지에 몰린 사람을 외면하고 흉노 쪽으로 넘길 수 있겠습니까. 어려운 친구를 저버리는 날, 제 운명도 끝나는 때입니다. 사부께서는 다른 방안을 생각해 주십시오." 국무가 아뢰었다. "개인적인 의리에 집착하며 국가의 장래를 고려하지 않으면 화를 키울 뿐입니다. 깃털 같은 연나라로 화롯불 같은 진나라에 대적하려 하다니 무모합니다. 전광 선생이라고 들어보셨는지요. 지모와 용기를 겸비하였으니 도움을 청할 만합니다." 태자 단이 부탁했다. "사부님이 그 분을 소개해주실 수 있는지요?" 국무는 전광을 찾아갔다. "태자께서 국사를 논하고자 하오이다." 전광이 아뢰었다. "알겠소이다." 전광은 태자 단을 알현하게 되었다.

태자는 대문까지 나와 전광을 영접하고 뒷걸음질치며 안으로 안내했다. 무릎을 꿇고 돗자리의 먼지를 털어냈다. 태자 저택의 돗자리에 먼지가 있어서가 아니라 그만큼 공손하게 대했다는 뜻이다. 전광이 착석하자 좌우 시종들을 물리쳤다. 태자 단은 자리에서 일어나 큰절을 올리며 아뢰었다. "연나라와 진나라는 원수입니다. 선생께서 미리 염두에 두시옵소서." 전광이 대답했다. "천리마가 한창일 때는 하루에 천리를 너끈하게 달리겠지만 노쇠하면 보통 말에게도 추월당하지요. 태자께서는 이 몸이 한창일 때를 기억하시겠으나 저는 이미 늙었소이다. 이 몸은 이미 끝났지만 그 대신 제가 잘 아는 형가는 쓸 만 하지요." 태자 단이 말했다. "선생께서 소개해주실 수 있사옵니까?" 전광이 대답했다. "알겠소이다." 전광이 자리에서 일어나자 태자 단은 대문까지 배웅하면서 나직이 당부했다. "제가 아뢰고 선생께서 말씀하신 내용은 국가 기밀이오니 누설해서는 절대 아니 되옵니다." 전광은 고개를 숙인 채 웃으며 대답했다. "명심하겠소이다."

전광은 꾸부정한 허리로 형가를 찾아갔다. "내가 자네와 친하다는 사실은 연나라 사람이면 다 안다네. 태자께서 이 몸이 전성기일 때만 생각했지 이미 늙어버린 것을 모르고 친히 국사를 상의하시며 '연나라와 진나라는 원수입니다. 선생께서 미리 염두에 두시옵소서' 하셨다네. 내가 자네와 친하다는 핑계로 자네를 태자께 추천했다네. 가서 태자를 뵙도록 하시게나." 형가가 대답했다. "알겠습니다." 전광이 말을 이었다. "듣건대 품위 있는 사람은 무슨 일을 하더라도 상대에게 믿음이 가게 한다네. 그런데 태자께서 이 몸에게 당부하기를, '나눈 이야기는 국가 기밀이오니 누설해서는 절대 아니 되옵니다' 이렇다네. 이런 말씀을 하셨다는 것 자체가 이 몸을 믿지 못한다는 뜻일세. 무릇 일을 하면서 믿음을 주지 못한다면 지조와 의리를 갖춘 인간이 아니겠지." 형가를 충동질하기 위하여 전광은 자살하기로 결심했다. "자네는 곧장 태자를 뵈러 가게나. 가서 이 몸은 이미 기밀을 안고 죽었다고 전해 주시고." 전광은 바로 목줄을 그어 자살했다.

형가는 태자를 알현하면서 전광이 유언처럼 했던 말을 전달하였다. 태자는 무릎을 꿇고 머리를 땅에 두 번 조아리며 큰절을 올렸다. 그리고 무릎으로 기어가면서 눈물을 하염없이 쏟아냈다. 잠시 후 태자는 망연자실한 표정으로 입을 열었다. "제가 전광 선생께 발설하지 마시라고 당부한 이유는 대사를 꼭 완수하자는 뜻이었는데 자살로써 비밀을 지키시다니 어찌 제가 바라는 바겠습니까." 형가가 착석하자 태자는 좌석에서 일어나 큰절을 올리며 말했다. "전광 선생께서 못난 저를 버리지 않으시고 이렇게 아뢸 수 있는 자리를 마련해 주셨으니 이것은 하늘이 우리 연나라를 가엽게 여기시어 돌봐주시려나 봅니다. 지금 진나라는 그 욕심이 하염없어 천하의 땅을 모두 차지하고 천하의 군왕을 모두 굴복시키지 않고는 결코 만족하지 않을 태세입니다. 진나라는 이미 한나라 군왕을 생포하고 그 영토를 모두 차지했습니다. 또한 군대를 파견하여 남쪽으로 초나라를 정벌했고 북쪽으로 조나라를 치려 합니다. 진나라 장군 왕전(王翦)은 수십 만 대군을 이끌고 조나라 남쪽 국경선에 이미 접근했으며, 장군 이신(李信)은 조나라의 서쪽 국경선을 압박하고 있습니다. 조나라는 진나라의 공세를 견디지 못하고 무너질 텐데, 일단 무너지면 그 다음은 우리 연나라가 당할 차례입니다.

우리 연나라는 약소국이고 여러 차례 전쟁에서 대패하여 전국에 총동원령을 내려도 진나라와 대적할 수 없습니다. 다른 제후국들도 진나라의 위세에 눌려 감히 연합전선을 생각도 못하고 있습니다. 저의 개인적인 졸견입니다만 진정한 용사를 진나라로 파견하여 큰 미끼를 던지면 진나라 왕은 탐욕스러워 덥석 물 것입니다. 그렇게만 되면 진나라 왕을 협박하여 지금까지 빼앗겼던 영토를 모두 돌려받으면 최상입니다. 그게 힘들다면 그 자리에서 죽여 버리는 것이지요. 진나라 장군들이 대군을 이끌고 외지에 나와 있는데 국내에서 변고가 생기면 대신들 사이에 권력투쟁이 일어나고 그 틈을 타서 각 제후국들이 연합전선을 구축하면 진나라를 격파하는 것은 식은 죽 먹기입니다. 이상은 제가 바라는 최상의 결과이온데 어떻게 시작해야 할지 모르겠나이다. 형가 선생께서 묘안을 생각하여 주시옵소서.” 침묵이 흘렀다. 한참 뒤에 형가가 비로소 입을 열었다. “국가의 중대사입니다. 소인은 부족하여 임무를 감당하기 어려울 듯하옵니다.” 태자는 앞으로 다가가 머리를 땅에 찧으며 간곡히 부탁하였다. 형가는 마지못해 응낙했다. 그리하여 태자는 형가를 국빈처럼 모시며 최고급 저택으로 안내했다. 매일 형가를 찾아가 문안을 드렸으며 소, 돼지, 양을 잡아 식단을 마련하고 수시로 진귀한 별미를 올렸다. 마차며 미녀는 원하는 대로 모두 진상하면서 형가의 비위를 맞추었다.

그렇게 시간이 흘렀다. 한참 지났는데도 형가는 움직일 기미가 보이지 않았다. 그 사이 진나라 장군 왕전은 이미 조나라를 평정하고 조나라 왕을 생포하였으며, 병력을 북쪽으로 이동시켜 연나라 남쪽 국경선으로 접근했다. 태자 단은 안절부절 못하다가 급기야 형가를 찾아가 조심스럽게 입을 열었다. “진나라 군대가 조만간 역수(易水)를 건너올 듯 합니다. 제가 선생을 계속 모시고 싶어도 힘들게 되었습니다.” 형가가 대답했다. “태자께서 말씀하지 않았어도 제가 찾아뵙고 아뢰고자 하였나이다. 진나라로 들어가려 해도 믿음이 갈 만

한 물건을 지니지 않으면 의심이 많은 진나라 왕에게 접근하기 힘듭니다. 진나라 왕이 황금 천 근과 일만 가구 봉읍지를 걸고 번오기 장군의 목을 구한다 하옵니다. 그러하오니 번오기 장군의 목과 연나라 곡창지대 독항(督亢)의 지도를 준비하여 주신다면 소인이 진나라 왕에게 진상하면서 국가 대사를 처리하겠나이다." 태자가 망설였다. "번오기 장군은 궁지에 몰려서 저에게 투신한 것입니다. 저는 차마 제 일 때문에 그 분에게 상처주고 싶지 않습니다. 선생께서는 다른 방안을 강구해 주시옵소서."

형가는 태자의 마음이 모질지 못함을 깨닫고 몰래 번오기를 찾아갔다. "진나라 왕이 장군께 한 일을 생각하면 너무 심했지요. 부모 형제는 물론이고 일가친척이 모두 몰살당했소이다. 듣자하니 황금 천 근과 일만 가구 봉읍지를 내걸고 장군의 목을 구한다는데 앞으로 어떻게 하시겠소?" 번오기는 하늘을 쳐다보며 장탄식을 하고는 눈물을 주르르 흘렸다. "제가 그 일만 생각하면 원한이 골수에 사무치오나 무엇을 어떻게 해야 좋을지 모르겠나이다." 형가가 제안했다. "단 한 마디로 연나라를 구하고 장군의 복수를 할 수 있는데 어떻소이까?" 번오기가 앞으로 바짝 다가와 물었다. "무슨 뜻이온지?" 형가가 대답했다. "장군의 목을 진나라 왕에게 바치겠다면 진나라 왕은 기뻐서 소인을 맞이할 것이오. 그때 소인은 왼손으로 소매를 잡고, 오른손으로 그 놈을 쑤셔버리면 장군의 복수를 하게 될 뿐 아니라 연나라가 그간 당한 수모도 말끔히 갚게 되겠소이다. 장군 생각은 어떠시오?" 번오기는 옷을 찢어 한쪽 어깨를 드러내며 한 손으로 다른 쪽 손목을 힘껏 움켜쥐면서 단호하게 대답했다. "날이면 날마다 밤이면 밤마다 이를 갈며 속이 썩어갔는데 이제야 소원을 풀게 되었소!" 번오기는 즉시 자결했다. 태자가 소식을 듣고 달려왔다. 시신을 부둥켜안고 너무도 슬프게 통곡했다. 그러나 이미 엎질러진 물이었으므로 번오기의 목을 상자에 고이 담아 밀봉하였다.

이제 태자는 비수를 구했다. 세상에서 가장 예리하다는 서부인의 비수를 황금 백 근으로 사들여 칼날에 독약을 바르면서 계속 담금질하였다. 독약 비수가 완성되자 생체 실험을 하였는데 실핏줄이 살짝 긁히기만 하여도 즉사하였다. 준비물은 모두 완료되었다. 형가를 위하여 행장을 꾸리기 시작했다. 그 당시 연나라에는 유명한 용사가 있었는데 이름은 진무양(秦舞陽)이었다. 열세 살에 이미 살인을 저질러서 사람들은 진무양의 눈길조차도 피해 다닐 정도였다. 태자는 특별히 진무양을 불러 형가를 보좌하도록 명했다.

형가는 누군가를 기다려 함께 출발할 생각이었다. 누군가는 집이 멀어 아직 도착하지 않았기에 형가는 대신 행장을 꾸려주고 있었다. 시간이 흘렀다. 형가가 출발하려는 기색이 없자 태자는 걱정되었다. 혹시나 형가가 마음을 바꾼 것이 아닌가 의심스러웠는지 다소 재촉하듯 아뢰었다. "날이 어두워집니다. 선생께서는 뭔가 미심쩍은 것이 있사온지요? 진무 양이를 먼저 보내는 것이 어떨까 하온대……" 형가가 발끈하여 소리를 질렀다. "누구를 보낸다구요? 이 일이 장난입니까! 비수 한 자루 들고 예측할 수 없는 진나라 소굴로 들어가는 것입니다. 제가 지금 꼼짝 않고 있는 이유는 제 친구를 기다려 함께 떠나려던 것이었는데 태자께서 머뭇거린다고 하시니 바로 떠나렵니다!" 형가는 즉시 자리를 털고 일어섰다.

거사를 알고 있던 태자 및 가신들은 모두 소복을 입고 송별하였다. 일행이 역수에 이르자 노제(路祭)를 올렸으며 이제 형가는 길을 떠날 참이었다. 고점리가 거문고를 타자 형가는 가락에 맞춰 노래를 불렀다. 음색이 F단조 변치(變徵)로 흐르며 구슬픈 멜로디가 울려 퍼지자 참석자들은 모두 눈물을 흘렸다. 형가의 노랫소리가 울려 퍼졌다. "솨아 솨아 강바람에 역수는 차갑게 흘러가듯, 사나이는 한 번 떠나면 다시 돌아오지 않는다네." 노랫소리는 다시 A장조 우성(羽聲)으로 흐르며 격렬해졌다. 참석자들이 두 눈을 부릅뜨며 적개심에 몸을 부르르 떨자 머리를 묶은 관마저 좌우로 요동쳤다. 형가는 노래를 마치고 마차에 올랐다. 마차의 모습이 태자의 눈에서 사라질 때까지 형가는 끝내 뒤를 돌아다보지 않았다.

형가는 마침내 진나라에 도착했다. 먼저 천금의 예물을 진나라 왕의 심복 몽가(蒙嘉)에게 바쳤다. 뇌물을 먹은 몽가는 미리 진나라 왕에게 이렇게 말을 전하였다. "연나라 왕이 대왕의 위엄에 굴복하여 감히 대왕의 군대에 반항할 엄두를 못 내고 있사옵니다. 궁리 끝에 연나라를 통째로 대왕께 헌납하여 신하가 되고자 한다면서 진나라의 지방조직 군현으로 예속되어 매년 공물과 세금을 바치는 것으로 자기네 조상의 종묘만은 유지하기를 간청하였사옵니다. 직접 대왕을 알현하고 아뢰옵기도 황송하와 연나라 왕이 삼가 번오기의 목과 연나라 독항의 지도를 준비하여 궁중에서 무릎을 꿇고 손수 밀봉한 다음 사신을 보내왔다 하옵니다. 대왕께서 알현을 윤허해 주시옵소서." 진나라 왕은 너무 기뻐하여 예복으로 갈아입고 함양궁에서 국빈을 영접하는 예의로 의전실 전체 아홉 명의 관리를 총출동시켜 형가 일행을 융숭하게 맞이하였다.

형가는 번오기의 목을 담은 상자를 들었으며 진무양은 지도 상자를 들고 있었다. 형가가 앞장서 걷고 그 뒤를 진무양이 따라 걸었다. 어전의 섬돌 아래에 이르자 진무양은 안색이 바뀌며 부들부들 떨었다. 진나라 대신들이 수상하게 생각했다. 형가는 고개를 돌려 진무양을 바라보며 피식 웃고는 다시 앞으로 나아가 정중하게 아뢰었다. "북쪽 오랑캐 촌놈

이라 천자를 뵌 적이 없사와 몸 둘 바를 몰라서 저러는 것이
오니 대왕께서 부디 용서하셔서 사명을 완수할 수 있도록 허
락해 주시옵소서." 진나라 왕이 형가에게 지시했다. "진무양
이 들고 있는 지도를 가져오너라." 형가는 진무양 손에서 지
도 상자를 넘겨받아 진나라 왕에게 바쳤다. 진나라 왕은 상
자를 열고 지도를 펼쳤다. 두루마리 지도가 좌르르 펼쳐져
끝부분에 이르자 비수가 드러났다. 형가는 왼손으로 진나라
왕의 소매를 잡고 오른손으로 비수를 들어 찔렀다.

진왕은 깜짝 놀라 몸을 일으켰다. 형가가 휘두른 비수에
진왕의 소매 자락이 잘렸다. 진왕은 뒷걸음질치며 칼을 뽑으
려 하였으나 칼집에 꽉 낀데다 칼이 길어서 쉽게 뽑히지 않자
엉겁결에 칼집을 그대로 들고 형가를 방어하였다. 진왕은 몸
을 돌려 내빼기 시작했다. 형가는 비수를 휘두르며 추격했
다. 진왕은 기둥을 돌며 죽자 사자 도주했고 형가는 그 뒤를
바짝 쫓아갔다. 생각지도 못한 일이 갑자기 터진 탓에 신하
들은 모두 멍하니 바라만 보고 있었다. 그 당시 진나라 법률
에 따르면 어전에 오르는 신하들은 누구를 막론하고 손톱만
한 쇠붙이도 휴대를 엄금했다. 무기를 들고 있던 호위병들은
어전 아래쪽에 도열하고 있었는데 진왕의 명령이 없으면 감
히 올라올 수 없었다. 진나라 왕은 숨을 돌릴 틈도 없이 도망
치는 중이라 호위병을 부를 여유가 없었다. 그래서 형가는

비수를 휘두르며 진나라 왕을 추격할 수 있었다. 신하들은 맨손으로 형가를 붙잡고 늘어졌다. 이때 어의 하무저(夏無且)는 차고 있던 약봉지를 형가에게 던졌다. 진왕이 기둥을 뱅글뱅글 돌아가며 형가의 칼날을 피하는데 정신이 없자 당황했던 신하들이 고함을 질렀다. "대왕, 대왕, 칼집을 등 뒤로, 등 뒤로 돌려서 뽑아요!"

진나라 왕은 칼집을 등 뒤로 돌려서 기어코 칼을 뽑아 달려드는 형가를 내리쳤다. 형가는 왼쪽 다리가 잘리며 바닥에 풀석 주저앉았다. 형가는 진나라 왕에게 비수를 던졌다. 비수는 빗나가 구리 기둥에 꽂히고 말았다. 진나라 왕은 다시 칼로 형가를 내리쳤다. 형가는 온몸에 여덟 군데 상처를 입고 쓰러졌다. 형가는 거사가 실패했음을 깨닫고 기둥에 기대어 웃음을 터뜨렸다. 그리고는 오른쪽 다리를 앞으로 쭉 뻗으며 욕설을 퍼부었다. "에이 씨팔, 일을 그르친 것도 저 놈을 생포한 뒤 서약서를 쓰게 하여 태자에게 보여주려고 했던 탓이지. 그냥 죽여 버리고 말 것을!" 좌우에서 몰려들어 형가를 난자질하였다.

진나라 왕은 오랫동안 기분이 우울했다. 사건이 일단락되자 논공행상을 하였는데 진나라 왕은 하무저에게 황금 2백 일(鎰)을 하사하며 칭찬했다. "무저는 나를 생각하여 그 와중에서도 약봉지를 형가에게 던졌지." 황금 2백 일은 대략 4천

8백 량에 해당한다.

형가의 암살미수 사건이 터진 후 진나라 왕은 더욱 사나워졌다. 병력을 조나라로 증파하고 왕전에게 명하여 연나라를 가차없이 쓸어버리도록 하였다. 불과 10달 만에 연나라 수도 계성(薊城)을 함락시켰다. 계성은 지금의 북경시 덕승문(德勝門) 밖 토성관(土城關)이다.

연나라 왕과 태자 단은 정예병을 이끌고 동쪽으로 도주하여 요동(遼東)에 진을 치고 저항하였다. 진나라 장군 이신이 끝까지 추격하자 누군가 연나라 왕에게 귀띔했다. "진나라가 지금 연나라의 씨를 말리려고 저러는 이유는 태자 단 때문이지요. 왕께서 태자 단을 죽여 진나라 왕에게 바치면 포위망을 풀어줄 것이고 종묘사직도 유지할 수 있을 것이오." 태자 단은 소식을 듣고 연수(衍水) 부근에 숨었다. 연수는 지금의 요녕성(遼寧省) 요양시(遼陽市) 북쪽에 있는데 태자가 숨었다가 죽은 곳이라 하여 태자하(太子河)라고도 부른다. 결국 연나라 왕은 사람을 보내 태자 단을 죽여 진나라에 바쳤다. 그럼에도 불구하고 진나라는 공세를 멈추지 않았다. 그로부터 5년 뒤 진나라는 연나라를 멸해 버렸다.

연나라가 망한 이듬해 진나라 왕은 천하를 통일하고 황제에 올랐다. 그가 곧 진시황제이다. 진시황제는 태자 단 및 형가 일당을 전국적으로 수배하였다. 관련된 자들은 모두 도주

했는데 고점리도 이름을 바꾸고 술집의 하인이 되어 송자(宋

子)에서 숨어 지냈다. 송자는 지금의 하북성 조현(趙縣) 북쪽

이다.

　시간이 한참 흘렀다. 고점리는 술집에서 허드렛일을 하며

힘들게 살아갔다. 그런데 대청마루에서 손님들이 거문고를

탈 때면 그때마다 귀를 기울이며 주위를 배회하였다. 거문고

가락을 들으며 고점리는 혼잣말로 중얼거리곤 하였다. “저

분은 잘 탄다. 저 분은 시원찮다.” 하인 하나가 주인에게 아

뢰었다. “저기 하인 하나가 음악을 아는 모양입니다. 혼잣말

로 잘 하네 못 하네 궁시렁거리더라구요.” 술집 주인은 고점

리를 불러 거문고를 타보도록 하였다. 고점리가 연주를 마치

자 자리에 있던 손님들은 한결같이 감동하여 서로 술잔을 권

하였다. 고점리는 생각에 잠겼다. 언제까지 이렇게 힘들게

숨어 지내며 살아갈 것인가. 무슨 결심이 섰는지 고점리는

자기 방으로 들어가 그간 고이 간직했던 거문고와 아름다운

옷을 꺼내고 용모를 가다듬은 다음 다시 자리에 나타났다.

주인과 손님들은 경악하여 정중하게 예우하고 큰손님으로

모셨다.

　고점리가 거문고를 타면 손님들은 감동하여 눈물을 흘리

지 않는 자가 없었다. 고을 사람들이 돌아가며 고점리를 초

대하여 연주를 청했다. 명성이 차츰 퍼지자 마침내 진시황제

의 귀에까지 전해졌다. 진시황제가 사람을 보내 고점리를 불렀다. 누군가 고점리를 알아보고 진시황제에게 고자질을 하였다. "형가의 친구 고점리랍니다." 진시황제는 그 재주가 아까워 죄를 용서해주고 그 대신 눈을 멀게 하여 거문고를 타게 하였다. 고점리가 연주를 할 때마다 진시황제는 칭찬을 아끼지 않았다. 시간이 흐르자 진시황제도 조금씩 경계심을 풀었다.

고점리는 비록 눈이 멀었지만 진시황제와 점차 가까워지자 거문고 속에 납덩어리를 숨겨놓았다. 시간이 흐르고 진시황제가 경계심을 완전히 풀어 고점리 바로 옆에까지 왔을 때였다. 고점리는 납덩이를 빼어 진시황제를 내리쳤다. 그런데 명중시키지 못하고 그만 빗나가고 말았다. 진시황제는 고점리를 죽였다. 그때부터 진시황제는 진나라 이외 지역 출신들을 불신하여 평생토록 멀리 하였다.

형가가 진시황제를 암살하려다 실패했다는 소식이 퍼져나가 마침내 노구천의 귀에까지 들어갔다. 노구천은 혼잣말로 중얼거렸다. "아뿔싸, 그 친구가 검술에 미숙했던 것이 못내 아쉽구나. 내가 인재를 몰라봐도 한참 몰라봤어요. 그때 내가 다짜고짜 윽박질렀는데 그 친구가 나를 어떻게 생각했을까. 나도 실은 그의 동지인 것을." (자객열전 끝)

화식열전(貨殖列傳)

이익을 추구하는 인간의 본성에 대하여 사마천은 『사기』 「화식열전」에서 이렇게 설명한 바 있다.

"잘살려고 하는 것은 배우지 않아도 깨우치게 되는 인간의 타고난 본성이다. 병사들이 앞 다투어 성(城)을 공격하고 적진으로 뛰어들어 적을 무찌르고 적장의 목을 베고 군기(軍旗)를 낚아채면서 날아드는 화살과 불더미를 용감히 뚫는 이유는 푸짐한 상금을 받기 위해서다. 동네 건달들이 행인을 습격하여 암매장을 서슴지 않고 백성을 협박하여 갖은 악행을 저지르고 남의 묘지를 파헤치고 위조지폐를 찍어내고 불법으로 남의 재산을 가로채고 의리랍시고 친구를 위해 복수하고 으슥한 곳에서 남의 재물을 빼앗고 법을 무시하면서 부나방처럼 죽음도 불사하는 것도 실은 알고 보면 모두가 재물을 얻기 위해서다. 조(趙)나라와 정(鄭)나라 아가씨들이 분바르고 치장하고 가야금을 뜯으며 소맷자락 휘날리며 맵시 있는 신을 신고 윙크하며 꼬드기며 천리를 멀다 않고 달려가 늙은이 젊은이를 가리지 않는 이유도 따지고 보면 한결같이 돈을 벌기 위해서다. 여유 있는 도련님들이 모자와 칼에 잔뜩 장신구를 붙이고 으리으리한 마차를 굴리는 것도 알고 보면 역시 잘사는 것을 과시하기 위해서다. 있는 자들이 사냥이나 낚시를 떠나며 새벽과 한밤중을 가리지 않고 서리와 눈보라를 무릅쓰며 산비탈을 치달리며 맹수의 위협 따위를 개의치 않는 이유도 역시 없는 자들이 엄두도 못내는 진귀한 맛을 얻기 위해서다.

내기 도박을 하거나 투계(鬪鷄), 투견(鬪犬)을 하면서 한치 물러섬이 없이 승리를 추구 하는 것도 돈을 잃을까 걱정하기 때문이다. 의사나 기타 기술자들이 전력을 다해 복무하는 것도 보수를 톡톡히 받기 위해서다. 관리들이 법조문을 농락하고 문서와 도장을 위조하면서 목 잘릴 위험을 망각하는 것도 사실 뇌물에 혹했기 때문이다. 농사짓고 장사하고 상품을 만들고 목축을 하는 것도 당연히 돈을 벌기 위해서다. 그러니 재물이란 것은 능력만 있으면 하염없이 긁어모으려는 게 인간의 본성이지 돈을 벌 수 있는데도 손 털고 남에게 순순히 양보하는 예는 결코 없다.”

사마천은 이어서 말했다. “백이숙제처럼 고매한 인격을 견지하다가 가난해졌다면 혹시 모르겠다. 그렇지도 못한 사람이 부모와 처자식을 굶주리고 때 맞춰 조상께 제사지낼 형편도 못되는 주제에 입으로만 인의도덕을 외친다면 정말 부끄러운 일이다.” 그러므로 사마천은 정당한 수단으로 치부하는 것을 금기시 하지 않았다. 오히려 돈은 아무나 벌 수 있는 것이 아니라고 생각했다. “알거지는 몸뚱이로 뛰어야 한다. 자본이 조금 있다면 머리를 굴려야 한다. 자본이 풍족하다면 무슨 사업을 해도 타이밍이 핵심이다.” 그러면서 여러 직종 가운데 농업보다는 수공업, 수공업보다는 상업에 종사하는 것이 돈벌기가 쉽다고 했다. 그 당시의 산업 구조에서는 틀린 말이 아니다.

사마천은 『사기』「화식열전」에서 여러 가지 실례를 들었는데 다음의 선곡(宣曲) 임씨 이야기는 그 중의 하나이다. 선곡은 섬서성 서안시 서남방이다.

선곡 임씨의 조상은 진 제국 치하에서 양식 창고를 지키던 말단 관리였다. 진 제국이 붕괴되자 호걸들은 너도나도 금은보화를 약탈하였지만 유독 임씨만은 양곡을 빼내 지하실에 숨겨 놓았다. 항우가 진 제국을 멸하고 서초패왕에 등극하였지만 각지 제후 왕들을 통제하지는 못하여 또 다시 혼란기로 접어들었다. 그리하여 항우와 유방이 양대 진영으로 갈리어 쟁패하게 되었다. 초한(楚漢)의 투쟁은 5년 가까이 진행되었으며, 특히 형양(滎陽)을 사이에 두고 팽팽하게 접전하자 백성들은 농사를 지을 수 없었다. 식량이 귀해졌고 쌀 한 섬에 무려 일만 전까지 폭등하게 되었다. 이즈음 하여 임씨 조상은 슬그머니 양곡을 풀었고 호걸들의 금은보화는 모조리 임씨 수중으로 들어왔다. 임씨는 이렇게 하여 거부가 되었다.

유방이 천하를 통일한 후 여태후, 문제, 경제를 거치며 정국이 안정기에 접어들자 대부분의 부자들은 과시욕에 사치를 일삼았지만 임씨 집안만은 검소했으며 여전히 농사와 목축에 힘썼다. 일반 사람들은 저가 품종을 선호했으나 임씨만은 우량 품종을 고집하여 임씨 집안에서 생산되는 곡물과 가축은 최고급으로 인정받아 항상 고액에 팔려나갔다. 이렇게 하여 임씨 집안은 여러 대에 걸쳐 계속 갑부를 유지하였다.

임씨 집안의 가훈은 이러하였다. "농사를 짓지 않으면 밥을 먹지 말라. 옷감을 짜지 않으면 옷을 입지 말라. 가족의 구성원으로서 응당 해야 할 일을 마치지 않으면 음주가무는 물론이고 고기도 먹지 말라." 임씨 집안은 갑부였으면서도 근검절약을 솔선수범하여 고을의 모범이 되었다. 졸부들은 관리들에게 무시당하기도 했지만 임씨 집안만은 황제의 예우를 받았다.

흔히 하는 말이 있다. '아무리 많이 벌어도 펑펑 쓰면 항상 부족하고 적게 벌어도 아껴 쓰면 항상 남는다.' 농산품이든 공산품이든 서비스 상품이든 지식 상품이든 일단 생산해야 돈을 벌 수 있다. 그러나 상품도 등급이 있는 법이다. 임씨는 고급화를 추구했다. 고급 상품을 생산하여 부가가치를 높이면서도 본인 및 가족들은 여전히 검소하였다. 사태의 추이를 미리 예상하고 희귀 품목을 미리 선점한 것도 대단한 사업 수완이며 안목이 아니겠는가. 이런 사람이 갑부가 안 된다면 오히려 이상한 일이다.

사마천은 이렇게 결론을 내렸다. "열심히 일하고 절약하는 것이 먹고사는 바른 길이다. 그러나 부자가 되려면 반드시 머리를 굴려야 한다.……부자가 되는 길은 다양하며 물건의 임자는 정해진 것이 아니다. 재물은 유능한 자에게 몰리며 무능한 자는 쥐어줘도 놓아버린다." (화식열전 끝)

3부

관련서 및 연보

史記

『사기』와 사마천에 관한 기본적인 지식을 갖춘 후에 『사기』를 접하면 더욱 재미있고 깊게 『사기』를 감상할 수 있다. 이를 위해서는 시중에 나와 있는 책들의 '서문'을 세심하게 읽어보고 책을 선택하는 것이 좋다. 또 『사기』를 처음 접하는 독자라면 '열전' 부터 읽는 것이 무난하다.

『사기』 관련서

　『사기』와 사마천에 관한 기본적인 지식을 갖춘 후에『사기』를 접하면 더욱 재미있고 더욱 깊게『사기』를 감상할 수 있다. 현재 시중에 나와 있는『사기』번역본이나 편역본 혹은 해설서의 앞부분에는 십중팔구 사마천의 일생과『사기』내용에 대한 설명이 '서문' 형식으로 붙어 있다. 따라서 독자들은 우선 그런 '서문'을 세심하게 읽어보는 것이 좋다. 이런 '서문'이 없거나 엉성하게 작성되어 있어서 읽어도 별다른 감흥이 없다면 구입하지 않는 것이 좋다. 역으로 말해서 평이하나 깊이 있고 상세하나 친절하게 작성된 '서문'이 붙어 있다면 그 이후 내용은 믿어도 된다는 뜻이다.

　『사기』를 처음 접하는 독자라면 아무래도 '열전' 부분부

터 읽는 것이 무난하다. 『지혜로 읽는 사기』(김영수, 푸른숲)
는 등장인물과 관련된 지역을 답사하면서 저자의 개인적인
느낌까지 가미해가며 서술했으므로 독자들은 『사기』 인물에
대하여 한결 친숙한 느낌이 들 것이다. 또한 『사기』를 거의
소설에 가깝게 풀어놓은 『사기』(김진연, 서해문집)도 재미있
게 읽을 만하다. 『한권으로 보는 사기』(김진연/김창, 서해문
집)도 시대 순으로 재구성했으므로 『사기』의 내용을 이해하
는 데 도움이 될 것이다. 소설가 엄광용이 풀어쓴 『인물로 읽
는 사마천의 사기』도 역시 이야기체로 꾸며져 초학자들의 흥
미를 돋운다. 소설가 이병주의 『허와 실의 인간학』도 글발이
좋아 재미있게 읽을 수 있는 책이다.

단지 '열전' 완역본을 읽고자 한다면, 진기환, 김원중, 박
일봉, 최인욱, 김영수, 남만성, 권호현, 이주훈, 홍석보, 이상
옥, 문선규, 김하중 등 여러분들이 그간 번역해놓은 책이 많
이 있으므로 독자들은 직접 서점이나 도서관에서 찾아 서너
쪽 읽어보고 자신의 언어 리듬에 맞는 책을 선정하면 된다.

완역본을 읽고자 한다면 아직까지는 까치출판사의 『완역
사기』(전7권)가 무난하다. 원문을 대역하듯 질박하게 번역했
으므로 초학자들에게 다소 버거울 수 있다. 이럴 경우는 소
설가 김병총이 전10권으로 평역한 『사기』가 괜찮다.

『사기』에 대하여 약간은 깊게 이해하고 싶다면 국내 학자

의 책으로 『사기의 세계』(홍순창, 영남대학교 출판부)를 참고해도 무난하겠고, 『사기—중국 고대사회의 형성』(이성규, 서울대 출판부)도 논문 형식으로 구성되어 있어 깊게 읽고자 하는 독자에게 유용하다.

한편 외국 학자들의 번역물을 참고할 수도 있다. 일본 학자 패총무수(貝塚茂樹)의 『봉황이 어찌 참새의 뜻을 알리요』(박재우 역, 세계인), 무전태순(武田泰淳)의 『사기의 세계』(이동혁 역, 일각서림), 임전신지조(林田愼之助)의 『인간 사마천』(심경호 역, 강출판사), 일본 학자 궁기시정(宮琦市定) 『자유인 사마천과 사기의 세계』(이경덕 역, 다른세상), 왓슨(B. Watson)의 『위대한 역사가 사마천』(박혜숙 역, 한길사)이 추천할 만하다. 또한 중국학자 진동생(陳桐生)의 『사기의 탄생 그 3천 년의 역사』(장성철 역, 청계)는 사관의 관점에서 사마천의 정신과 『사기』의 세계를 깊게 탐구한 책이고, 같은 저자의 『역사의 혼—사마천』(김은희/이주노 역, 이끌리오)은 사마천의 정신과 일대기를 이해하는 데 도움이 된다.

한글 『사기』를 접하고 흥미를 느껴 『사기』의 원문을 독파하고자 한다면 어떤 텍스트로 어떻게 접근하는 것이 좋을까?

우선 접근 방법부터 이야기한다. 가급적 '열전' 부터 시작하는 것이 좋으며 '열전' 도 처음부터 읽을 것이 아니라 관심 있는 분야부터 골라 읽는 것이 무난할 듯하다. 예를 들어, 병법이나 전투에 관심이 있다면 「사마양저열전」이나 「손자오기열전」 혹은 「전단열전」, 「회음후열전」, 「이장군열전」 등을 먼저 읽는 것이 흥미를 자극한다. 유머에 관심이 있다면 「골계열전」부터 읽는 것이 좋다. 경제에 관심이 있다면 「화식열전」이 좋겠고, 사마천 당시 외국의 기묘한 풍물이나 일화를 읽겠다면 「대원열전」, 「서남이열전」 및 「흉노열전」 등을 먼저 읽는 것이 좋다. 무협지에 관심이 많다면 전국시대 귀공자들이 펼쳤던 활약상 및 에피소드가 흥미롭기 때문에 당연히 「맹상군열전」, 「평원군열전」, 「위공자열전」, 「춘신군열전」을 먼저 읽는 것이 좋다. 정경유착이 무엇인지 알고 싶다면 「여불위열전」이 적격이며, 러브 스토리를 읽고 싶다면 「사마상여열전」의 탁문군 부분을 읽어본다. 권력투쟁이 무엇인지 알고 싶다면 「장이진여열전」이나 「위기무안후열전」 혹은 「한장유열전」을 읽어도 좋다. 무협소설을 좋아하는 분들은 「자객열전」이나 「유협열전」을 읽어보면 이른바 대협(大俠)의 이미지가 과연 어디로부터 발원했는지 새삼 깨닫게 될 것이다. 이렇듯 자신의 취향에 맞게 해당 열전부터 시작하여 차츰 범위를 넓혀가는 것도 흥미를 자극하고 또한 유지하는 방법의 하나가 되겠다.

『사기』 원문을 읽는 경우 주석 없이 독파하기는 힘들다. 『사기』의 기본적인 주석으로는 위진남북조시대 남조의 송나

라 때 배인(裴駰)의 『사기집해』(史記集解), 당나라 때 사마정
(司馬貞)의 『사기색은』(史記索隱), 장수절(張守節)의 『사기
정의』(史記正義)가 있다. 이상 3인의 주석을 일컬어 '삼가
주'(三家註)라 부른다. 중국 중화서국에서 출간된 『사기』(史
記)는 원문 및 주석을 모두 현대식 표점으로 띄어쓰기 해주
고, 해당 구절마다 '삼가주'를 분산 수록하여 가독성이 무척
높으므로 현재 가장 많이 애용되고 있다. 또한 일본 학자 농
천자언(瀧川資言)의 『사기회주고증』(史記會注考證)은 역대
중국 및 일본 학자의 관련 주석을 많이 수집하여 다양한 견해
를 살필 때 유용하긴 하지만 교감이나 고증능력이 떨어지므
로 가급적 왕숙민(王叔岷)의 『사기각증』(史記斠證)을 참고하
는 것이 좋다.

한편 『사기』 문장을 연구하려면 『보표사기평림』(補標史
記平林)을 참고하는 것이 좋은데, 이 책은 명나라 때 능치융
(凌稚隆)이 역대 문장가들의 코멘트를 대대적으로 수집 정리
하고 이광진(李光縉)이 다시 증보했는 바, 이것을 또 다시 일
본의 아리이노(有井範平)가 보충한 것이다.

물론 현대 중국어로 번역된 것도 많다. 대만 하락출판사
(河洛出版社)에서 출간된 『백화 사기』(白話史記) 전3권은 번
역문만 실려 있으나 대만 각 대학 교수들이 분담 작업하여 수
준을 인정받는 현대 중국어 번역본이다. 또한 왕리기(王利

器)가 수십 명의 중국 학자들을 동원하여 번역한『사기주석』
(史記注釋 : 三秦出版社) 전6권은 비록 간체자로 되어 있으나
원문과 함께 간명한 설명을 달아주고 현대 중국어로도 깔끔
하게 번역했으므로 참고할 만하다. 비슷한 번역본으로『사기
금주』(史記今注 : 南京大學出版社),『전역사기』(全譯史記 :
國際文化出版公司),『사기전본도독사전』(史記全本導讀辭
典 : 四川辭書出版社),『사기전본신주』(史記全本新注 : 三秦
出版社) 등이 있다.

　그런데 위에서 소개한 번역본들은『사기』를 현대 중국어
로 완역한 것이므로 분량이 많아 초학자에게는 부담스러울
수도 있다. 이럴 때는『사기』내용 중에 비교적 흥미로운 것
을 20~30편 내외로 선정하여 상세하게 설명해준 선집(選集)
을 봐도 좋다. 이러한 선집으로는 한조기(韓兆琦)의『사기선
주집설』(史記選註集說 : 江西人民出版社)이나『사기평의상
석』(史記評議賞析 : 內蒙古人民出版社) 혹은『사기선주회평』
(史記選註匯評 : 中州古籍出版社)이 적당하다. 이와 비슷한
책으로 장대가(張大可)의『사기선평』(史記選評)이 있는데 부
피가 적어 부담스럽지 않은『사기』강독 교재이다. 이상 여러
책은 현대 중국어 번체자 및 간체자 독해가 가능해야만 한다.
현대 중국어를 모르는 경우는 한국에서 출간된 진기환(陳起
煥)의『사기강독』(史記講讀 : 明文堂)이 오히려 좋을 것이다.

사마천 연보

사마천의 일대기를 구체적으로 작성할 만큼 자료가 풍부하지 못하다. 그러므로 사마천의 일대기를 중심축으로 하여 해당 연도에 사회 각 분야에서 어떤 사건이 있었는지 간명하게 표기하여 시대적 추세 및 변화를 함께 살펴보도록 한다. 『한서』, 「무제기」를 비롯하여 『사기』 관련 내용을 참작하여 작성하였다.

기원전 145년, 한경제 중5년. 사마천 출생. 사마담 약 26세.

「태사공자서」에 이런 구절이 있다. "그로부터 5년 후, 태초(太初) 원년이 되었다." 『사기정의』는 이 구절을 이렇게 설명했다. "사마천의 나이 42세이다." 태초 원년은 기원전 104년이므로 42년을 소급해 올라가면, 바로 기원전 145년이 된다.

기원전 144년, 사마천 2세. 고향에 있었을 것이다.

「태사공자서」에 이런 구절이 있다. "저는 섬서성 한성현 용문산(龍門山)을 가로지르는 황하 남안에서 밭 갈고 양과 소를 치면서 어린 시절을 보냈습니다." 어린 시절이 구체적으로 언제까지인지는 알 수 없다. 「태사공자서」의 기록에 따르면 20세부터 장거리 여행을 떠났으므로 20세 미만의 시기까지는 중간에 간혹 아버지를 뵈러 장안에 들어갔을 수도 있겠지만 대부분의 시간을 고향에서 보낸 것으로 짐작된다. 이 해에 한경제의 동생 양효왕(梁孝王)이 죽었고, 이광(李廣)이 상군(上郡) 태수가 되었다. 상군은 지금의 섬서성 북부 지역으로 흉노족이 자주 출몰하던 곳이다. 흉노족이 안문(雁門)을 침입하여 무천(武泉)을 거쳐 상군까지 진입하였다. 안문은 지금의 산서성과 하북성의 북부로서 내몽고 자치구와의 접경지대며, 무천은 지금의 내몽고 호화호특(呼和浩特) 동북부 무천현이다.

기원전 143년, 사마천 3세. 고향에 있었을 것이다.

주아보(周亞父)가 옥중에서 죽었다. 「강후주발세가」에 관련 내용이 있다.

기원전 142년, 사마천 4세. 고향에 있었을 것이다.

흉노가 안문에 침입하여 안문 태수 풍경(馮敬)이 전사했다.

기원전 141년, 사마천 5세. 고향에 있었을 것이다.

한경제가 죽고 한무제가 16세 나이로 즉위했다. 이 해에 매승(枚乘)이 죽었다. 매승은 오왕 비(吳王濞)의 비서관이었으나 오왕 비가 반란을 꾸민다는 사실을 알고 두 차례나 글을 올려 만류했으나 소용이 없자 오왕 비를 떠나 양효왕의 식객으로 투신했다. 오왕 비의 반란이 진압되면서 매승의 이름이 알려지게 되었다. 매승의 작품「칠발」(七發)은 장편 산문체 대작으로서 한부(漢賦)의 발전사에서 획기적인 것이었다.

이 해에 산동성 곡부(曲阜)의 공자 구택의 담벼락 사이에서 고서가 쏟아져 나왔다. 진시황제의 분서갱유를 피하여 숨겨놓은 고서들인데 사마천 당시의 예서(隷書)가 아니라 전국시대 고문자로 작성되었으므로 일반적으로 공벽고문경전(孔壁古文經傳)이라 부른다. 발견된 고적은『상서』,『논어』,『효경』등으로 자구와 목록 등에 있어서 입에서 입으로 전수되었던 이른바 금문(今文) 학파의 경전과는 달랐다. 고문 경전은 공자의 후손 공안국(孔安國)이 보관하면서 연구하여 고문상서 학파의 원조가 되었다.

기원전 140년, 한무제 건원(建元) 원년. 사마천 6세. 고향에 있었을 것이다.

"한무제가 즉위하자 당도(唐都)를 초빙하여 천문을 책임지도록 했다."(『사기』「역서」) 당도는 사마담의 스승이다. 훗날 사마담이 태사령에 임용된 것은 당도가 추천했을 것이다. 이 해에 전국적으로 현량방정직언극간(賢良方正直言極諫 : 똑똑하고 선량하고 정직하며 목숨을 걸고 직언을 하는) 인재를 널리 구했다. 공손홍은 현량으로 국정고문에 해당하는 박사가 되었다. 동중서(董仲舒 : 기원전197~104)가 등장한 것도 바로 이 때다.

동중서는 한무제의 아버지 한경제 시절에 박사가 되었으며, 3년 동안 정원을 내다보지 않을 정도로 용맹정진하였다. 청년 시절에 『춘추공양전』을 연구하여 공자의 『춘추』에 담긴 미묘한 뜻을 깊게 연구했는데, 그 내용은 훗날 『춘추번로』로 출간되었다. 자연의 변화를 인간 활동과 일일이 연계시키는 천인감응(天人感應)을 주장하여 인간의 모든 행위는 하늘의 뜻에 부합되어야 한다며 한 제국의 등장은 하늘의 뜻임을 강조했다. 또한 음양오행설의 영향을 강하게 받아 역사순환론을 주장했으며, 이와 함께 후세의 삼강오륜(三綱五倫)의 개념도 동중서가 제시한 것으로 통일된 대제국의 질서 유지와 중앙집권에 매우 유리한 사상이었다.

한무제의 질문에 직접 답변한 세 편의 논문 천인삼책(天人三

策)은 천하통일을 당연한 명제로 설정하고 유가 경전을 국가의 지배 이데올로기로 못박아 그 외의 사상으로는 관직에 진출할 수 없도록 제한할 것을 건의했다. 이로써 그 유명한 '파출백가, 독존유술'(罷黜百家, 獨尊儒術 : 제자백가를 퇴출시키고, 오로지 유가 학술만 존중함)의 주장이 제기된다. 요컨대 동중서의 사상은 통일된 대제국의 통치와 군권 강화에 극히 유리했으므로 한무제의 주목을 받았다.

두영(竇嬰)은 승상, 전분(田蚡)은 태위(太尉), 조관(趙綰)은 어사대부(御史大夫), 왕장(王臧)은 낭중령(郎中令)이 되었다. 태위는 국방장관 및 참모총장, 어사대부는 감찰원장, 낭중령은 황제 비서실장에 해당한다. 도가사상을 좋아했던 두태후(竇太后 : 한무제의 할머니)가 아직 생존한 상황에서 조관 및 왕장 등이 유생들을 우대하기 시작했으며, 특히 전분은 노골적으로 도가나 법가 사상가들을 퇴출시켰다고 「유림열전」에 기록되어 있다.

기원전 139년, 한무제 건원 2년. 사마천 7세. 고향에 있었을 것이다.

어사대부 조관이 한무제에게 업무 보고를 하면서 두태후에게도 해야 하는 보고를 빠뜨렸다. 두태후는 격노하여 두영과 전분을 파면시켰고 조관과 왕장은 수감되자 자살하였다. 허창(許昌)이 승상에 임명되었고 장청적(莊靑翟)이 어사대부에 임명되었다. 이로써 한무제가 유가 사상을 우대하려던 시도는 수포로 돌아갔다. 회남왕 유안(劉安)이 자신의 저작 『회남자』를 한무제에게 진상했고, 한무제의 명을 받들어 굴원의 「이소」(離騷) 해설판을 작성하게 된다. 이 내용은 훗날 사마천이 「굴원열전」을 쓰면서 「이소」 평가에 대폭 수용되었다.

기원전 138년, 한무제 건원 3년. 사마천 8세. 고향에 있었을 것이다.

「동월열전」에 따르면, 민월(閩越)이 동구(東甌)를 포위했다. 민월과 동구는 당시 동남부에 거주하던 소수민족이었다. 동구가 한 제국에 구원을 요청하자 한무제는 태위 전분의 반대를 묵살하고 중대부(中大夫 : 황제 비서실 소속 국정자문) 엄조(嚴助)에게 명하여 회계군(會稽郡) 소속 군대를 이끌고 구원을 지시했다. 회계 태수가 파병을 거부했으나 엄조는 황제의 특사 신분으로 회계군 사마(司馬 : 고급 무관)를 죽이고 황제의 뜻을 밝힌 뒤 마침내 군대를 이끌고 동구를 지원했다. 엄조의 군대가 당도하기도 전에 민월은 철군하였다. 동구는 보호막이 필요했으므로 한 제국의 휘하로 들어오기를 원했고 그리하여 양자강과 회수(淮水) 사이로 이주하게 된다. 지금의 강소성 안휘성 지역이다.

이때부터 한무제는 사방 이민족의 사무에 적극적으로 관여하기 시작했다. 이 시절 한무제는 지식분자형 관료에 관심을 보이기 시작했으며 엄조를 비롯하여 주매신(朱買臣), 사마상여(司馬相如), 동방삭(東方朔) 및 종군(終軍) 등을 측근으로 끌어들였다. 이 해에 한무제는 서역의 월지국을 방문하여 동맹을 맺고 돌아올 탐험가 겸 외교관을 공개 모집하였다. 장건(張騫)은 모집에 지원하여 선발되었고 흉노 출신의 감보(甘父)를 비롯한 일행 100여 명과 함께 장도에 오르게 되었다.

기원전 137년, 한무제 건원 4년. 사마천 9세. 고향에 있었을 것이다.

「보임안서」에 이런 구절이 있다. "저는 어릴 적에 특출한 재주가 있었던 것도 아니고 성년이 되어서도 고을에서 칭찬 받는 젊은이가 못 되었습니다." 사마천 당시에는 '효렴' (孝廉) 제도가 있었다. 인품이 훌륭하다거나 특이한 재능이 있는 자들을 중앙정부에 추천하여 관직을 수여하는 제도였다. 기원전 134년부터 시행되었다.

기원전 136년, 한무제 건원 5년. 사마천 10세. 고향에 있었을 것이다.

사마담이 '태사령의 보좌관' (太史丞)으로 관직에 첫발을 내딛다. 「태사공자서」에 이런 구절이 있다. "열 살 되던 해부터 고문(古文)을 배웠습니다." 사마천 당시의 서체는 대개 예서(隸書)였는데 그 이전의 서체 전서(篆書) 등은 따로 배운 사람만이 볼 수 있었다. 전서로 씌어진 책을 일반적으로 고문(古文)이라 부르는데, 사마천은 열 살 되던 해부터 이 고문을 배웠던 것으로 보인다. 누구에게 어떻게 배웠는지는 알 길이 없지만 아버지가 중앙정부의 관직에 진출했으므로 수도 장안에 있었을 것이며, 그때 아버지를 따라 장안으로 잠시 들어가 그 당시 고문에 통했던 공안국에게 배웠을 가능성이 있다. 『사기』의 내용으로 보건대 사마천이 훗날 참고했던 고문 경서는 『상서』를 비롯하여 『시경』, 『세본』, 『춘추』, 『좌전』, 『국어』, 『논어』, 『제자적』 등이다.

기원전 135년, 한무제 건원 6년. 사마천 11세. 고향 혹은 장안에 있었을 것이다.

도가 사상을 선호했던 두태후가 죽었다. 한무제는 허창과 장청적을 파면시키고 전분을 승상으로 기용하면서 도가 및 법가 사상가들을 퇴출시키고 다시 유가 사상을 우대하기 시작했다. 이때부터 수백 명의 유생들이 권력 핵심부로 모여들었다. 이 해에 사마천이 태어났다는 설도 있다. 「태사공자서」에 "사마담이 죽은 지 3년째 되던 해 사마천은 태사령이 되었다"는 구절이 있다. 이 구절에 대한 『사기색은』의 해설은 『박물지』(博物志)의 기록을 인용하여 "무릉(茂陵) 현무리(顯武里)의 대부(大夫) 사마천이 태사령이 된 해는 28세"라고 하였다. 사마천이 태사령이 된 해는 원봉(元封) 3년, 즉 기원전 108년이므로 28년을 소급해 올라가면 바로 이 해에 해당한다. 앞서 거론한 출생 연도와는 꼭 10년의 차이가 있다. 옛 글에서 이(二)와 삼(三)은 극히 혼동하기 쉬우므로 『박물지』 기록의 28세의 2는 3의 오자로 보는 견해가 유력하다.

한편 「태사공자서」에 게재된 사마담의 논문 「육가요지」는 도가를 찬양하고 그 외 음양가, 유가, 묵가, 명가, 법가 등 다섯 학파의 학설을 강력하게 비판했다. 사마담이 태사령 보좌관의 신분으로서 한무제 치하에서는 그런 논문을 작성할 수는 없었을 것이다. 그러므로 두태후 생전에 작성했을 가능성이 무척 높다. 두태후는 이 해 5월에 작고했으므로 그 이전에 작성했을 것이다.

기원전 134년, 한무제 원광(元光) 원년. 사마천 12세. 고향 혹은 장안에 있었을 것이다.

이광을 운중(雲中)에 주둔시키고 정불식(程不識)을 안문(雁門)에 주둔시켜 흉노족의 침입에 대비토록 하였다. 이 해 6월 모두 철군했다. 이 해 5월 한무제는 근실하고 박식다식한 지식인을 모집한다는 조서를 반포했다. 국정고문으로 삼으려는 의도였다. 조서의 내용은 『한서』 무제기」에 실려 있다. 그리하여 동중서 및 공손홍 등이 급부상하였다.

기원전 133년, 한무제 원광 2년. 사마천 13세. 고향 혹은 장안에 있었을 것이다.

한무제는 주동적으로 흉노를 유인하여 공격하려다 실패했다. 지금의 산서성 삭현(朔縣)에 해당하는 마읍(馬邑)에 한 제국의 병사 30만 명을 매복시켜 놓고 흉노를 유인했으나 사전에 발각되어 기습공격은 수포로 돌아갔다. 이때 참여했던 장군들은 왕회(王恢)를 비롯하여 한안국, 이광, 공손하, 이식 등이다. 이 사건을 마읍지모(馬邑之謀)라 부른다. 이 계략을 꾸몄던 외무부 장관격의 왕회는 흉노를 적극적으로 공격하지 못한 죄로 투옥되어 참수되었다. 이때부터 한 제국과 흉노는 적대 관계로 돌입했으며, 한무제는 흉노에 대하여 장기적이고도 대대적인 정벌을 전개하게 된다. 『태평어람』권335 및 위굉(衛宏)의 『한구의』(漢舊儀) 그리고 갈홍(葛洪)의 『서경잡기』(西京雜記) 등에는 사마천이 13세 되던 해 특사 자격으로 전국을 순방하면서 옛 제후국 사료를 수집했다고 기록되어 있다. 그런데 정작 사마천은 이 사건을 기록하지 않았다. 사마천 본인의 기록을 기준으로 보면, 위 책에 기록된 십삼(十三)은 원래 이십(二十)의 오타였던 것이 십이(十二)로 뒤바뀌고 십이(十二)가 다시 십삼(十三)으로 오타가 났을 수도 있다.

기원전 132년, 한무제 원광 3년. 사마천 14세. 고향 혹은 장안에 있었을 것이다.

여름에 복양(濮陽)의 황하 둑이 무너져 16개 군(郡)이 침수되었다. 복양은 지금의 하남성 복양 서남방으로 둑이 무너진 곳은 복양 경내의 호자(瓠子)였다. 한무제는 10만 병사를 동원하여 붕괴된 제방을 수리했다.

기원전 131년, 한무제 원광 4년. 사마천 15세. 고향 혹은 장안에 있었을 것이다.

위기후(魏其侯) 두영(竇嬰)이 처형되었고 관부(灌夫)는 일족이 몰살당했다. 승상 전분은 병사했다. 한무제의 친인척 사이에 권력 주도권을 잡으려는 암투가 그 원인이었다. 관련 내용은 「위기무안후열전」에 자세하다.

기원전 130년, 한무제 원광 5년. 사마천 16세. 고향 혹은 장안에 있었을 것이다.

당몽(唐蒙)이 파촉(巴蜀)의 백성들을 차출하여 서남방 이민족 거주지로 교통로를 개척하려 했다. 파촉은 지금의 사천성 지역이다. 파촉의 백성들이 동요하자 한무제는 사마상여를 특파하

여 무마하였다. 장탕(張湯)이 태중대부(太中大夫)에 임명되어
조우(趙禹) 등과 함께 법률을 증보하였다. 한편 한무제는 지식
인 관료를 등용하고자 했는데 공손홍(公孫弘)의 개혁 논문이 1
위를 차지하여 국정고문 격에 해당하는 박사에 임용되었다.

한무제가 위자부(衛子夫)를 사랑하자 아들이 없었던 진황후
(陳皇后)는 사랑을 되돌리고자 위자부를 저주하는 음험한 사
술(邪術)을 쓰다가 발각되어 폐위되었다. 이것이 제1차 무고
(巫蠱) 사건이다. 가해 대상자의 물건이나 가해 대상자를 닮은
물건을 미리 만들어놓고 그것을 짓밟거나 상해를 입히면 그 사
람도 실제로 다치거나 죽는다는 관념이 그 당시 널리 유행했는
데 그런 사술을 일컬어 무고라고 한다.

기원전 129년, 한무제 원광 6년. 사마천 17세. 고향 혹은 장안에 있었을 것이다.

상인들의 차량에 세금을 매기기 시작했다. 중농억상 정책의
일종이다. 흉노가 상곡(上谷)에 침입하여 약탈하자 위청, 공손
오, 공손하, 이광 등이 출격하였다. 위청은 흉노의 목 7백 두를
베었으나 이광과 공손오는 패했다. 이광 등은 투옥되어야 마
땅했으나 한무제의 사면을 받아 관직을 박탈당하고 서민이 되
었다.

기원전 128년, 한무제 원삭(元朔) 원년. 사마천 18세. 고향 혹은 장안에 있었을 것이다.

위자부가 황후가 되었다. 흉노가 요서(遼西 : 요녕성 의현 서쪽) 지방을 침략하여 태수를 살해했고 어양(漁陽), 안문(雁門)에 침입하여 도위(都尉 : 고급 무관)를 죽이고 3천여 명을 살해했다. 이에 위청, 이식 등이 출격했다. 동쪽 이민족 예맥족의 수장 남려(南閭) 등이 휘하 28만 명을 이끌고 한 제국에 투항하자 한무제는 그곳에 창해군(蒼海郡)을 설치했다. 주보언, 서악, 엄안 등이 대흉노 정벌과 관련된 정책을 완곡하게 비판하는 상소를 올려 모두 낭중(郎中)에 임용되었으며, 특히 주보언은 한무제의 눈에 들어 1년 사이에 무려 네 차례나 승진하였다. 상소 내용은 「평진후주보열전」에 실려 있다.

기원전 127년, 한무제 원삭 2년. 사마천 19세. 고향 혹은 장안에 있었을 것이다.

주보언의 건의를 받아들여 제후 왕들로 하여금 봉읍지를 자제들에게 분배하도록 명했다. 이로써 제후들의 세력이 약화되면서 강력한 중앙집권의 토대가 마련되었다. 흉노가 상곡, 어양 등지에 침입하여 관리와 백성 천여 명을 죽이자 위청, 이식 등이 출격하여 하투(河套 : 내몽고 이극소맹) 이남 지역을 수복하고 삭방군(朔方郡), 오원군(五原郡)을 설치하였다. 백성들을 모

집하여 삭방 지역으로 10만 명을 이주시켰다. 또한 지방의 유
지 및 3백만 전 이상을 보유한 자들을 무릉(茂陵)으로 이주시켰
다. 무릉은 한무제의 침릉을 조성하고 신도시로 개발한 곳이
다. 그 당시 협객으로 이름을 날리던 곽해(郭解)도 무릉으로 강
제 이주되었다. 「유협열전」에는 "곽해가 정부의 체포령을 피해
도주하면서 모친과 가족을 하양(夏陽)에 안치했다"고 기록되
어 있다. 하양은 사마천의 고향이다. 「유협열전」의 논찬에 "내
가 곽해를 직접 보았는데 용모가 그저 그렇고 말주변도 참 없었
다"고 기록된 점으로 보아 아마도 이때 곽해를 본 것이 아닌가
짐작된다. 곽해는 그 당시 의리와 협기로써 명성을 날렸다.

기원전 126년, 한무제 원삭 3년. 사마천 20세. 장기간에 걸
친 장거리 여행을 떠나다.

「태사공자서」에 사마천은 20세부터 여행을 떠났다고 기록되어
있다. 남쪽으로 양자강과 회수 지역으로 내려갔다가 회계산에
올라 우임금의 묘소를 참배했고 구의산에 들러 순임금의 묘소
를 살폈다. 이어서 배를 타고 원강, 상강 유역을 돌았으며, 다
시 북쪽으로 발길을 돌려 문수와 사수를 건너 산동성으로 들어
가 춘추전국시대 학술계의 성지였던 제나라 노나라 지역을 살
폈다. 진 제국이 무너지고 항우와 유방이 패권을 다툴 당시 군
웅들의 주요 활동 무대였던 설현 및 팽성 부근을 답사할 때는

고생을 했으며, 지금의 하남성 개봉(開封) 쪽을 통과하여 장안으로 돌아왔다. 그 당시 교통수단을 감안할 때 최소 2년 안팎의 세월이 소요되지 않았을까 짐작된다.

이 해에 공손홍이 어사대부가 되었으며 공손홍은 공자의 『춘추』에 근거하여 판결을 내렸다. 공손홍이 유가 학술로 대성하자 당시 지식인들은 너도나도 유가 학술을 연구하기 시작했다. 장탕도 정위(廷尉)가 되었는데 공손홍의 스타일을 흉내 내려고 국정고문 박사(博士) 휘하 제자들에게 『상서』와 『춘추』를 공부하도록 명하고 정위 보좌관으로 발탁하였다. 이 해에 창해군을 폐지했다. 서남이(西南夷) 공략을 작파하고 삭방(朔方)에 성을 쌓았다. 이 해에 서역으로 파견되었던 장건이 무려 13년 만에 귀환했다. 장건은 한무제에게 서역의 지형, 물산, 주민, 군사, 정치 등등에 관하여 상세하게 보고하였다. 『사기』「대원열전」의 기록은 기본적으로 장건의 정보를 토대로 작성된 것이다.

기원전 125년, 한무제 원삭 4년. 사마천 21세. 장거리 여행 중.
이 해 여름 흉노가 대거 침입하여 수천 명을 살해했다.

기원전 124년, 한무제 원삭 5년. 사마천 22세. 장거리 여행 중.
대장군 위청이 10여 만 명을 이끌고 삭방, 고궐(高闕) 일대로 출정하여 흉노족 목 1만5천 두를 베었다. 한무제가 정직하고 박학다식한 인재를 널리 구한다며 교육을 강조하는 조서를 반포하자 승상 공손홍이 박사 휘하에 제자를 양성하겠다고 건의하여 채택되었다. 이때부터 유가 학술을 공부하는 학생들이 점점 많아졌다. 박사 제자가 되면 노역과 세금이 면제되었다. 동중서(董仲舒)가 교서왕의 승상으로 발령 났다. 한무제는 공손홍에게 명하여 민간의 장서를 국가에 헌납토록 권장했고 국립 도서관을 짓고 필사 관리를 두도록 했다. 그리하여 수집된 서적이 엄청났다. 그 외 지식인들이 개인적으로 소장했던 도서도 상당했다. 그러므로 사마천은 「태사공자서」에서 이렇게 말했다. "세상에 숨겨져 있던 전적들이 하나도 빠짐없이 태사공 앞으로 수집되었다." 사마천의 『사기』는 이렇게 좋은 조건에서 시작되었던 것이다. 이 해에 사마담은 태사령의 보조관에서 정식 태사령으로 승진 발령받은 듯하다.

기원전 123년, 한무제 원삭 6년. 사마천 23세. 장거리 여행 중 혹은 낭중(郎中)에 임용.

대장군 위청이 장군 여섯 명과 함께 10만 대군을 이끌고 정양(定襄)을 나서 사막을 횡단하며 흉노를 공격하여 대승을 거두었다. 빈번한 대흉노 정벌로 국고가 부족해지자 한무제는 무공작(武功爵) 제도를 신설했다. 명의상 용사들을 격려하는 것이지만 실은 공개적으로 관직을 파는 것이었다. 이 해에 사마천은 박사 제자로서 시험을 거쳐 낭중에 임용되었을 가능성이 있다. 그렇다면 이 해에 이릉도 역시 낭중에 임용되었을 것이다. 이릉은 사마천의 고향 친구였다.

기원전 122년, 한무제 원수(元狩) 원년. 사마천 24세. 장거리 여행 중 혹은 낭중에 임용.

한무제는 섬서성 봉상현에 해당하는 옹(雍)으로 행차하여 동쪽 남쪽 서쪽 북쪽 중앙을 지배한다는 5명의 상고시대 제왕— 청제, 적제, 백제, 흑제, 황제에게 제사를 올렸다. 특정한 다섯 군데 장소를 가리켜 오치(五畤)라 하였고, 교외에서 지내는 제사라 하여 교사(郊祀) 혹은 간단하게 교(郊)라 하였다. 제사를 지낼 때 백린(白麟)을 포획했으며, 상서로운 조짐이라 여겨 연호도 원수(元狩)로 고쳤다. 백린은 흰색의 기린이란 뜻이 아니라, 사슴의 몸체, 소의 꼬리, 말 다리, 둥근 발굽, 외뿔, 뿔끝에 살점이 있다는 전설상의 동물이다.

이 해에 회남왕 유안과 형산왕 유사가 각각 반란죄로 처형되었으며, 이와 관련되어 살해된 사람이 수만 명에 이르렀다. 한무제는 위황후와의 사이에 난 아들 유거(劉據)를 황태자로 책정했다. 훗날 유거는 제2차 무고(巫蠱) 사건으로 폐위된다.

기원전 121년, 한무제 원수 2년. 사마천 25세. 장거리 여행

중 혹은 낭중에 임용.

승상 공손홍이 죽고 장탕이 어사대부가 되었다. 표기장군 곽거병이 농서(隴西 : 감숙성 진안현)를 떠나 흉노를 추격하여 고란산(皐蘭山 : 감숙성 난주시 소재)까지 진격했고, 또한 거연(居延)을 통과하여 흉노의 목 3만 두를 베었다. 이광 등도 우북평(右北平 : 요녕성 능원현)을 떠나 흉노를 공격했으나 휘하 사졸 4천 명을 모두 잃고 몸만 빠져나와 서민으로 강등되었다. 이 해에 흉노 혼야왕이 휘하 4만여 명을 이끌고 한 제국에 투항했다. 한무제는 혼야왕 일행을 융숭하게 대접하여 속국으로 받아들였다. 또한 그들의 원래 근거지에 무위군(武威郡), 주천군(酒泉郡)을 설치했다.

기원전 120년, 한무제 원수 3년. 사마천 26세. 장거리 여행 중 혹은 낭중에 임용.

흉노가 우북평 및 정양 일대를 침입했다. 죄를 지어 강제노동에 처해진 관리들을 동원하여 지금이 섬서성 서안시 서남방에 위치한 곤명지(昆明池)를 조성하도록 지시했다. 한무제는 악부(樂府) 설치를 지시하고 이연년(李延年)을 월급 2천 석의 협률도위(協律都尉)에 임용하여 악보를 정리하고 악공들을 훈련시키며 민가를 수집토록 하였다.

기원전 119년, 한무제 원수 4년. 사마천 27세. 낭중에 재직.

사마천은 이듬해부터 낭중으로 활동한 기록이 있으므로 적어도 이 해에 낭중에 임용되었을 것이다. 함곡관 동쪽의 빈민 72만 5천 명을 각지로 분산 수용하는 과정에서 재정이 딸리자 고액권을 발행하였다. 은과 주석으로 백금(白金)을 만들고 그와 동시에 흰 사슴의 가죽으로 피폐(皮幣)를 제작한 일이 그것이다. 또한 이 해부터 상인, 수공업자, 고리대금업자, 수레 및 선박 소유자에게 일반 평민들보다 2배에서 5배까지 재산세를 부과하였다. 상인에게는 재산 평가액의 매 2천 전 단위로 1산(算 : 120전)씩, 수공업자에게는 재산 평가액의 매 4천 전 단위로 1산씩 세금을 부과하는 산민전(算緡錢)을 신설하였다.

이 해에 위청과 곽거병이 대규모 흉노 정벌을 단행하여 승리하긴 했으나 양쪽 모두 수만 명의 사상자를 냈다. 한무제가 신선술에 빠져 이소옹(李少翁)을 문성장군(文成將軍)에 임명하며 총애했으나 얼마 못돼 사기가 탄로 나자 참수했다. 이릉의 할아버지 이광(李廣)이 대흉노 작전 실패를 추궁 당하자 분을 이기지 못하고 자살하였다. 장건이 제2차 서역 출장에 나섰다. 장건은 기원전 115년 귀환했는데 이로써 중앙아시아와 중국의 교역로가 열리게 되었다.

기원전 118년, 한무제 원수 5년. 사마천 28세. 낭중 재직.

「봉선서」에 따르면 이소옹이 죽은 이듬해 한무제는 크게 아팠는데 귀신들린 무당이 자기와 함께 감천궁(甘泉宮)으로 가면 낫는다고 했는데 정말 그렇게 되었다. 한무제는 기뻐서 전국적으로 대사면을 내렸다. 사마천은 훗날 한무제의 미신을 완곡하게 비판하며 이렇게 적었다. "나는 한무제를 모시고 전국을 순시하며 천하 명산대천에 제사를 올렸으며 태산에서 거행했던 봉선 의식도 참석하였다. 또한 귀신을 모신 사당에 들어가 제사관들의 축사도 들었기 때문에 도사들과 제사관들의 의도가 무엇인지 파악하였다. 이제 뒤로 물러서 예로부터 지금까지 귀신에게 제사를 올렸던 사건을 순서대로 기록하여 그 겉과 속을 모두 여기에 밝혀놓았으므로 후세의 지식인들은 열람하기 편할 것이다."(「봉선서」 논찬)

한편 승상 이채(李蔡)가 죄를 지어 자살하였다. 건원 5년 봄에 반량전(半兩錢)을 발행했다가 이 해에 폐지하고 오수전(五銖錢)을 발행했다. 아울러 악덕 관리와 불량배들을 적발하여 국경 수비대로 방출했다.

기원전 117년, 한무제 원수 6년. 사마천 29세. 낭중 재직.

4월에 종묘에서 한무제의 아들 세 명을 제후 왕에 임명했다. 제후 왕에 임명하면서 처음으로 책문(策文)을 작성하였다. 6월

에 한무제는 국정고문 박사 저태(褚太)와 서언(徐偃) 등 모두 6
명을 각지로 파견하여 극빈자들의 생활상을 파악하고 적절하
게 지원하도록 당부했으며 그와 동시에 억울하게 면직된 관리
나 탐관오리가 있는지 암암리에 수사하도록 지시했다. 6월에
곽거병이 병사했다.

기원전 116년, 한무제 원정(元鼎) 원년. 사마천 30세. 낭중 재직.

지금의 산서성 경내의 분수(汾水)에서 동제 보물단지가 인양
되었다. 그리하여 연호를 원정(元鼎)으로 바꾸었다.

기원전 115년, 한무제 원정 2년. 사마천 31세. 낭중 재직.

어사대부 장탕이 자살하였고 승상 장청적이 옥사하였다. 상홍
양(桑弘羊)이 대농승(大農丞)에 임용되면서 균수관(均輸官)을
각지에 파견하여 지방의 공물을 수도로 상납하는 과정에서 중
간 상인들이 폭리를 취하는 것을 원천적으로 차단했다.

기원전 114년, 한무제 원정 3년. 사마천 32세. 낭중 재직.

산민전(算緡錢)을 시행한 후에 이 해부터 고민령(告緡令)을 시
행했다. 재산을 허위로 보고하는 자를 색출했으며 적발된 자는
재산을 몰수당하고 변경 지역으로 방출되어 1년 동안 보초를

섰다. 고발한 자에게는 재산의 절반을 상금으로 주며 고발을 장려했으므로 고민령이라 이름 붙였다.

기원전 113년, 한무제 원정 4년. 사마천 33세. 낭중 재직.

「봉선서」의 기록에 따르면, 이 해 10월에 관계자 및 태사공 그리고 제사관 관서(寬舒) 등이 토지신께 어떻게 제사를 지낼지 논의했다. 태사공은 사마담을 가리킬 것이다. 『한서』「교사지」는 '태사공'을 '태사령 사마담'으로 썼던 것이 이를 증명한다. 그러므로 사마담이 태사령의 보좌관 태사승에서 태사령으로 임용된 것도 이 해 이전일 것이다. 또한 태사령은 관직 명칭이며 태사공은 그 경칭임을 알 수 있다.

기원전 112년, 한무제 원정 5년. 사마천 34세. 낭중 재직.

한무제는 옹(雍)으로 또 행차하여 동서남북 및 중앙을 지배한다는 상고시대 5명의 제왕께 제사를 올린 후 농산(隴山)을 넘어 공동산(崆峒山)에 올라 서쪽으로 차뢰하(祖厲河)까지 갔다가 돌아왔다. 농산은 지금의 섬서성 및 감숙성 접경 지역이며 공동산은 지금의 감숙성 평량현 서북방이다. 차뢰하는 지금의 감숙성 회령 및 정원현 등을 거쳐 북쪽으로 황하에 흘러든다. 사마천은 이때 낭중의 신분으로 한무제를 수행했을 것이다. 「오제본기」 논찬에 이런 내용이 보이기 때문이다. "내가 일찍이 서쪽으로 '공동산'까지 갔으며……"

한편 남월왕의 승상 여가(呂嘉)가 한 제국이 파견한 사신을 죽이고 남월왕 및 태후까지 살해했다. 이에 한무제는 노박덕(路博德), 양복(楊僕) 등에게 명하여 5개 노선으로 진군하여 진압하였다. 황금을 만들고 황하의 범람을 막고 불사약을 얻을 수 있다고 큰소리치며 한무제를 농락하던 난대(欒大)의 수작이 탄로 나자 황제를 농락한 죄로 허리가 잘렸다.

기원전 111년, 한무제 원정 6년. 사마천 35세. 낭중 재직.

사마천은 황제의 비서관 낭중의 신분으로 한무제가 명한 서남방 이민족 정벌대에 참가하여 지금의 사천성 일대 및 운남성에 거주하던 소수민족 서남이(西南夷)를 평정하고 그 이듬해 낙양으로 돌아왔다. 『한서』 「동방삭전」에 "한무제가 조서를 반포하여 널리 인재를 모집했는바 공손홍부터 사마천에 이르기까지 능력에 따라 국경 밖으로 파견하여 임무를 수행토록 하였다"고 기록되었는데 사마천은 이런 맥락에서 정벌대에 참여한 듯 하다.

기원전 110년, 한무제 원봉(元封) 원년. 사마천 36세. 낭중 재직. 사마담 작고.

정월에 사마천은 서남방 이민족 정벌대와 함께 귀환하였다. 당시 한무제는 봉선(封禪) 행사를 위하여 동쪽으로 행차하는 길에 구씨(緱氏)를 거쳐 숭산(崇山)에 올랐다. 구씨는 하남성 언사현(偃師縣) 동남방이며 숭산은 하남성 등봉현(登封縣)에 있다. 사마천은 한무제의 뒤를 좇아가 보고를 올렸을 것이다. 사마담은 태사령이었으므로 당연히 한무제를 수행했겠지만 더 이상 수행을 거부당해 낙양 부근에 머무르고 있었다. 그러므로 사마천은 사마담을 낙양에서 뵐 수 있었다. 한 제국 건립 이후 최대의 국가적 제전(祭典)이었던 봉선 행사에 참석하지 못했으므로 사마담은 분통이 터져 홧병이 났고 나이 또한 대략 60을 넘었기 때문에 생명이 위태로웠다. 사마담은 임종에 앞서 사마천에게 『사기』저술과 관련하여 신신당부하게 된다.

그 해 4월 사마천은 한무제를 수행하여 태산(泰山)에 오르게 된다. 「봉선서」에 "나는 한무제를 모시고 전국을 순시하며 천하 명산대천에 제사를 올렸으며 태산에서 거행했던 봉선 의식도 참석하였다"는 기록이 이런 행사를 가리킬 것이다.

이어서 사마천은 한무제를 수행하여 태산에서 내려와 해안선을 타고 갈석(碣石)을 거쳐 요서(遼西)까지 행차하였다. 그러므로 「제태공세가」의 논찬에서 "내가 제(齊)나라에 가봤는데 태산으로부터 낭야(琅邪)까지 그리고 북쪽으로 발해만까지 2천여 리 옥토가 펼쳐졌다"고 말할 수 있었을 것이다. 이어서 사마천은 한무제를 수행하여 북쪽으로 행로를 꺾어 구원(九原)

을 거쳐 감천(甘泉)으로 돌아왔다. 그러므로 「몽염열전」에서 "내가 북쪽으로 갔다가 고속도로로 돌아왔다"고 말했을 것이다. 고속도로란 무엇일까? 구원으로부터 운양(雲陽)까지의 직통 도로를 일컫는다. 「진시황본기」에 "진시황 35년, 즉 기원전 212년, 고속도로를 건설하기 시작하여 구원으로부터 운양까지 산을 깎고 골짜기를 메워 직통 도로를 만들었다"는 기록이 바로 이것이다. 구원은 지금의 내몽고자치구 포두시(包頭市) 남쪽이며, 운양은 지금의 섬서성 순화현(淳化縣) 서북쪽이다. 한무제의 행차는 대략 1만 8천 리 길이었다.

한무제가 이 해 봉선 의식을 거행했으므로 연호도 원봉(元封)으로 바꾸었다. 봉선이란 하늘과 땅에 제사를 지내는 의식이다. 태산(泰山)에 올라 흙으로 제단을 쌓고 하늘에 제사를 올리는 의식을 일컬어 봉(封)이라 하였고, 태산 아래 자그마한 양보산(梁父山)에 구획을 정하고 땅에 제사를 지내는 의식을 가리켜 선(禪)이라 하였다.

기원전 109년, 한무제 원봉 2년. 사마천 37세. 낭중 재직.

(그 당시 역법으로는 10월을 1년의 시작으로 삼았다.) 10월 한무제는 옹(雍)에 행차하여 오치(五畤)에 제사를 올렸다. 봄에 구씨에 행차하여 동래(東萊)까지 갔다. 동래는 지금의 산동성 액현(掖縣)이다. 4월에 태산으로 돌아와 제사를 올렸고 지금의

감천(甘泉)으로 돌아왔다. 그러므로 「몽염열전」에서
쪽으로 갔다가 고속도로로 돌아왔다”고 말했을 것이
도로란 무엇일까? 구원으로부터 운양(雲陽)까지의 직
를 일컫는다. 「진시황본기」에 “진시황 35년, 즉 기원전
고속도로를 건설하기 시작하여 구원으로부터 운양까지
고 골짜기를 메워 직통 도로를 만들었다”는 기록이 바
이다. 구원은 지금의 내몽고자치구 포두시(包頭市) 남
운양은 지금의 섬서성 순화현(淳化縣) 서북쪽이다. 한
행차는 대략 1만 8천 리 길이었다.
이 해 봉선 의식을 거행했으므로 연호도 원봉(元封)
꾸었다. 봉선이란 하늘과 땅에 제사를 지내는 의식이
(泰山)에 올라 흙으로 제단을 쌓고 하늘에 제사를 올리
을 일컬어 봉(封)이라 하였고, 태산 아래 자그마한 양보
山)에 구획을 정하고 땅에 제사를 지내는 의식을 가리
)이라 하였다.

9년, 한무제 원봉 2년. 사마천 37세. 낭중 재직.
역법으로는 10월을 1년의 시작으로 삼았다.) 10월 한
옹(雍)에 행차하여 오치(五畤)에 제사를 올렸다. 봄에
행차하여 동래(東萊)까지 갔다. 동래는 지금의 산동성
縣)이다. 4월에 태산으로 돌아와 제사를 올렸고 지금의

섰다. 고발한 자에게는 재산의 절반을 상금으로 주며 고발을
장려했으므로 고민령이라 이름 붙였다.

기원전 113년, 한무제 원정 4년. 사마천 33세. 낭중 재직.
「봉선서」의 기록에 따르면, 이 해 10월에 관계자 및 태사공 그
리고 제사관 관서(寬舒) 등이 토지신께 어떻게 제사를 지낼지
논의했다. 태사공은 사마담을 가리킬 것이다. 『한서』「교사지」
는 ‘태사공’을 ‘태사령 사마담’으로 썼던 것이 이를 증명한다.
그러므로 사마담이 태사령의 보좌관 태사승에서 태사령으로
임용된 것도 이 해 이전일 것이다. 또한 태사령은 관직 명칭이
며 태사공은 그 경칭임을 알 수 있다.

기원전 112년, 한무제 원정 5년. 사마천 34세. 낭중 재직.
한무제는 옹(雍)으로 또 행차하여 동서남북 및 중앙을 지배한
다는 상고시대 5명의 제왕께 제사를 올린 후 농산(隴山)을 넘
어 공동산(崆峒山)에 올라 서쪽으로 차뢰하(祖厲河)까지 갔다
가 돌아왔다. 농산은 지금의 섬서성 및 감숙성 접경 지역이며
공동산은 지금의 감숙성 평량현 서북방이다. 차뢰하는 지금의
감숙성 회령 및 정원현 등을 거쳐 북쪽으로 황하에 흘러든다.
사마천은 이때 낭중의 신분으로 한무제를 수행했을 것이다.
「오제본기」 논찬에 이런 내용이 보이기 때문이다. “내가 일찍

이 서쪽으로 '공동산' 까지 갔으며……"

한편 남월왕의 승상 여가(呂嘉)가 한 제국이 파견한 사신을 죽이고 남월왕 및 태후까지 살해했다. 이에 한무제는 노박덕(路博德), 양복(楊僕) 등에게 명하여 5개 노선으로 진군하여 진압하였다. 황금을 만들고 황하의 범람을 막고 불사약을 얻을 수 있다고 큰소리치며 한무제를 농락하던 난대(欒大)의 수작이 탄로 나자 황제를 농락한 죄로 허리가 잘렸다.

기원전 111년, 한무제 원정 6년. 사마천 35세. 낭중 재직.

사마천은 황제의 비서관 낭중의 신분으로 한무제가 명한 서남방 이민족 정벌대에 참가하여 지금의 사천성 일대 및 운남성에 거주하던 소수민족 서남이(西南夷)를 평정하고 그 이듬해 낙양으로 돌아왔다. 『한서』「동방삭전」에 "한무제가 조서를 반포하여 널리 인재를 모집했는바 공손홍부터 사마천에 이르기까지 능력에 따라 국경 밖으로 파견하여 임무를 수행토록 하였다"고 기록되었는데 사마천은 이런 맥락에서 정벌대에 참여한 듯 하다.

기원전 110년, 한무제 원봉(元封) 원년. 사마천 36세. 낭중 재직. 사마담 작고.

정월에 사마천은 서남방 이민족 정벌대와 함께 귀환하였다. 당

시 한무제는 봉선(封禪) 행사
에 구씨(緱氏)를 거쳐 숭산(崇
사현(偃師縣) 동남방이며 숭사
다. 사마천은 한무제의 뒤를
마담은 태사령이었으므로 당
이상 수행을 거부당해 낙양 북
사마천은 사마담을 낙양에서
최대의 국가적 제전(祭典)이
으므로 사마담은 분통이 터져
을 넘었기 때문에 생명이 위
사마천에게 『사기』저술과 관
그 해 4월 사마천은 한무제
된다. 「봉선서」에 "나는 한무
하 명산대천에 제사를 올렸으
도 참석하였다"는 기록이 이
이어서 사마천은 한무제를
을 타고 갈석(碣石)을 거쳐
므로 「제태공세가」의 논찬에
태산으로부터 낭야(琅邪)까
천여 리 옥토가 펼쳐졌다"고
마천은 한무제를 수행하여

하남성 복양현 서쪽의 호자(瓠子)에 이르러 황하 둑이 붕괴된 곳을 시찰하고 장군 이하 수행원들에게 명하여 장작을 지고 황하 둑을 막도록 지시했다. 한무제는 수해를 걱정하며 '호자의 노래'를 지었다. 사마천 역시 한무제의 행차를 수행했던 것으로 보인다. 「하거서」(河渠書) 논찬에서 "내가 함께 장작을 지고 선방(宣房)에서 황하 둑을 막았는데, 한무제의 '호자의 노래'가 감동적인지라 『하거서』를 작성했다"고 했는 바 바로 이때 일이다. 선방(宣房)이란 일종의 기념물이다. 호자의 황하 둑을 모두 보수하고 그 위에 일종의 건물을 세워 기념했는데 그 건물을 일컬어 선방궁(宣房宮)이라 명명했다.

기원전 108년, 한무제 원봉 3년. 사마천 38세. 태사령(太史令)에 임용.

사마천은 이 해 6월에 태사령에 임용되었다. 이때부터 사마천은 국가 도서관의 각종 서적 및 파일을 정리하기 시작했으며, 아버지의 유고를 기초로 『사기』 저술에 착수했을 것이다. 이 해에 한무제는 조선(朝鮮) 공략을 명하여 낙랑, 임둔, 현도, 진번 등 한사군(漢四郡)을 설치하였다. 공략 과정에서 누선장군(樓船將軍) 양복(楊僕)은 손실이 컸으므로 면직되었고 좌장군(左將軍) 순체(荀彘)는 자기 공로만 채우려고 전체 전략을 무시한 죄로 공개 참수되었다.

기원전 107년, 한무제 원봉 4년. 사마천 39세. 태사령 재직.

10월 한무제는 옹(雍)에 행차하여 오치에 제사를 올렸다. 섬서성 농현으로부터 감숙성 화정(華亭)까지 길이 뚫렸다. 한무제는 그 길을 타고 북쪽으로 소관(蕭關)을 나서 독록(獨鹿)과 명택(鳴澤)을 거쳐 지금의 산서성 하동(河東)쪽으로 돌아왔다. 소관은 지금의 영하성 고원현(固原縣)이다. 명택은 지금의 하북성 중부의 탁현(涿縣)이며, 하동은 지금의 산서성 하현(夏縣) 서북방이다. 「오제본기」 논찬에서 사마천은 "내가 북쪽으로 탁록을 방문했다"고 밝혔는 바, 이 때 한무제를 수행했는지도 모른다.

한 제국은 장건 등을 통하여 흉노 주변 민족들과 연합하여 흉노를 고립시키기 시작했다. 이 해 가을, 흉노의 세력이 약해지는 기미가 보이자 한무제는 사신을 보내어 굴복을 종용했다. 흉노 사신이 장안에 들어왔다가 병사하자, 흉노는 변경을 또 침입하기 시작했다.

기원전 106년, 한무제 원봉 5년. 사마천 40세. 태사령 재직.

한무제는 남쪽으로 순시에 나서 성당(盛唐 : 안휘성 회령현)에 이르러 호남성 남부의 구의산을 향해 순임금께 제사를 올렸다. 이어서 안휘성 곽산현(霍山縣)의 천주산(天柱山)에 올랐다가 지금의 호북성 광제현(廣濟縣) 동북방 심양(尋陽)에서 양자강을 탔는데 선박이 천리를 이어갔다. 지금의 안휘성 종양현의 종양(樅陽)에서 육지로 올라와 마침내 북쪽으로 지금의 산동성 교남현 남쪽의 낭야(琅邪)로 간 후에 해안까지 당도했는데 지나치는 곳마다 명산대천에 제사를 올렸다.

이 해에 대장군 위청이 죽었다. 전국 행정단위를 13주로 나누어 통합하였다. 내우외환으로 인재가 점차 고갈되자 한무제는 능력 있는 자를 널리 모집하여 승상 및 장군 그리고 외교관으로 임명하겠다는 「구현조」(求賢詔)를 발표했다.

기원전 105년, 한무제 원봉 6년. 사마천 41세. 태사령 재직.

한무제는 지금의 산서성 하현(夏縣) 서북방의 하동으로 행차하여 토지신에게 제사를 올렸다. 그 유적은 산서성 만영현 백림묘 아래 서림촌에 있다. 여름에 장안 주민들이 상림원 평락관에서 열린 씨름대회를 관람했다

기원전 104년, 한무제 태초(太初) 원년. 사마천 42세. 태사령 재직.

공손경(公孫卿), 호수(壺遂), 사마천 등이 역법 개정을 건의하여 한무제는 예관(倪寬) 등에게 검토를 지시했고 조야의 전문가 30~40명이 작업에 착수하여 마침내 1월을 정월로 삼는 태초력(太初曆)을 반포하게 되었다. 그 전까지는 10월을 1년의 시작으로 삼았었다. 이를 기념하여 연호도 태초로 바꾸게 된다.

『사기집해』는 이기(李奇)의 설을 인용하여 사마천이 이때부터 『사기』를 작성했다고 주장했는데 그건 아닐 것이다. 36세 때 아버지의 유고를 넘겨받았고, 또한 38세 때 태사령이 되면서 국가 도서관의 자료를 맘껏 열람할 수 있었으므로 최소한 38세 원봉 3년(기원전 108년)부터 작업에 착수했을 것이다.

역법 개정과 함께 황색을 으뜸색으로 결정하고 아울러 숫자 5를 기준으로 삼아 고관대작의 결재 도장은 모두 5자로 새겼다. 이 해는 사마천이 자신의 전공을 십분 발휘하던 때이므로 사마천으로서는 무척 뜻 깊은 시간이었을 것이다. 그러므로 「태사공자서」에서 사마천은 외치듯 이렇게 말했다. "아버님께서 말씀하셨다. 주공이 죽은 지 5백 년 후에 공자가 나오고, 공자가 죽은 지 지금 5백 년이 되었다. 이제 이 위대한 시대를 계승하면서 『역전』(易傳)을 바르게 해석하고, 『춘추』의 정신을 계승하고, 『시경』, 『서경』, 『예경』, 『악경』의 참뜻을 이해할 수 있는 자가 과연 누구일까? 아버님께서 말씀하신 뜻이 바로 이것이렷다. 바로 이것이렷다. 소자가 어찌 이런 시대적 소명을 사양하오리까!" 『사기』 저술에 더욱 매진하는 한 해가 되었을 것이다. 이 해에 이사장군(貳師將軍) 이광리(李廣利)가 서쪽으로 대원(大宛)을 정벌했다. 이 해에 동중서가 죽었다.

기원전 103년, 한무제 태초 2년. 사마천 43세. 태사령 재직.

정월에 승상 석경이 죽었다. 3월에 한무제는 하동에서 토지신께 제사를 올리고 백성들에게 닷새 동안 맘껏 마시고 즐기도록 허락했다. 그 당시는 3인 이상이 이유 없이 모여서 술자리를 벌리면 벌금형을 받았다. 5월에 관리 및 민간의 마필을 관가에 의무적으로 등록토록 명령하여 유사시 징발에 대비했다. 12월에 어사대부 예관이 죽었다.

기원전 102년, 한무제 태초 3년. 사마천 44세. 태사령 재직.

3월 한무제는 동쪽으로 순시에 나서 연안까지 갔다가 4월 귀환 도중에 태산과 석려산에서 봉선 의식을 거행했다. 석려산은 산동성 태안시 남쪽에 있다. 광록훈 서자위(徐自爲)가 서북방 변경 지역에 성벽을 쌓았으며 노박덕이 거연(居延)에 성벽을 쌓았다. 그러나 그 해 가을 흉노가 정양, 운중 등지를 침입하여 수천 명을 죽이고 서자위가 쌓은 성벽을 무너뜨렸고 장액(張掖), 주천(酒泉)에 주둔하던 고급 무관을 살해했다.

기원전 101년, 한무제 태초 4년. 사마천 45세. 태사령 재직.

대원을 정벌했던 이광리가 한혈마(汗血馬)를 구해왔다. 한무제는 기쁜 마음에 「서극천마지가」(西極天馬之歌)를 지어 불렀다. 가사 내용은 대략 "서쪽 끝에서 만 리 너머 천마가 왔으니

하느님이 보우하사 외국이 투항하고 사막을 넘나들어 이민족
이 굴복한다"는 전형적인 중화사상이다.

「태사공자서」에 따르면 사마천은 『사기』의 내용을 "황제(黃
帝)로부터 시작하여 태초(太初)에서 끝냈다"고 했다. 또한 「한
흥이래제후왕연표」서문에서는 "고조황제 유방 시절부터 태초
(太初)까지의 제후를 삼가 기록한다"고 했다. 그러므로 『사기』
내용은 기본적으로 태초 4년(기원전 101년)까지 기록되었다고
볼 수 있다.

기원전 100년, 한무제 천한(天漢) 원년. 사마천 46세. 태사령 재직.

정월에 한무제는 감천(甘泉)에 행차하여 태일(泰一) 신령께 제
사를 올렸다. 3월에 하동에 행차하여 토지신께 제사를 올렸다.
가을에 장안 성문을 폐쇄하고 분에 넘치게 사치하는 자들을 검
거했다.

『한서』「소무전」(蘇武傳)에 따르면, 흉노족의 세력이 약해지자
유화책의 일환으로 그간 억류하던 한 제국의 사신들을 돌려보
냈다. 한무제도 답례의 의미로 소무(蘇武)를 파견하여 친선 관
계를 맺고자 한 것이 바로 이 해이다. 그런데 소무는 흉노족 내
부의 권력투쟁 여파로 그때부터 무려 19년 동안 억류되었으며,
바이칼호 근처로 추방되어 홀로 양을 쳤으나 끝내 변절하지 않
았다. 이듬해 흉노에 투항했던 이릉(李陵)이 10여 년 후 소무를

만나 나눴던 이야기는 아직도 전설처럼 인구에 회자된다. 소무
와 이릉은 절친한 사이였다.

기원전 99년, 한무제 천한 2년. 사마천 47세. 태사령 재직 중, 이릉 사건으로 수감.

이사장군 이광리가 기병 3만을 이끌고 주천(酒泉)을 떠나 흉노
우현왕과 기련산(祁連山)에서 접전하여 흉노족의 목 1만 두를
베었다. 함께 출전했던 이릉은 보병 5천 명을 이끌고 거연(居
延) 북방 1천 리를 달려 흉노족 수장 선우의 3만 기병과 격돌하
여 선전하였으나 중과부적으로 밀리면서 지원부대마저 끊기자
결국 투항하고 말았다. 소식이 전해지자 한무제는 격노했고 문
무백관들은 한결같이 이릉을 비난했다. 한무제는 유독 입을 다
물고 있던 사마천에게 의견을 물었다. 사마천은 한무제의 기분
을 풀어드리기 위하여 이릉은 최선을 다했으며 투항한 것도 나
중에 기회를 엿봐 한 제국에 보답하려는 뜻이라고 아뢰었다.
그러나 한무제의 귀에는 들어오지 않았다. 이릉을 변호하면서
한무제의 대흉노 정벌 및 한무제의 처형 이광리의 출정을 못마
땅하게 여긴 발언으로 한무제의 오해를 샀고 그리하여 수감되
었다. 허튼 소리로 황제를 우롱한 죄는 극형이었다.

이 해에 태산군 및 낭야군 일대에서 반란이 일어나 길이 막혔
다. 한무제는 특명전권사자를 파견하여 토벌했고 관할지 군수

들은 모두 책임을 물어 목을 베었다. 이 해 11월, 한무제는 중
요 관문에 특명을 내려 의심스러운 출입자를 면밀히 관찰토록
지시했다.

기원전 98년, 한무제 천한 3년. 사마천 48세. 태사령 재직 중, 이릉 사건으로 궁형을 자청.

사마천은 『사기』를 집필 중이었으므로 살아남기 위하여 궁형
을 자청했고 재가를 받아 궁형에 처해졌다. 조세 수입을 확대
하기 위하여 주류 전매를 실시하기 시작했다. 한무제는 태산에
서 봉선 의식을 거행했다.

기원전 97년, 한무제 천한 4년. 사마천 49세. 중서령(中書令) 재직.

사마천이 궁형을 당한 후 중서령알자(中書令謁者)에 임용되었
다. 중서령알자는 간단하게 중서령이라 부르며 대략 황제의 비
서실장에 해당한다. 한편 재작년에 흉노에게 투항했던 이릉이
흉노 군대를 조련시킨다는 오보가 전해지자 한무제는 이릉 일
족을 몰살했다.

기원전 96년, 한무제 태시(太始) 원년. 사마천 50세. 중서령 재직.

계속되는 대흉노 정벌로 국고가 부족하자 사형수라 하더라도

50만 전을 내면 형량을 한 단계 내려주겠다고 발표했다. 한무제의 침릉 무릉(茂陵) 주위로 사람들을 이주시켜 정착시켰다.

기원전 95년, 한무제 태시 2년. 사마천 51세. 중서령 재직.

사마천은 「태사공자서」에는 "황제로부터 시작하여 인지(麟止)에서 끝냈다"고 밝혔다. 태시(太始) 2년(기원전 97년) 3월 한무제가 반포한 조서 내용 중에 '백색의 기린을 포획하고 태산에서 황금이 나왔으므로 하늘의 축복에 맞춰 개명해야 한다' 는 관계자의 건의를 받아들여 기린의 발가락 형태의 금화를 주조하여 인지전(麟趾錢)이라 명명했는데, 인지(麟止)는 바로 인지(麟趾)로서 바로 그 기린의 발가락 형태의 금화를 말한다. 이렇게 본다면 『사기』의 기록은 태시 2년까지 연장될 수도 있다. (기원전 101년, 한무제 태초(太初) 4년의 내용을 참고)

한편 공자가 『춘추』를 쓸 때 기린이 포획되던 해까지만 기록했다. 그러므로 사마천도 공자를 본받는다는 의미로 위와 같이 말했을 가능성이 무척 높다. 그렇다면 『사기』는 여전히 태초 4년까지 기록한 것으로 보는 편이 무난하다.

기원전 94년, 한무제 태시 3년. 사마천 52세. 중서령 재직.

정월에 한무제는 감천궁에서 외국 사절단을 초대하여 연회를 베풀었다. 2월에 동쪽으로 순시에 나서 낭야를 거쳐 산동성 교

주반도에 위치한 성산(成山)에서 태양을 배례하고 지부(之罘)
산에 올랐다가 황해 바다로 나섰다. 산에서 만세 소리가 들렸
다고 한다. 겨울에 한무제가 방문했던 지역마다 호구 당 5천
전씩 하사했고 홀아비, 과부, 고아 및 자식 없는 늙은이들에게
비단 한 필씩을 선물했다. 한무제는 강충(江充)을 총애하기 시
작했다.

기원전 93년, 한무제 태시 4년. 사마천 53세. 중서령 재직.

한무제는 태산에 행차했고 낭야현 소재 교문궁(交門宮)에서
신령께 제사를 올렸다. 장안으로 돌아와 건장궁(建章宮)에 머
물다가 다시 서쪽으로 안정(安定), 북지(北地)로 행차했다. 7월
에 지금의 하북성 한단시(邯鄲市)에 해당하는 조(趙)나라에서
이상한 일이 발생했다. 성 밖의 뱀 떼가 성 안으로 대거 몰려들
어 성 안의 뱀들과 효문황제의 사당 아래에서 패싸움을 벌렸는
데 성 안의 뱀 떼가 패했다. 『한서』「오행지」에서는 이 사건을
조나라 출신 강충이 황태자를 모함하는 조짐으로 해석했다. 이
해에 동방삭이 죽었다.

기원전 92년, 한무제 정화 원년. 사마천 54세. 중서령 재직.

한무제가 건장궁으로 행차했다. 제2차 무고(巫蠱) 사건이 발발
했다.

기원전 91년, 한무제 정화(征和) 2년. 사마천 54세. 중서령
재직.

노년기에 접어들자 잔병이 많아 고생하던 한무제는 감천궁(甘
泉宮)으로 자리를 옮겨 피서 겸 요양하고 있었다. 감천궁은 지
금의 섬서성 순화현(淳化縣) 서북방에 위치했다. 그 당시 한무
제의 측근으로 강충(江充)이란 자가 있었는데 강충은 직지수
의사자(直指繡衣使者)였다. 황제의 칙명을 받들어 비리를 검
거하는 특검단장 정도가 될 것이다. 그런데 강충은 사소한 일
로 황태자 유거(劉據)와 틈새가 벌어졌다. 유거는 훗날 여태자
(戾太子)로 불린다. 황태자의 사부가 황제의 사신만이 다닐 수
있는 길을 지나갔는데 이를 검거하여 한무제에게 보고했기 때
문이다. 강충은 한무제에게 상을 받았지만 황태자의 스승은 코
가 잘리는 수모를 겪었다. 황태자의 생모 위황후 역시 발호하
는 강충을 평소 못마땅하게 생각하고 있었다.

한무제가 작고하면 황태자 유거(劉據)가 황제에 즉위하는 것
은 당연했다. 유거가 황제가 되면 위황후는 태후가 되는데 유
거와 위황후에게 찍힌 강충이 무사할 수 있을까? 그러므로 생
명의 위협을 느낀 강충은 황태자가 사술을 부려 한무제를 저주
하고 있다고 보고하게 된다. 그렇지 않아도 노환에 시달리던
한무제는 격분하여 즉각 수사를 지시했고 공교롭게도 태자궁
에서 오동나무 인형 여섯 개가 발견되었는데 인형마다 모두 바

늘이 박혀 있었다. 가해 대상자의 물건이나 가해 대상자를 닮은 물건을 미리 만들어놓고 그것을 짓밟거나 상해를 입히면 그 사람도 실제로 다치거나 죽는다는 미신이 그 당시 널리 유행했었다. 일종의 음험한 무술(巫術)로서 흔히 말하는 무고(巫蠱)의 일종이었다. 짐작컨대 그 오동나무 인형은 강충의 하수인이 미리 갖다 놨을 것이다.

모함을 당한 황태자는 아버지 한무제가 장안성을 떠나 있는 상황이라 가만히 있다가는 개죽음을 당할 수도 있으므로 선제공격에 나섰다. 심복을 급파하여 강충을 죽이고, 문무백관을 소집하여 한무제가 외지에서 요양하는 틈을 타 강충이 반란을 일으켰기에 제압했노라 선포했다. 황태자가 군대를 동원하여 강충을 죽이고 승상부를 공격했으며 문무백관을 소집하여 국정을 좌지우지하고 있다는 소식이 한무제의 귀에 들어왔다. 한무제는 진노하여 즉시 감천궁에서 일어나 장안의 서쪽 건장궁(建章宮)으로 돌아왔으며 승상 유굴리(劉屈氂)에게 명하여 황태자를 진압하도록 명했다. 그 당시 장안성의 황궁 보위대 남군과 북군 중에 북군(北軍) 참모장은 임안(任安)이었다. 황태자가 무기고를 탈취하고 휘하 병력을 배치할 때 임안에게 병부(兵符 : 군대 지휘권 증명)를 보이며 통수권을 요구했다. 그러나 임안은 사태가 심상치 않음을 파악하고는 성문을 굳게 잠근 채 대응하지 않았다. 황태자의 군대와 승상의 군대는 장안성에서 무려 닷새 동안 치열한 접전을 벌였으며, 그 결과 수만 명의 사상자를 내고 장안 거리는 피바다가 되었다. 마침내 황태자는 패배하여 도주했고 그로부터 20여 일 후 장안 동쪽의 민가에 숨어있다 발각되자 자살하고 말았다. 이때가 정화 2년 8월 신해(辛亥)일이다. 강충의 모함으로 황제 아버지와 황태자 아들이 전쟁을 벌인 이 사건을 일컬어 '무고(巫蠱)의 화(禍)' 혹은 '여태자(戾太子) 사건' 이라 부른다. 황태자 유거가 죽은 후 '어그러질 여(戾)' 자를 시호로 추서했기 때문이다.

여태자 사건에 대한 사후 처리는 두 단계로 나뉘어 말할 수 있다. 처음에는 여태자가 반란을 일으킨 것으로 단정하고 여태자를 풀어주거나 도와주었던 자는 지위 고하를 막론하고 처형하였다. 여태자의 생모 위황후까지 자결했다면 두말 할 필요가 없지 않겠는가. 그런 반면 황태자를 진압하는데 공을 세웠던 자들은 모두 파격적인 포상을 받았다. 그렇다면 한무제는 임안을 어떻게 처리했을까? 중립을 지킨 셈이므로 상도 없었지만 벌도 없었다. 이렇게 사건이 종결되었으면 우리는 사마천의 「보임안서」를 볼 수 없었을 것이다.

시간이 흐르고 진상이 하나 둘씩 밝혀지기 시작했다. 황태자는 예비 황제인데 조금만 기다리면 자연히 황제가 될 텐데 무슨 이유로 아버지 황제에게 반란을 일으킬 것인가. 한무제는 황태자가 모함을 받아 어쩔 수 없이 자위권을 발동하여 군대를 일으켰고 그 결과 억울하게 죽었다는 사실을 뒤늦게 깨닫게 되었다. 제 정신이 돌아온 한무제는 얼마나 고통스러웠을까. 강충은 이미 죽었으므로 강충의 삼족을 멸하는 것으로 일단 분을 풀었다. 그 이듬해 승상 유굴리 일족은 공석 중인 황태자 자리를 놓고 이광리(李廣利)와 음모를 꾸미다가 적발되어 허리가 잘리었다. 황태자와 혈전을 벌였던 유굴리도 처형된 것이다. 늙고 병든 황제 한무제는 무고하게 죽은 황태자를 그리워하며 이듬해 사자궁(思子宮 : 아들을 그리워하는 궁)을 지었고 황태자가 죽은 곳에 귀래망사지대(歸來望思之臺 : 돌아오라 보고 싶다 누각)를 지어 원혼이 찾아오기를 기도했다.

사태가 이렇게 반전되자 임안에 대한 한무제의 생각도 변하기 시작했다. 모함을 받은 황태자가 병부까지 들이대며 지원을 요청했는데도 임안은 냉정하게 사태를 관망한 꼴이 되었다. 임안은 '여태자 사건' 얼마 후 익주자사(益州刺史)로 발령 났다. 임안이 익주자사로 부임하기 직전 교묘한 사건이 터졌다. 북군의 재정담당 말단 병졸에게 문제가 있어서 임안은 곤장을 치며 모욕을 주었다. 그런데 그 병졸은 모욕감을 이기지 못하고 한무제에게 상소를 올렸는 바, 황태자가 임안에게 지원을 요청했을 때 임안은 '나에게 어떤 단맛을 주시겠소?' 이런 식으로 흥정했다고 고발해버린 것이다. 보고를 접한 한무제는 눈이 뒤집혔다. 『사기』「전숙열전」 저소손(褚少孫)의 보충 글에는 한무제가 이렇게 중얼거렸다고 적혀 있다. "노회한 관리로군. 난리가 일어나니까 관망하면서 승리하는 쪽에 붙으려고 했군. 두 마음을 가진 놈일세. 임안이 죽을 죄를 한두 번 저지른 것이 아니지만 그때마다 내가 살려줬지. 그러나 이번만은 간사하고 불충하여 묵과할 수 없군!" 한무제가 이 정도 나오면 임안은 이미 죽은 목숨이었다.

황태자의 무고한 죽음에 한이 맺힌 한무제로서는 물론 그 당시 임안이 황태자의 요구에 응하지 않은 것이 두 마음을 품은 것으로 보일 수도 있었다. 그러나 임안의 입장에서는 억울하지 않겠는가. 황제와 황태자 사이, 즉 부자지간에 전쟁이 터졌는데 신하 입장에서 누구 편을 들어야 한단 말인가. 중립을 지키는 것이 가장 무난하지 않겠는가. 그런데 말단 병졸의 모함 한마디로 죽게 되었으니 기가 막힐 노릇이었다. 임안은 절망 속에서 사마천이 떠올랐고 구원을 요청하는 편지를 보냈다. 그 당시 사마천은 한무제의 중용을 받아 비서실장으로서 지척에서 황제를 모시는 중서령(中書令)에 재직했기 때문이다. 임안과 사마천은 절친한 친구 사이였다.

임안의 구원 편지를 읽어본 사마천은 너무도 괴로웠을 것이다. 사마천은 현재 한무제의 심리 상태를 잘 알고 있었다. 아들의 죽음을 촉발시킨 사소한 죄목이라도 모두 처단해야만 아들에 대한 미안함과 자신에 대한 미움을 그나마 풀 수 있었다. 이런 한무제에게 사마천이 어떻게 임안의 억울함을 하소연할 수 있단 말인가. 불과 8년 전에 친구 이릉을 위하여 그리고 한무제의 기분을 풀어드리려고 몇 마디 했다가 마침내 궁형을 당했던 기억이 상기되며 온몸이 부르르 떨렸을 것이다. 그런데 그로부터 8년 뒤에 이번에는 절친한 친구 임안이 구원을 요청하는 편지를 보내왔다. 한무제의 심리 상태를 고려하건대 친구 임안은 죽을 수밖에 없는 상황이었다. 사마천은 임안에게 답장하면서 자신이 나서고 싶지만 나설 수 없는 고충을 충분히 밝히지 않으면 안 되었다. 이때 사마천의 마음은 정말로 괴롭고 복잡했을 것이다. 그간 말을 하지는 않았지만, 이릉 사건 이후 차곡차곡 쌓였던 참혹한 심정과 울분이 임안에게 보내는 편지를 통하여 일거에 분출되었다. 그 내용이 바로 현재 우리가 보는 「보임안서」이다.

임안은 그해 12월에 처형될 예정이었다. 「보임안서」는 정화 2년(기원전 91년) 11월에 작성되었는데 임안이 처형되기 전에 답장해야만 했기 때문이다. 편지에서 사마천은 다음과 같은 이야기를 쭉 풀어놓았다. 자신은 궁형을 당하여 사람도 아니며 이런 인간이 나서서 뭐라고 해봐야 오히려 비웃음만 살 것이다. 하물며 자신은 8년 전에 친구 이릉을 위하여 분연히 나섰는데 절친한 친구인 당신 임안을 위하여 단 한 마디 말도 못하는 심정은 오죽하겠느냐. 이제 곧 당신은 처형될 텐데 내 처지와 입장을 소상히 아뢰지 않으면 당신은 죽어서도 영영 한이 남을 것이기에 내가 궁형을 당한 이후로 그 힘든 세월들을 어떻게 묵묵히 버텨왔는지 그 과정과 심경을 밝히겠다. 나 자신은 얼마든지 친구를 위하여 죽을 수 있지만 그러나 『사기』가 아직 미완성이므로 나는 지금 『사기』를 위하여 구차하게 연명하는 신세, 내 목숨을 내 맘대로 할 수가 없다. 요컨대, 내가 당한 것 그리고 자네가 당한 것 등등 모든 시시비비는 우리 생전에 옳고 그름이 모두 밝혀지기는 무망하므로 우리 모두가 죽고 세월이 흐른 뒤 후세 사람들의 판단에 맡기세. 이런 내용이었다.

기원전 90년, 한무제 정화 3년. 사마천 56세. 중서령 재직.

작년에 사마천은 「보임안서」에서 "헌원씨로부터 지금까지 기록하여 10표, 12본기, 8서, 30세가, 70열전, 도합 130편이 되었다"고 밝혔다. 헌원씨는 물론 황제(黃帝)를 가리킨다. 이렇게 본다면 「보임안서」를 쓸 당시에 이미 『사기』는 설령 초고라 할지라도 아무튼 탈고한 것이며 사마천은 임무를 완성한 셈이다. 「보임안서」에서 "제가 이 책을 완성하여 안전한 곳에 소장하고 또한 지기에게 전해줄 수만 있다면 예전의 그 수모를 만회한 것이므로 설령 천만 번 죽임을 당한다 한들 무슨 여한이 있겠습니까" 이렇게 말했다.

그렇다면 사마천은 『사기』를 완성했으므로 더 이상 여한이 없기에 이 해에 자살했을 수도 있다. 왜냐하면, 반고는 『한서』「사마천전」에서 사마천의 일생을 기록하면서 끝에 「보임안서」를 수록했는 바, 그 이후의 행적에 대해서는 일언반구 말이 없기 때문이다. 또한 『사기집해』는 위굉(衛宏)의 『한서구의주』(漢書舊儀注)를 인용하여 이렇게 기록했다. "사마천이 『경제본기』와 한무제를 기록하며 안 좋은 소리를 많이 써서 한무제가 진노하여 해당 부분을 모두 삭제해 버렸다. 훗날 이릉을 변호했는데, 이릉이 흉노에 투항해 버리자 한무제는 사마천을 궁형에 처했다. 그 뒤로 원망하는 소리가 들리자 사마천을 수감하여 살해했다." 따라서 사마천이 이 해에 죽었을 수도 있다. 그런데 이 해 3월에 이광리가 출정했다가 패하여 흉노에게 투항했는데 그 내용이 바로 『사기』「흉노열전」에 기록되어 있다. 그렇다면 사마천은 이 해 3월까지는 살아 있었다는 증거가 된다.

기원전 89년, 한무제 정화 4년. 사마천 57세. 중서령 재직 혹은 사마천 사망.

정월에 한무제는 동래(東萊)로 행차했다. 2월에 옹(雍)에 운석이 떨어졌는데 그 소리가 4백 리 밖까지 들렸다. 3월에 한무제는 산동성 광요현 북쪽의 거정(巨定)에서 친히 모를 심고 돌아오는 길에 태산과 석려산에서 봉선 의식을 거행했다. 6월 감천궁으로 돌아왔다.

기원전 88년, 한무제 후원(後元) 원년. 사마천 58세. 중서령 재직 혹은 사마천 사망.

정월에 태일 신령께 제사를 올리는 길에 안정(安定)까지 행차했다. 6월에 망하라(莽何羅)와 그의 동생이 반란을 일으켰다. 김일제(金日磾), 곽광(霍光), 상관걸(上官桀)이 진압했다.

기원전 87년, 한무제 후원 2년. 사마천 59세. 중서령 재직 혹은 사마천 사망.

정월에 한무제는 감천궁에서 제후 왕들을 접견했다. 2월 을축일에 유불릉(劉弗陵)을 황태자로 책봉했다. 그가 곧 소제(昭帝)이다. 이틀 뒤 정묘일, 즉 음력 2월 14일 한무제가 오작궁(五柞宮)에서 붕거했다. 오작궁은 별궁으로 섬서성 주지현(周至縣) 동남쪽에 있었다. 한무제는 3월 갑신일에 무릉(茂陵)에 안장되었다.

기원전 86년, 한무제 시원(始元) 원년. 사마천 60세. 사망.

이듬해 기원전 85년의 기록을 보면 중서령 직위는 이미 곽양(郭穰)이 재직하고 있다. 그렇다면 아무리 늦어도 이 해 혹은 그 이전에 사마천이 중서령을 사임했거나 사망했을 것이다. 사마천의 묘지는 지금의 섬서성 한성현(韓城縣) 지천진(芝川鎭) 사마파(司馬坡)에 있다.

사마천에게 자식이 있었을까? 왕망(王莽) 시절에 사마천의 후손을 찾아 사통자(史通子)에 봉했다는 기록이 있으므로 아들이 있었을 것이나 어떻게 대를 이었는지는 분명하지 않다. 한편 『한서』 「양운전」(楊惲傳)에 "외조부 태사공의 책을 처음 읽었다"고 기록된 것으로 보아 사마천에게 딸도 있었음이 분명하다.(끝)

사기

중국을 읽는 첫번째 코드

초판 1쇄 | 2005년 2월 12일
초판 2쇄 | 2007년 9월 14일

지은이 | 이인호
펴낸이 | 심만수
펴낸곳 | (주)살림출판사
출판등록 | 1989년 11월 1일 제9-210호

주소 | 413-756 경기도 파주시 교하읍 문발리 파주출판도시 522-2
전화 | 031)955-1350   기획·편집 | 031)955-1364
팩스 | 031)955-1355
이메일 | salleem@chol.com
홈페이지 | http://www.sallimbooks.com

ISBN 978-89-522-0329-8 04080
       978-89-522-0314-4 04080 (세트)

값 10,900원